Hans Grassegger
Phonetik / Phonologie

BWT
Basiswissen Therapie

Herausgeber: Jürgen Tesak †

in dieser Reihe erschienen:

- Egon Kayser: **Psychologie**
- Thomas Mathe: **Medizinische Soziologie und Sozialmedizin**
- Anja Schubert: **Dysarthrie**
- Gerald Schiller: **Psychiatrie**
- Peter Dicks: **Laryngektomie**
- Carola Habermann / Stefanie Moser: **Pädagogik**
- Michael Klose / Christiane Kritzer / Silvia Pretzsch:
Aussprachestörungen bei Kindern. Sprachentwicklung – Diagnostik – Therapie

Hans Grassegger

Phonetik
Phonologie

Bibliografische Information der Deutschen Nationalbibliothek

Die Deutsche Nationalbibliothek verzeichnet diese Publikation in der Deutschen Nationalbibliografie; detaillierte bibliografische Daten sind im Internet über http://dnb.d-nb.de abrufbar.

Die Informationen in diesem Werk sind von dem Verfasser und dem Verlag sorgfältig erwogen und geprüft, dennoch kann eine Garantie nicht übernommen werden. Eine Haftung des Verfassers bzw. des Verlages und seiner Beauftragten für Personen-, Sach- und Vermögensschäden ist ausgeschlossen.

Besuchen Sie uns im Internet: www.schulz-kirchner.de

5., überarbeitete Auflage 2016
4. Auflage 2010
3. Auflage 2006
2. Auflage 2004
1. Auflage 2001
ISBN   978-3-8248-0483-2
eISBN 978-3-8248-0738-3
Alle Rechte vorbehalten
© Schulz-Kirchner Verlag GmbH, Idstein 2016
Mollweg 2, D-65510 Idstein
Vertretungsberechtigter Geschäftsführer:
Dr. Ullrich Schulz-Kirchner, Nicole Haberkamm
Lektorat: Doris Zimmermann
Layout: Petra Jeck
Druck und Bindung:
medienHaus Plump GmbH, Rolandsecker Weg 33, 53619 Rheinbreitbach
Printed in Germany

VORWORT DES HERAUSGEBERS

Die Reihe „Basiswissen Therapie (BWT)" vermittelt grundlegendes Wissen für Ausbildung und Beruf in den Fachbereichen Logopädie und Ergotherapie sowie in den dazugehörigen Grundlagenwissenschaften (Medizin, Psychologie, Pädagogik, Linguistik, u.a.). Themen der Reihe sind also alle Bereiche der Ausbildung sowie des Berufsalltags.

Fragenkataloge (mit Zielantworten) sowie weiterführende Literaturangaben sollen die Verwendung der BWT-Bände im Unterricht erleichtern, aber auch eine Hilfe für das Selbststudium sein.

Die Autor(inn)en der Reihe sind nicht nur kompetente Fachleute, sondern haben auch reiche Erfahrung in der Ausbildung von Studierenden unterschiedlicher Fachrichtungen.

Mit dem Buch von Professor Grassegger liegt eine sachkundige Arbeit vor, die nicht nur in der Ausbildung von Sprachtherapeut(inn)en und Sprachwissenschaftler(innen), sondern auch für Berufstätige von Nutzen ist, wenn es um grundlegende Fragen der Phonetik und Phonologie geht.

Wir hoffen, dass Ihnen der vorliegende Band gefällt, und wünschen eine interessante Lektüre.

Prof. Dr. Jürgen Tesak †
(Vorwort zur 3. Auflage 2006)

VORWORT DES VERFASSERS ZUR 1. AUFLAGE

Das vorliegende Buch wendet sich an all jene, die in Ausbildung oder Beruf Kenntnisse aus dem Gegenstandsbereich der artikulatorischen Phonetik und der Phonologie benötigen. Dem Reihentitel entsprechend vermittelt es „Basiswissen", welches sowohl im Selbststudium als auch in Lehrveranstaltungen erarbeitet werden kann. Überwiegend deutschsprachige Beispiele sollen die dargestellten Grundlagen auch ohne Fremdsprachenkenntnisse nachvollziehbar machen. Die nach jedem Kapitel angebotenen Übungsaufgaben mit Lösungen verstehen sich in zweifacher Hinsicht als Anregung: zum einen als Verständniskontrolle im Selbststudium, zum anderen als Modell für ähnliche Aufgabenstellungen in Lehrveranstaltungen. Hinweise auf weiterführende Literatur eröffnen den Zugang zu jenen phonetischen Teilbereichen und phonologischen Theorien, die in der vorliegenden Einführung unberücksichtigt bleiben mussten.

Zur Entstehung dieses Buches haben viele beigetragen, denen ich an dieser Stelle danken möchte. Das sind zunächst einmal die Studierenden meiner Phonetik-Lehrveranstaltungen am Institut für Sprachwissenschaft, am Universitätslehrgang „Deutsch als Fremdsprache" und an der Akademie für den logopädisch-phoniatrisch-audiologischen Dienst. Ihre interessierten Fragen, aber auch ihr demonstratives Unverständnis für unklare oder allzu abstrakte Formulierungen haben die vorliegende Darstellung hoffentlich spürbar beeinflusst. Weiterhin gilt mein Dank jenen sechs Studentinnen der Schule für Logopädie in Kreischa/Sachsen, die eine erste Fassung des Manuskripts gelesen und mit inhaltlichen sowie stilistischen Korrekturvorschlägen versehen haben: Berenike Hartig, Nina Lüdemann, Lydia Neubert, Kathrin Roetsch, Katja Schmidt und Anja Weiss. Zahlreiche Verbesserungs- und Ergänzungsvorschläge verdanke ich auch dem Reihenherausgeber, Dr. Jürgen Tesak, der im Übrigen meine Arbeit an diesem Buch mit geduldig-hartnäckiger Konsequenz begleitet hat.

Schließlich habe ich noch dem Schulz-Kirchner Verlag für sein Engagement bei der Publikation dieses Buches zu danken. Petra Jeck hat das komplizierte Lay-out mit bewundernswertem Geschick erstellt, ohne sich von phonetischen Transkriptionszeichen, phonologischen Regelformaten, grafischen Darstellungen oder eingerahmten Randglossen abschrecken zu lassen. Bei der umsichtigen und entgegenkommenden redaktionellen Betreuung durch die Verlagslektorin, Doris Zimmermann, war für mich die Arbeit auch am *dritten* Korrekturabzug noch ein Vergnügen.

Es bleibt zu wünschen, dass den Leserinnen und Lesern schon die *erste* Lektüre dieses Buches ebenso viel Vergnügen bereitet.

Graz, im April 2001   Hans Grassegger

INHALTSVERZEICHNIS

1 EINLEITUNG 7
  1.1 Sprachliche Ebenen 7
  1.2 Sprachliche Zeichen 9
  1.3 Phonetische und phonologische Transkription
    10
  1.4 Kommunikationsmodell 11
  Übungsaufgaben (1-4) 14

2 ARTIKULATORISCHE PHONETIK 15
  2.1 Initiation 15
    2.1.1 Atemapparat 16
    2.1.2 Sprechatmung - Höratmung 17
    2.1.3 Luftstrommechanismen 18
    2.1.4 Störungen der Initiation 19
  2.2 Phonation 20
    2.2.1 Kehlkopf 20
    2.2.2 Stimmerzeugung 24
    2.2.3 Laryngale Lautproduktion und -modifikation 26
    2.2.4 Störungen der Phonation 28
  2.3 Artikulation 31
    2.3.1 Artikulationsorgane 32
    2.3.2 Artikulationsstellen 34
    2.3.3 Artikulationsarten 35
    2.3.4 Störungen der Artikulation 38
  2.4. Symbolphonetische Klassifikation 41
    2.4.1 Konsonanten 43
    2.4.2 Vokale 53
  Übungsaufgaben (5-26) 60

3 SUPRASEGMENTALIA 63
  3.1 Prosodische Einheiten 64
  3.2 Silbe 66
  3.3 Quantität 72
  3.4 Akzent 73
  3.5 Intonation 76
  3.6 Prosodische Störungen 78
  Übungsaufgaben (27-30) 80

4 PHONOLOGIE 81
  4.1 Phonologische Grundbegriffe 82
    4.1.1 Vorbemerkungen 82
    4.1.2 Phon und Phonem 83
    4.1.3 Allophone 84

4.2	Phonemsystem des Deutschen		88
	4.2.1	Konsonanten	90
	4.2.2	Vokale	94
4.3	Merkmalphonologie		98
	4.3.1	Vorbemerkungen	98
	4.3.2	Distinktive Merkmale	99
	4.3.3	Merkmalmatrix des Deutschen	102
4.4	Prozessphonologie		106
	4.4.1	Phonologische Prozesse	106
	4.4.2	Notation phonologischer Regeln	109
	4.4.3	Silbenstrukturverändernde Prozesse	112
	4.4.4	Segmentverändernde Prozesse	116
	4.4.5	Typen phonologischer Regeln	121
4.5	Phonologische Störungen		123
	4.5.1	Elision	124
	4.5.2	Addition	125
	4.5.3	Metathese	125
	4.5.4	Substitution	126
Übungsaufgaben (31-50)			130

5 LITERATURVERZEICHNIS 133

6 ABBILDUNGSVERZEICHNIS 135

7 SACHREGISTER 136

8 LÖSUNGEN ZU DEN ÜBUNGSAUFGABEN 140

1 EINLEITUNG

Phonetik und Phonologie untersuchen die lautlichen Phänomene der sprachlichen Kommunikation, d.h. sie analysieren, wie Lautsprache produziert, übertragen und wahrgenommen wird und nach welchen Prinzipien sie funktioniert. Phonetik und Phonologie haben also – wie schon der gemeinsame Wortbestandteil *Phon-* zeigt – denselben Untersuchungsgegenstand, nämlich die Lautgestalt der Sprache. Sie gehen aber an diesen Gegenstand von zwei grundlegend verschiedenen Gesichtspunkten heran:

Vgl. griech. *phoné* Stimme, Ton, Laut

> **Die Phonetik beschreibt die Entstehung, Übertragung und Wahrnehmung, also die *materielle* Seite der Sprachlaute, die Phonologie hingegen untersucht die Funktion und Eigenschaft von Sprachlauten als Elemente eines Sprachsystems, also die *funktionelle* Seite der Sprachlaute.**

Mit dieser knappen Definition ist der Gegenstandsbereich des vorliegenden Buches freilich nur sehr allgemein umrissen. Ehe wir aber zur detaillierten Darstellung unseres Gegenstandes übergehen, wollen wir noch einige grundlegende Aspekte der sprachlichen Kommunikation erörtern.

1.1 Sprachliche Ebenen

Wenn Menschen sich miteinander verständigen wollen, bedienen sie sich der Sprache, entweder in mündlicher Form (*gesprochene* Sprache) oder in schriftlicher Form (*geschriebene* Sprache). Die gesprochene Sprache ist die primäre Form, sie geht der geschriebenen Sprache voraus: Wir lernen zuerst sprechen, dann erst schreiben. Auch in der Entwicklungsgeschichte der Menschheit taucht die Schrift erst relativ spät auf, und es gibt heute noch viele Sprachgemeinschaften ohne Schrift.

Sprache ist ein hierarchisch strukturiertes Kommunikationssystem. Das heißt, dass kleinere Einheiten in unterschiedlichen Kombinationen zu einer Vielzahl von größeren Einheiten zusammengefügt werden können. Dieses Prinzip tritt zweifach in Erscheinung. Erstens können Wörter (Lexeme) und grammatische Formen (Morpheme), wie z.B. Flexionsendungen, zu verschiedensten Satzteilen (Syntagmen) und diese wiederum zu Sätzen mit immer neuen Bedeutungen kombiniert werden. Zweitens ergeben einzelne Sprachlaute (Phoneme) in unterschiedlichen Kombinationen verschiedenste sprachliche Zeichen[1]. Die Ökonomie der Sprache manifestiert sich also in der Möglichkeit, aus einer begrenzten Anzahl von Lauten (Phonemen) eine (zumindest theoretisch) unendliche Anzahl sprachlicher Zeichen (Lexeme, Morpheme) zu bilden, die in der sprachlichen Kommunikation

Hierarchische Struktur

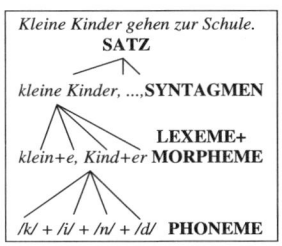

[1]Vgl. z.B. die Wörter *Regen, Nager, Garne, ragen, garen, gerne* aus den Lauten /a, e, g, n, r/.

Einleitung

zu unendlich vielen Äußerungen (Syntagmen, Sätze, Texte) kombiniert werden können.

Ausgehend von dieser hierarchischen Strukturierung der Sprache sind die folgenden Ebenen der Sprachbeschreibung zu unterscheiden:
1. Syntaktische Ebene
2. Lexikalische Ebene
3. Morphologische Ebene
4. Phonologische Ebene
5. Phonetische Ebene

Dabei beinhalten die syntaktische, die lexikalische und die morphologische Ebene so genannte *semantische* Einheiten, d.h. Einheiten, die eine Bedeutung tragen, während die phonologische und die phonetische Ebene aus *asemantischen* Einheiten bestehen.

Auf der phonologischen Ebene sind dies die *Phoneme*, die selbst keine Bedeutung haben, sondern vielmehr die bedeutungstragenden Einheiten der höheren Ebenen voneinander unterscheiden. Man spricht daher von der *bedeutungsdifferenzierenden* Funktion der Phoneme, z.B. dt. /o/ und /u/ in <Brot> vs. <Brut>, oder /t/ und /d/ in <Teich> vs. <Deich>.

Auf der phonetischen Ebene sind diese asemantischen Einheiten die *Phone*, das sind die konkreten Realisierungen der Laute beim Sprechen. Wenn etwa ein Sprecher dreimal das Wort [te:] <Tee> spricht, so liegen drei „verschiedene" Realisierungen des anlautenden [t] vor, bei denen es sich um (drei) einmalige und unwiederbringliche Ergebnisse des jeweiligen Sprechvorgangs handelt. Trotz ihrer materiellen Verschiedenheit ordnet aber ein Hörer diese drei Realisierungen seiner Vorstellung vom Sprachlaut /t/ zu, sodass er drei Mal das „gleiche" Wort, nämlich <Tee>, hört und nicht etwa <See> oder <Reh>.

Daraus wird ersichtlich, dass der *Sprachlaut* eine abstrakte Einheit ist. Als solche darf er aber weder mit den einmaligen, phonetischen Realisierungen im konkreten Sprechvorgang gleichgesetzt werden, noch mit den einzelnen Buchstaben der Orthographie. Wir wollen diesem Umstand bei der grafischen Wiedergabe (*Transkription*) von Lauten Rechnung tragen: Wenn wir konkrete Lautrealisierungen notieren, setzen wir die entsprechenden Symbole zwischen eckige Klammern; beziehen wir uns auf Laute in ihrer Eigenschaft als (bedeutungsdifferenzierende) Phoneme, so stehen die Symbole zwischen Schrägstrichen; und schließlich setzen wir die Buchstaben der geschriebenen Sprache zwischen spitze Klammern: z.B. orthografisch <Schoten> vs. <Schotten>; phonologisch /ʃoːten/ vs. /ʃoten/; phonetisch [ˈʃoːtən] vs. [ˈʃɔtən] (s.u. 1.3 Phonetische und Phonologische Transkription).

asemantische Einheiten

– *phonologisch:*	**Phonem**
– *phonetisch:*	**Phon**

Notationskonventionen

– **orthografisch:**	<kindisch>
– **phonologisch:**	/ˈkindiʃ/
– **phonetisch:**	[ˈkɪndɪʃ]

1.2 Sprachliche Zeichen

Ein sprachliches Zeichen entsteht aus der Verbindung eines Inhalts mit einem Ausdruck.

Der Zeicheninhalt entspricht dabei der Bedeutung, mit deren Hilfe wir uns auf die außersprachliche Wirklichkeit beziehen. Der Zeichenausdruck entspricht der materiellen Gestalt, mit der der Inhalt „zum Ausdruck gebracht" wird. Dieser materielle Ausdruck kann verschiedene Formen annehmen (wie z.B. Flaggensignale, Morsezeichen, Gebärden der Taubstummensprache u.Ä.). Wegen des Primats der gesprochenen Sprache konzentrieren wir uns hier jedoch auf den lautlichen Ausdruck (das Lautbild) und behalten im Auge, dass geschriebene Sprache (das Schriftbild) nur sekundär aus der gesprochenen Sprache abgeleitet ist.

Für die Funktion als sprachliches Zeichen sind Inhalt und Ausdruck untrennbar miteinander verbunden. Man spricht daher auch vom *bilateralen Zeichen*, dessen beide Seiten als *Signifikat* (Zeicheninhalt) und *Signifikant* (Zeichenausdruck) zusammengehören wie die beiden Seiten eines Blattes Papier.

Bilaterales Zeichen

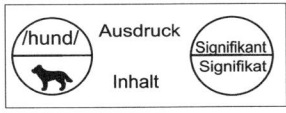

Wir können zwar hier nicht näher auf die Theorie der sprachlichen Zeichen eingehen, doch scheinen wenigstens noch einige Bemerkungen über die Eigenschaften des lautlichen Ausdrucks angebracht.

Zunächst einmal ist zu betonen, dass eine Lautfolge allein, wie etwa /stronk/ im Deutschen, noch kein Zeichen ist, weil sie zwar eine mögliche Zeichenform darstellt, der aber kein Zeicheninhalt zugeordnet ist. Mit der Lautfolge /hund/ hingegen kann ich mich sowohl auf ein ganz konkretes Tier (z. B. auf das Haustier meines Gesprächspartners) als auch auf die gesamte Tiergattung der so genannten Caniden beziehen. Schon durch minimale Änderung der Lautform (z.B. /hand/) kann ich einen völlig verschiedenen Inhalt (eine andere sprachliche Bedeutung) evozieren. Diese Verschlüsselung (*Kodierung*) sprachlicher Bedeutung ist zweifellos die Hauptfunktion des lautlichen Ausdrucks (*linguistisch-semantische Funktion*).

Daneben werden aber bei jeder lautsprachlichen Äußerung noch weitere Informationen übermittelt. Aus der Stimmhöhe und -qualität können wir erkennen, wer mit uns spricht (*indexikalische Funktion*); das reicht von allgemeinen Hinweisen auf Alter und Geschlecht des Sprechers bis zum Wiedererkennen individueller, vertrauter Stimmen. Andere Besonderheiten der Aussprache lassen sogar Rückschlüsse auf den regionalen oder sozialen Hintergrund des Sprechers zu. Wieder andere lautsprachliche Elemente, wie etwa Sprechtempo, Lautstärke, Intonation usw., drücken Einstellungen und Emotionen (z.B. Zweifel, Ärger, Verwunderung) des Sprechers aus (*expressive Funktion*), und schließlich kann ein Sprecher mit denselben lautlichen Mitteln z.B. das Ende seiner

Funktionen
des lautlichen Ausdrucks

– **semantische** Funktion
– **indexikalische** Funktion
– **expressive** Funktion
– **regulative** Funktion

Einleitung

Äußerung signalisieren bzw. seinem Gesprächspartner „das Wort übergeben" *(regulative Funktion)*.

Lautsprachliche Äußerungen transportieren also eine Vielzahl an kommunikativ relevanten Informationen, von denen die sprachliche Bedeutung von Wörtern und Sätzen lediglich eine, wenn auch – vom linguistischen Standpunkt aus betrachtet – die wichtigste, ist.

1.3 Phonetische und phonologische Transkription

Eine schriftliche Darstellung von Sprachlauten stellt uns vor das Problem, geeignete visuelle Symbole für die Wiedergabe lautlicher Einheiten zu finden. Die Alphabetschrift einer Sprache ist ein derartiger Versuch, Sprachlaute mit Hilfe von Buchstaben darzustellen. Allerdings zeigt schon ein ganz oberflächlicher Vergleich von Schreibung und Lautung z.B. deutscher Wörter, dass die Orthographie nur ein sehr unvollkommenes Mittel zur Wiedergabe lautlicher Erscheinungen ist: Einerseits werden für den gleichen Lautwert verschiedene Buchstaben bzw. Buchstabenkombinationen verwendet (z.B. für den Anlautkonsonanten in <*sch*ön> und <*s*prechen>), andererseits steht für verschiedene Laute der gleiche Buchstabe bzw. die gleiche Buchstabenkombination (z.B. in <*s*till> und <ern*s*t> oder in <ni*ch*t> und <ho*ch*>). Wegen ihrer Ungenauigkeit und Inkonsequenz sind also traditionelle Orthographien für die phonetische Wiedergabe von Sprachlauten untauglich.

Die Phonetik verwendet daher eine besondere Notationstechnik, die so genannte *phonetische Transkription* (Lautschrift), in welcher die Beziehung zwischen Transkriptionszeichen und Laut eindeutig und reversibel (umkehrbar) ist, d.h. dass ein bestimmter Laut nur durch ein bestimmtes Symbol wiedergegeben wird, und ein Symbol immer nur einem bestimmten Laut entspricht. Von den zahlreichen Transkriptionssystemen, die im Laufe vor allem des letzten Jahrhunderts entwickelt wurden, ist heute das *Internationale Phonetische Alphabet (IPA)* am weitesten verbreitet und wird auch in diesem Buch verwendet.

Zur Kennzeichnung der *phonetischen Transkription* werden die Symbole der IPA zwischen eckige Klammern gesetzt (z.B. [nɪçt] <nicht>, [hoːx] <hoch>). Dabei unterscheidet man die *enge* Transkription, die möglichst detailgetreu die tatsächlichen Lautrealisierungen darzustellen versucht, und die *breite* Transkription, in der die phonetischen Details weniger genau notiert werden. Die breiteste Transkription, die lediglich die lautlich distinktiven (d.h. bedeutungsunterscheidenden) Einheiten einer Sprache (d.h. die Phoneme) wiedergibt, wird auch *phonologische Transkription* genannt. Zu ihrer Kennzeichnung werden die Transkriptionssymbole zwischen Schrägstriche gesetzt (z.B.

Die Abkürzung IPA steht auch für *International Phonetic Association*. Das ist der englische Name jenes Vereins, der 1888 das Internationale Phonetische Alphabet entwickelt hat. Zunächst hauptsächlich für fremdsprachendidaktische Zwecke konzipiert, wurde dieses Transkriptionssystem seither mehrmals überarbeitet und liegt nun in der jüngsten Version von 2005 vor (vgl. S. 42, Anm. 1 und 2).

/nixt/ <nicht>, /hox/ <hoch>). Wir werden in Kapitel 4 noch näher darauf eingehen, warum eine phonologische Transkription nicht die genauere phonetische Realisierung der transkribierten Einheiten (vgl. /nixt/ und [nɪçt]) wiedergeben muss.

1.4 Kommunikationsmodell

Der Ablauf der lautsprachlichen Kommunikation lässt sich anhand eines Kommunikationsmodells beschreiben, dessen einfachste Form in Abb. 1-1 dargestellt ist.

Demnach sind an der lautsprachlichen Kommunikation mindestens zwei Personen beteiligt, die abwechselnd die Rolle des *Sprechers* (S) und des *Hörers* (H) einnehmen können. Der Sprecher, der dem Hörer eine Nachricht übermitteln will, muss diese Nachricht in einer sprachlichen Äußerung verschlüsseln (*kodieren*) und dem Hörer über ein geeignetes *Medium* (M) – die Schallschwingungen der Luft – übermitteln. Der Hörer wiederum muss aus der vom Sprecher realisierten Äußerung (d.h. aus diesen Schallschwingungen) die intendierte Nachricht entschlüsseln (*dekodieren*). Sprecher und Hörer bedienen sich dabei eines gemeinsamen *Zeichensystems* (Z), d.h. einer beiden bekannten Sprache.

In diesem einfachen Modell der lautsprachlichen Kommunikation lassen sich die Gegenstandsbereiche von Phonetik und Phonologie folgendermaßen zuordnen:

Die *Phonologie*, die sich mit dem system- und regelhaften Funktionieren von Sprachlauten beschäftigt (und daher manchmal auch *funktionelle Phonetik* genannt wird), arbeitet auf der ideellen Ebene des Zeichensystems.

Die *Phonetik* behandelt die vom Sprecher, Medium und Hörer gebildete, materielle Ebene.

Die gegenseitige Bedingtheit von Phonologie und Phonetik ist durch den Zusammenhang zwischen Lautbild (Lautvorstellung;

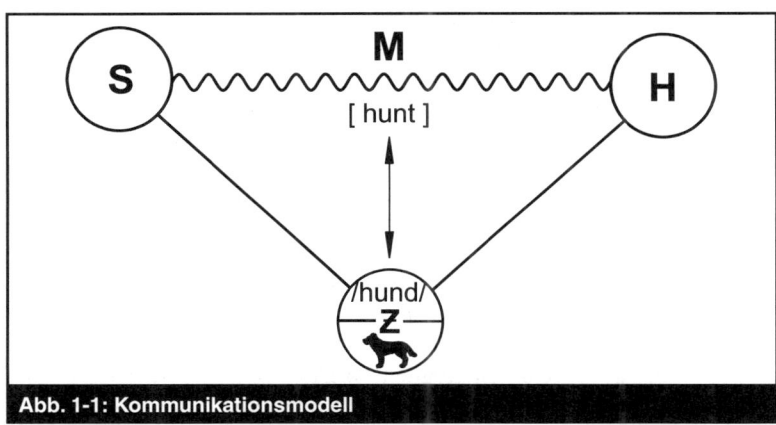

Abb. 1-1: Kommunikationsmodell

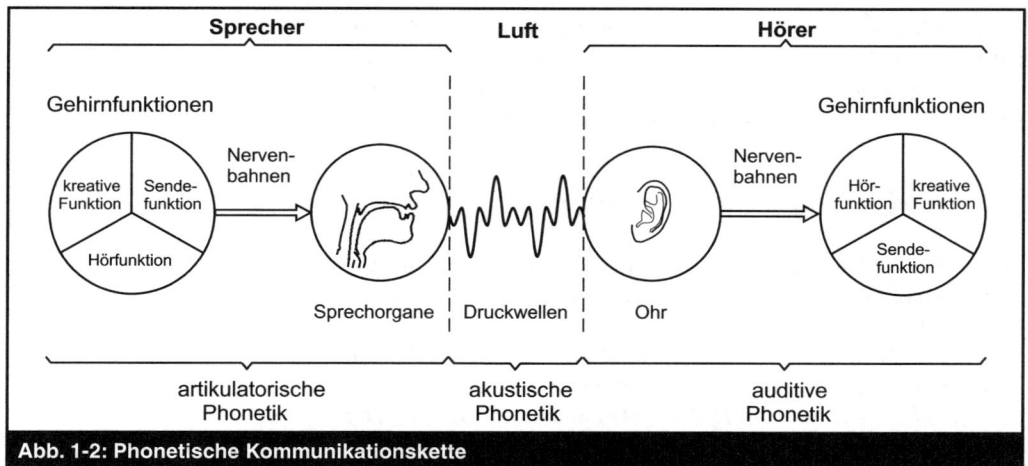

Abb. 1-2: Phonetische Kommunikationskette

z.B. /hund/) und Lautsubstanz (Lautäußerung; [hʊnt]) gegeben, wie er in Abb. 1-1 durch den doppelt gerichteten Pfeil angedeutet ist.

Während die eingehendere Erörterung von Aufgaben und Leistungen der Phonologie einem späteren Kapitel (s.u. Kap. 4) vorbehalten bleiben soll, wollen wir hier Gegenstand und Teilgebiete der Phonetik anhand der in Abb. 1-2 skizzierten *phonetischen Kommunikationskette* darstellen.

Die phonetische Kommunikationskette reicht von der Hirnrinde des Sprechers über seinen Sprechapparat, von dort weiter über die Schallübertragung im Medium Luft bis zum Hörorgan und der Hirnrinde des Hörers.

Alle Vorgänge entlang dieser Kette bilden den in drei klassische Teilgebiete gegliederten Gegenstandsbereich der *allgemeinen Phonetik*, welche zur Abgrenzung von der funktionellen Phonetik (= Phonologie) gelegentlich auch als *Substanzphonetik* bezeichnet wird:

die *artikulatorische Phonetik* beschreibt die biomechanischen Prozesse der Sprachproduktion;

die *akustische Phonetik* behandelt die Struktur und die Übertragung des Sprachschalls;

die *auditive Phonetik* beschäftigt sich mit der Aufnahme und Verarbeitung des Sprachschalls durch den Hörer.

Die grundsätzliche Möglichkeit der Gliederung des Kommunikationsaktes in einzelne Teilbereiche soll jedoch nicht darüber hinwegtäuschen, dass er eigentlich eine untrennbare Einheit bildet. Dies folgt nicht zuletzt daraus, dass bei jedem Sprechakt der Sprecher immer auch gleichzeitig Hörer und der Hörer immer auch (potenzieller) Sprecher ist. Daher sind entgegen der modellhaft einfachen Darstellung die bei der lautsprachlichen Kommunikation tatsächlich ablaufenden Vorgänge weit vielschichtiger und stehen in einer komplexen Wechselwirkung.

Einleitung

Als kleinste Analyseeinheit und Beschreibungskategorie der Phonetik gelten die Laute (*Phone*). Sprechen ist allerdings nicht eine bloße Aneinanderreihung von Lauten, wie uns vielleicht unsere Alphabetschrift irrigerweise annehmen lässt. Vielmehr erzeugen wir beim Sprechen einen Lautstrom, der aus den kontinuierlichen Bewegungsabläufen unserer Artikulationswerkzeuge resultiert. Dabei gehen die Artikulationsbewegungen für die einzelnen Laute ineinander über und führen zu überlappenden Realisationen im Lautstrom (*Koartikulation*).

lat. *coarticulare* – zusammen aussprechen

Dennoch können wir diesen Lautstrom auditiv analysieren und in kleinere, minimale Einheiten zerlegen (*segmentieren*), wie sie etwa bei der bewusst langsamen Artikulation eines Wortes entstehen. Ferner können wir dasselbe Wort wiederholen und dabei zu einer zwar nicht identischen (völlig gleichen), aber wenigstens äquivalenten (gleichwertigen) Reproduktion der minimalen Einheiten gelangen.

Diese reproduzierbaren minimalen Einheiten (Phone) lassen sich einerseits nach ihren Artikulationsmerkmalen klassifizieren und beschreiben, andererseits symbolisch (d.h. mittels Transkriptionszeichen) darstellen, wie die auf artikulatorischen Kriterien beruhende Systematik des Internationalen Phonetischen Alphabets zeigt (vgl. 2.4).

Neben den Phonen als *segmentale* Beschreibungskategorien gibt es noch weitere phonetische Eigenschaften des Sprachschalls, die über den Einzellaut hinausgehen. Dazu gehören Erscheinungen wie etwa Akzent und Intonation, die als *suprasegmentale* (d.h. *über* die einzelnen Segmente hinausgehende) Merkmale bezeichnet werden und sich über sprachliche Äußerungen unterschiedlicher Länge (*Domänen*) erstrecken. Die kleinste suprasegmentale Komponente ist die *Silbe*, die sowohl artikulatorisch als auch akustisch und auditiv eine elementare phonetische Einheit darstellt (vgl. 3.2).

In den folgenden Kapiteln wollen wir zunächst die Voraussetzungen und Vorgänge der Produktion von Sprachlauten sowie deren symbolphonetische Klassifikation (Kap. 2: Artikulatorische Phonetik) darstellen, dann die über den Einzellaut hinausgehenden Eigenschaften des Sprachschalls (Kap. 3: Suprasegmentalia) erörtern und schließlich auf das system- und regelhafte Funktionieren von Sprachlauten (Kap. 4: Phonologie) eingehen.

Literaturhinweise Kapitel 1

Als gut lesbare Einführungen in das Phänomen „Sprache" und in den Gegenstand „Sprachwissenschaft" bieten sich Linke/Nussbaumer/Portmann (2004) und Pörings/Schmitz (2003) an. Selbstverständlich gehen diese Einführungen weit über den Gegenstandsbereich des vorliegenden Bandes hinaus, doch wird gerade dadurch auch die Besonderheit des phonetisch-phonologischen Aspekts innerhalb einer umfassenden Betrachtung von sprachlicher Kommunikation verdeutlicht. Vor allem wegen der Übungen mit Lösungsangaben eignet sich auch Pelz (1996) zum Einstieg in die Grundprobleme der Sprachwissenschaft. Eher zum entspannten Schmökern als zum konsequenten Durcharbeiten empfiehlt sich „Die Cambridge Enzyklopädie der Sprache" von Crystal (1993), in welcher die Komplexität der menschlichen Sprache mit zahlreichen Übersichtstabellen und Abbildungen illustriert wird. Zum Nachschlagen (nicht nur phonetisch-phonologischer Fachausdrücke) ist auf das „Metzler Lexikon der Sprache" von Glück (2010) zu verweisen, das einen Überblick über die Terminologie der gesamten Sprachwissenschaft bietet. Und schließlich darf – besonders als Zugangshilfe zur englischsprachigen Fachliteratur – das „Dictionary of Phonetics and Phonology" von Trask (1996) nicht unerwähnt bleiben.

Übungsaufgaben Kapitel 1

Ü-1 a) Welche Ebenen der Sprachbeschreibung gibt es?

b) Welche Bedeutung hat die Endsilbe <-er> in den Wörtern <schöner>, <Arbeiter>, <Eier>?

Ü-2 a) Versuchen Sie, möglichst viele Wörter zu finden, indem Sie im Wort <Hand> jeweils nur einen Buchstaben austauschen.

b) Aus wie vielen Lauten (nicht Buchstaben!) bestehen jeweils die Sätze: <Das Hemd ist schön.>; <Die Flasche ist leer.>; <Der Lehrer spricht.>. Gibt es Laute, die in allen drei Sätzen vorkommen?

Ü-3 a) Versuchen Sie, möglichst viele Wörter zu finden, indem Sie im Wort [roːt] <rot> jeweils nur einen Laut austauschen.

b) Wofür steht die Abkürzung IPA?

Ü-4 a) In welche drei Teilbereiche lässt sich die phonetische Kommunikationskette gliedern?

b) Warum können zwei Sprecher mit verschiedener Muttersprache (und ohne Fremdsprachenkenntnisse) einander zwar hören, aber sich lautsprachlich nicht miteinander verständigen?

2 ARTIKULATORISCHE PHONETIK

Gegenstand der artikulatorischen Phonetik sind die beim Sprecher ablaufenden Vorgänge der Sprachlautproduktion. Diese lassen sich in drei Teilprozesse gliedern:

> a) **Bildung des zur Lauterzeugung benötigten Luftstroms (*Initiation*),**
> b) **Stimmgebung (*Phonation*),**
> c) **Modifikation des Luftstroms zur differenzierten Lautbildung (*Artikulation*).**

Diese Teilprozesse der Sprachlautproduktion dürfen jedoch nicht als voneinander unabhängige, hintereinander ablaufende Vorgänge betrachtet werden. Sie erfordern vielmehr das gleichzeitige, genau aufeinander abgestimmte Zusammenspiel sämtlicher Sprechwerkzeuge. Daher werden oft auch alle drei Teilprozesse der Sprachlautbildung unter dem Begriff Artikulation zusammengefasst.

Sämtliche an der Sprachproduktion beteiligten Strukturen sind *primär* für andere, vitale Grundfunktionen ausgelegt. Die Lungen dienen dem zur Aufrechterhaltung des Stoffwechsels notwendigen Gasaustausch im Blut, der Kehlkopf schützt mit seinem reflektorischen Verschluss die unteren Atemwege vor dem Eindringen von Fremdkörpern, Nasen-, Mund- und Rachenraum bilden die oberen Atemwege und der Mund mit Lippen, Zunge und Zähnen ermöglicht die Aufnahme und Zerkleinerung von Nahrung.

Die Hervorbringung von Lautsprache hingegen ist eine zwar äußerst ökonomische, aber *sekundäre* Funktion derselben Strukturen. Daher ist auch der Ausdruck *Sprechorgane*, mit dem häufig alle an der Sprachproduktion beteiligten anatomischen Strukturen zusammengefasst werden, nicht ganz korrekt: Der Mensch besitzt von Natur aus keine zum Sprechen bestimmten Organe, er bedient sich für diese Sekundärfunktion lediglich bereits vorhandener, im Lauf der phylo- und ontogenetischen Entwicklung angepasster Strukturen[1].

2.1 Initiation

> **Unter *Initiation* versteht man in phonetischer Hinsicht die Bildung eines zur Lauterzeugung benötigten *Luftstroms*.**

In der Regel handelt es sich dabei um die aus der Lunge kommende Ausatmungsluft, die zur Sprachlautproduktion genutzt wird. Im Folgenden werden daher kurz der Aufbau und die Funktion des Atemapparates (2.1.1) sowie die phonetisch relevanten

---

[1] So ermöglicht z.B. erst der abgesenkte Kehlkopf jene relativ freie Beweglichkeit der Artikulationsorgane im Mundraum, die für eine differenzierte Lautbildung notwendig ist. (vgl. 2.3.1.5)

Aspekte der Atmung (2.1.2) dargestellt, ehe abschließend die übrigen Initiationsarten (2.1.3) und Störungen der Initiation (2.1.4) skizziert werden.

2.1.1 Atemapparat

Als Atmungsorgan fungieren die paarig angelegten Lungen (*Pulmones*), die in den Brustkorb (der *Thorax*) eingebettet sind. Das knöcherne Gerüst des Brustkorbs wird von den zwölf Brustwirbeln, von ebenso vielen Rippenpaaren und vom Brustbein gebildet. Die einzelnen Rippenbögen sind miteinander durch die Zwischenrippenmuskeln (*Interkostalmuskeln*) verbunden. Die Unterseite des Brustraums wird durch eine kuppelförmig nach oben gewölbte Muskelplatte, das Zwerchfell (das *Diaphragma*), gegen den Bauchraum abgegrenzt.

Atemapparat

Thorax, *m.*
Pulmones, *m.pl.*
Diaphragma, *n.*
Musculi intercostales, *m.pl.*
Alveoli, *m.pl.*
Trachea, *f.*
Larynx, *m.*
(Oesophagus, *m.*)

Der Weg der Atemluft führt von außen durch den Kehlkopf (der *Larynx*) zunächst in die Luftröhre (die *Trachea*), die aus hufeisenförmigen, nach hinten zur angrenzenden Speiseröhre (der *Oesophagus*) hin offen Knorpelspangen gebildet wird (Luftröhre und Speiseröhre sind nur durch eine Membran voneinander getrennt). Von der Luftröhre strömt die Atemluft dann in die zu den beiden Lungenflügeln führenden Bronchien sowie in deren baumartige Verästelungen (Bronchialbaum) und gelangt schließlich zu den zahlreichen (rd. eine Million) kleinen Lungenbläschen (*Alveolen*), aus denen das elastische Lungengewebe hauptsächlich besteht.

Bei der Einatmung (*Inspiration*) führt die Kontraktion des Zwerchfells zu dessen Absenkung und die Kontraktion der externen Interkostalmuskeln zur Anhebung und Erweiterung des Brustkorbs. Beides zusammen bewirkt eine Vergrößerung des Brustraums und damit eine Ausdehnung der elastischen Lungen. Dadurch entsteht im Innern der Lungen ein Unterdruck gegenüber dem atmosphärischen Luftdruck, was wiederum ein (passives) Einströmen der Atemluft in die Lungen zur Folge hat.

Bei der Ausatmung (*Exspiration*) entspannen sich Zwerchfell und externe Interkostalmuskeln, sodass sich der Brustraum wieder verkleinert, was zu einem Überdruck in der Lunge führt. Dieser wird durch Herausdrücken der verbrauchten Atemluft abgebaut. Der dadurch entstehende *pulmonal-egressive* Luftstrom ist der häufigste (in den europäischen Sprachen der einzige), der zur Lautbildung verwendet wird. Es handelt sich dabei also um die ökonomische Nutzung bereits „verbrauchter" Ausatmungsluft (daher auch: *exspiratorischer* Luftstrom).

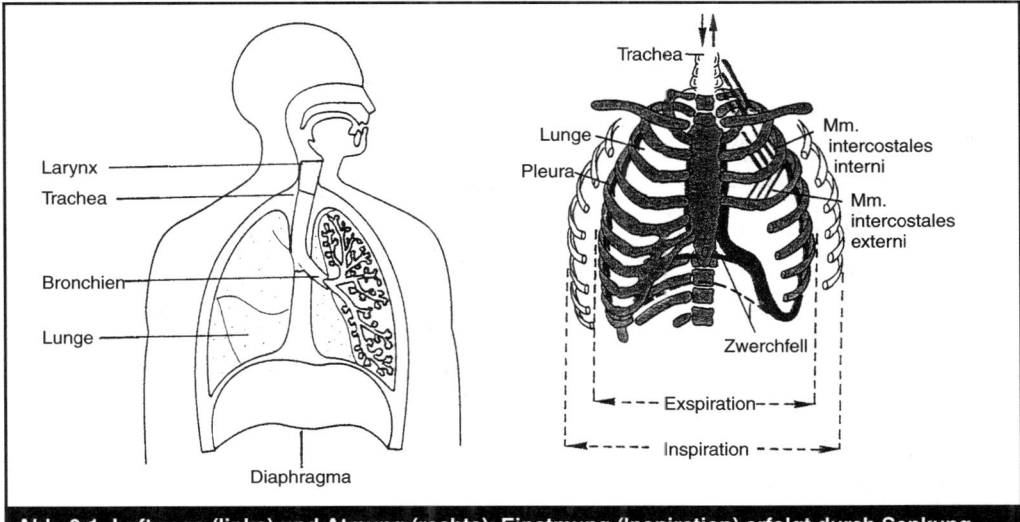

Abb. 2-1: Luftwege (links) und Atmung (rechts): Einatmung (Inspiration) erfolgt durch Senkung des Zwerchfells (untere, strichlierte Linie) und Hebung der Rippenbögen.

2.1.2 Sprechatmung - Höratmung

Unter Sprech- oder Stimmatmung (*Phonationsatmung*) versteht man die zur lautsprachlichen Kommunikation erforderliche Atemform, die durch spezifische Abweichungen von der Ruheatmung charakterisiert ist.

Bei der Ruheatmung sind Inspirations- und Exspirationsphase annähernd gleich lang (Verhältnis etwa 1:1,2) und der Ausatmungsvorgang beruht vorwiegend auf dem Erschlaffen der thorakalen Eigenmuskulatur, worauf der Brustkorb durch die elastischen Rückstellkräfte passiv in die Atemruhelage zurückkehrt.

Bei der Phonationsatmung hingegen dauert die Exspirationsphase wesentlich länger als die Inspirationsphase (Verhältnis etwa 4:1). Dies wird erreicht einerseits durch eine tiefere Einatmung, andererseits durch eine bewusste Abschwächung der Ausatmung (d.h. durch geringere, langsamere Entspannung der Einatmungsmuskeln, die damit gewissermaßen als „Bremse" gegen das zu rasche Ausströmen der Atemluft wirken). Überdies wird das Ausatmen bis unter die Atemruhelage (vgl. die strichlierte Linie in Abb. 2-2) fortgesetzt.

Im Gegensatz zur passiven Exspiration bei der Ruheatmung wird also bei der Phonationsatmung der zum Sprechen nötige pulmonal-egressive Luftstrom durch einen aktiven Exspirationsvorgang verlängert. In Abb. 2-2 sind die Veränderungen des Atemvolumens und die Aktivitäten der thorakalen Eigenmuskeln vor, während und nach einer sprachlichen Äußerung dargestellt.

Artikulatorische Phonetik

Erläuterungen zu Abb. 2-2

Das Diagramm des Atemvolumens zeigt nach einer Ruheatmungskurve eine Kurve der Phonationsatmung. Während der 20 Sekunden dauernden sprachlichen Äußerung (schwarzer Balken ganz oben) wird die Exspirationsphase bis unter die Atemruhelage (strichlierte Linie) fortgesetzt, um dann wieder in die Ruheatmung überzugehen. Die Kontraktion des Zwerchfells (schwarze Blöcke) erfolgt jeweils in den Inspirationsphasen (ansteigende Atemvolumskurve). Die externen Zwischenrippenmuskeln sind ebenfalls während der Einatmung aktiv und bei der Phonationsatmung zusätzlich (als „Bremse") während des ersten Teils der Exspirationsphase. Die Aktivität der internen Zwischenrippenmuskeln unterstützt schließlich den zweiten Teil der phonatorischen Ausatmung bis unter die Atemruhelage.

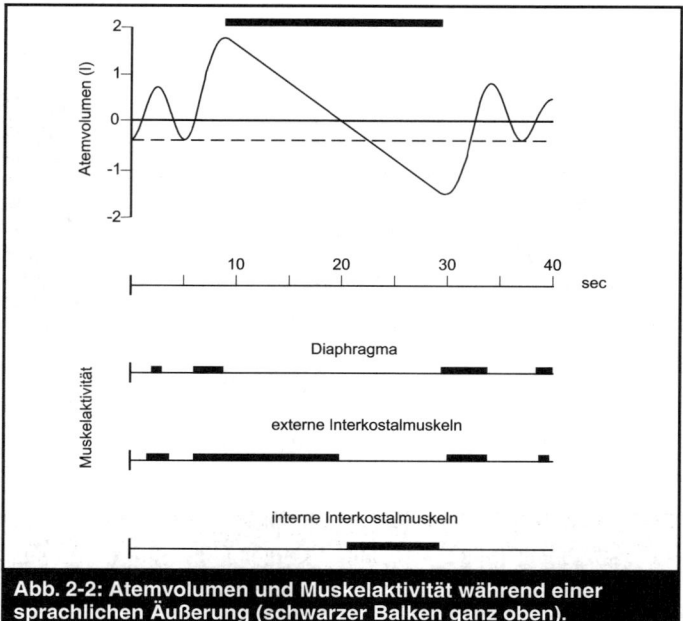

Abb. 2-2: Atemvolumen und Muskelaktivität während einer sprachlichen Äußerung (schwarzer Balken ganz oben).

Bei der *Höratmung* handelt es sich um einen besonders hinsichtlich des Dauerverhältnisses von Ein- und Ausatmungsphase modifizierten Atmungsablauf. Dabei gleicht sich die ursprüngliche Ruheatmung eines Hörers beim aufmerksamen Anhören gesprochener Texte unbewusst jenem Atmungsrhythmus an, der der Phonationsatmung des Sprechers dieser Texte entspricht.

2.1.3 Luftstrommechanismen

2.1.3.1 Der *pulmonal-egressive* (exspiratorische) Luftstrom wird – wie bereits erwähnt – am häufigsten zur Lautbildung verwendet. Es ist zwar prinzipiell möglich, auch mit einströmender Atemluft, also mit *pulmonal-ingressivem* (inspiratorischen) Luftstrom, Laute zu produzieren, doch werden solche Laute bzw. Lautfolgen nur paralinguistisch (d.h. ohne verbale Kommunikationsfunktion) verwendet, wie etwa ein inspiratorisches [f↓] bei einer Schmerzempfindung. Ferner lassen sich inspiratorische Äußerungen beispielsweise beim Aufsagen von Zahlenreihen (Addieren) oder bei einem resignierenden „ja, dann ..." beobachten.

Der nach unten gerichtete Pfeil symbolisiert inspiratorischen Luftstrom.

2.1.3.2 Neben den mit pulmonalem Luftstrom gebildeten Lauten gibt es – in zahlreichen außereuropäischen Sprachen – auch Laute, die mit nicht-pulmonalen Luftstrommechanismen erzeugt werden. Dazu gehören einerseits die so genannten *Ejektive* bzw. *Implosive*, bei denen der Luftstrom durch Auf- bzw. Abwärtsbewegungen des Kehlkopfs entsteht (*glottaler* Luftstrom), und andererseits die so genannten Schnalzlaute (*Clicks*), welche durch *velaren* Luftstrom gebildet werden. In unserem Sprachraum haben Schnalzlaute – ebenso wie die pulmonal-ingressiv gebildeten Laute – lediglich paralinguistische Funktion, z.B. das abschätzige Schnalzen mit der Zunge.

Luftstrommechanismen

- **pulmonal**
  - egressiv (Ausatmung)
  - ingressiv (Einatmung)
- **glottal**
  - egressiv (Ejektive)
  - ingressiv (Implosive)
- **velar**
  (Schnalzlaute)
- **oesophagal**
  (Speiseröhrenersatzstimme)

2.1.4 Störungen der Initiation

Als Störungen der Initiation sind für das Deutsche zunächst einmal alle vom üblichen pulmonal-egressiven Luftstrom abweichenden Initiationsmechanismen zu betrachten. Dazu gehört der manchmal von (aufgeregten) Kleinkindern oder von Redeflussgestörten bei der Produktion einzelner Sprachlaute oder ganzer Äußerungen verwendete pulmonal-ingressive Luftstrom. Auch ein glottal-egressiver Luftstrom ist gelegentlich, besonders bei Kleinkindern, zu beobachten.

Aber selbst der „normale", pulmonal-egressive Luftstrommechanismus ist in seiner Effizienz von jenen Abweichungen betroffen, die als *funktionelle Atemstörungen* zusammengefasst werden. Phonetisch relevant sind vor allem Störungen der Phonationsatmung, insbesondere die mangelhafte Kontrolle des Exspirationsstroms. Dies kann zu angestrengt, schwach und „kurzatmig" wirkendem Sprechen führen.

Atemstörungen ohne feststellbare organische Ursachen

Eine besondere Form der Initiation stellt der *oesophagale Luftstrommechanismus* dar. Bei diesem wird Luft aktiv in die Speiseröhre (Oesophagus) hineingedrückt („verschluckt") und dann wieder, ähnlich dem Rülpsen, nach oben in den Mundraum gepresst. Das derart verfügbare Luftvolumen ist wesentlich geringer als jenes des pulmonal-egressiven Luftstroms, doch es reicht aus, um mehrere Sprachlaute zu initiieren; geübte Sprecher können sogar längere Äußerungen mit Speiseröhrenluft artikulieren. Die *Oesophagusstimme* ist eine Möglichkeit der stimmlich-sprachlichen Rehabilitation von Patienten, bei denen nach einer operativen Entfernung des Kehlkopfs (*Laryngektomie*) die Initiation der Sprachlautbildung nicht mehr durch den pulmonalen Luftstrom erfolgen kann.

2.2 Phonation

> **Unter Phonation versteht man den Vorgang der kontrollierten Stimmtonerzeugung durch die im Kehlkopf (*Larynx*) befindlichen Stimmlippen.**

Die Stimmlippen unterliegen zahlreichen Stellungs- und Spannungsvariationen, welche zusammen mit dem pulmonal-egressiven Luftstrom die Stimmgebung ermöglichen bzw. modifizieren.

Allerdings beschränkt sich die Funktion des Kehlkopfs in der lautsprachlichen Kommunikation nicht allein auf die Phonation. Er spielt auch eine Rolle als Initiator beim glottalen Luftstrommechanismus und als Artikulator glottaler Konsonanten, er ist also potenziell an allen drei Teilprozessen der Sprachlauterzeugung beteiligt.

Wir werden daher bei der folgenden Beschreibung von Aufbau und Funktion des Kehlkopfs (2.2.1) gerade so weit ins Detail gehen, wie es zum Verständnis der Darstellung des Stimmerzeugungsmechanismus (2.2.2) und anderer laryngaler Lautproduktionen bzw. -modifikationen (2.2.3) notwendig erscheint. Abschließend werden wir auf Störungen der Phonation (2.2.4) eingehen.

2.2.1 Kehlkopf

2.2.1.1   Das *Knorpelgerüst* des Kehlkopfs besteht aus fünf Knorpeln.

Als Basis dient der Ringknorpel (das *Cricoid[1]*), der die obere Begrenzung der Luftröhre darstellt.

Darüber befindet sich der hinten offene Schildknorpel (das *Thyroid*), der aus zwei seitlichen Platten besteht, die vorne V-förmig zusammenstoßen (bei Männern in einem spitzeren Winkel als bei Frauen und Kindern) und den Adamsapfel bilden. Der hintere Rand der beiden Platten weist jeweils ein oberes Horn, das über Bänder mit dem Zungenbein (das *Hyoid*) verbunden ist, und ein unteres Horn auf, das zu den seitlichen Gelenksflächen des Cricoids reicht. Durch diese gelenkige Verbindung zwischen Cricoid und Thyroid kann Letzteres eine Kippbewegung ausführen.

Auf den Gelenksflächen am hinteren oberen Rand des Cricoids sitzen die beiden pyramidenförmigen Stellknorpel (*Aryknorpel*) auf, die mit ihrer dreieckigen Grundfläche auf dem Cricoid Gleit- und Drehbewegungen ausführen können.

Schließlich gehört zu den Knorpeln des Kehlkopfs noch der innen an der Vorderkante des Thyroids beweglich ansetzende,

---

[1] Wir verwenden im laufenden Text für Knorpel, Muskeln und Knochen – neben den dt. Namen – die phonetisch und klinisch üblichen Kurzbezeichnungen anstelle der exakten anatomischen Benennungen (z.B. das *Cricoid*, das *Hyoid*, der *Posticus* anstelle von *cartilago cricoidea, os hyoideum, musculus cricoarytenoideus posterior*).

Kehlkopfknorpel Cartilago (= C.)

- **Ringknorpel** (Cricoid)
  C. cricoidea
- **Schildknorpel** (Thyroid)
  C. thyroidea
- **Stellknorpel** (Arytenoid)
  C. arytenoidea
- **Kehldeckel** (Epiglottis)
  C. epiglottica

Artikulatorische Phonetik

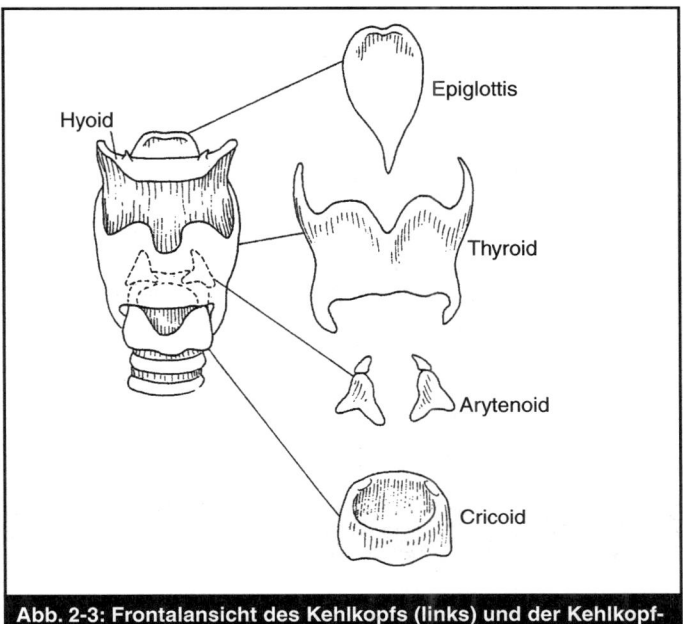

Abb. 2-3: Frontalansicht des Kehlkopfs (links) und der Kehlkopfknorpel (rechts).

schuhlöffelförmig aufgestellte Kehldeckel (die *Epiglottis*), der beim Schluckvorgang nach hinten über den Kehlkopfeingang klappt und so den Kehlkopf und damit die Luftröhre verschließt (Primärfunktion des Kehlkopfs).

Diese Teile des Kehlkopfskeletts sind miteinander durch Membranen und Bänder verbunden. Für die Phonation sind besonders die von der mittleren Innenkante des Thyroids zum jeweiligen vorderen Fortsatz (der *Processus vocalis*) der beiden Aryknorpel gehenden Bänder, die *Stimmbänder*, von Bedeutung. Sie bilden eine Teilstruktur der so genannten *Stimmlippen*, welche aus dem erwähnten Stimmbandgewebe, dem Stimm-Muskel (*Vocalis*; s.u.) und der diese Gewebe umgebenden Schleimhaut bestehen. Zwischen den beiden Stimmlippen und zwischen den Aryknorpeln befindet sich die Stimmritze (die *Glottis*), die dementsprechend in den vorderen zwei Dritteln einen membranösen (zwischen den Stimmlippen liegenden) und im hinteren Drittel einen knorpeligen (zwischen den Aryknorpeln liegenden) Anteil aufweist. Die Form der Glottis (offen-geschlossen) variiert in Abhängigkeit von der Stellung der Stimmlippen und der Aryknorpel. Diese Stellungsvariationen erfolgen durch die innere Kehlkopfmuskulatur (s.u.).

Die oberhalb der Stimmlippen etwas weniger weit zur Mitte gehenden Falten heißen *Taschenfalten*. Sie werden wegen ihrer teils pathologischen, teils erwünschten phonatorischen Funktion auch *falsche Stimmlippen* genannt.

Artikulatorische Phonetik

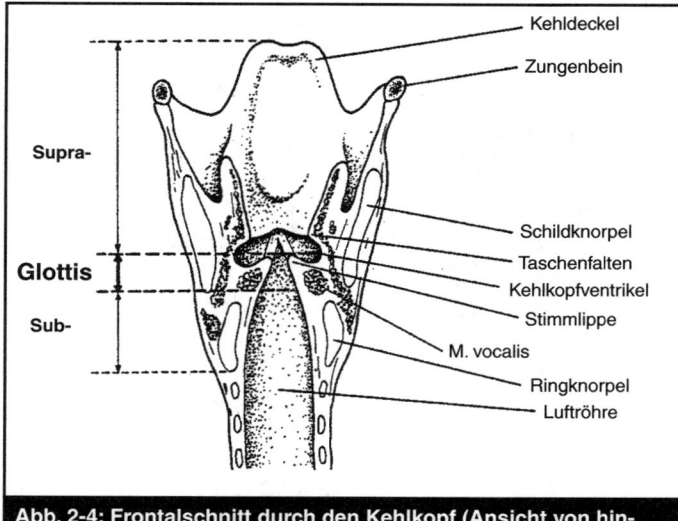

Abb. 2-4: Frontalschnitt durch den Kehlkopf (Ansicht von hinten).

Äußere Kehlkopfmuskeln
Musculus (= M.)

Kehlkopfhebung
– M. digastricus
– M. stylohyoideus
– M. mylohyoideus
– M. geniohyoideus

Kehlkopfsenkung
– M. sternohyoideus
– M. omohyoideus
– M. sternothyroideus
– M. thyrohyoideus

Innere Kehlkopfmuskeln

– **Posticus** (*Abduktion*)
  M. cricoarytenoideus posterior
– **Lateralis** (*Adduktion*)
  M. cricoarytenoideus lateralis
– **Transversus** (*Adduktion*)
  M. interarytenoideus transversus
– **Vocalis** (*Spannung*)
  M.vocalis
– **Anticus** (*Spannung*)
  M. cricothyroideus

2.2.1.2 Die *Kehlkopfmuskulatur* lässt sich funktional und von der Lage her in die äußeren und die inneren Kehlkopfmuskeln unterteilen.

Die *äußere Kehlkopfmuskulatur* verbindet den Kehlkopf nach oben über das Zungenbein mit dem Unterkiefer und der Schädelbasis, nach unten mit dem Brustbein. Dadurch kann die vertikale Lage des Kehlkopfs verändert werden, was phonetisch insbesondere für die Auf- und Abwärtsbewegungen beim glottalen Luftstrommechanismus von Bedeutung ist.

Die *innere Kehlkopfmuskulatur* hat im Wesentlichen drei Funktionen: Öffnen und Schließen der Glottis, sowie Spannungsveränderungen der Stimmlippen. Die Öffnungsbewegung (*Abduktion*) führt zur Respirationsstellung, die Schließbewegung (*Adduktion*) zur Phonationsstellung. Im Einzelnen handelt es sich um folgende Muskeln:

a) *Posticus*, der von den hinteren äußeren Fortsätzen (*Processus* (= *Procc.*) *musculares*) der Aryknorpel zur Hinterseite der Cricoidplatte zieht. Durch Kontraktion des Posticus werden diese Fortsätze nach hinten *einwärts* geschwenkt, sodass sich die vorderen Fortsätze (*Procc. vocales*) mit den dort ansetzenden Stimmlippen auseinander bewegen.

b) *Lateralis*, der ebenfalls an den Procc. musculares der Aryknorpel ansetzt, jedoch nach seitlich vorne zum Cricoid verläuft. Durch Kontraktion des Lateralis werden diese Fortsätze nach vorne geschwenkt, sodass sich die Procc. vocales mit den Stimmlippen nach innen aufeinander zu bewegen.

c) *Transversus*, der die beiden Aryknorpel auf ihrer Rückseite verbindet und bei Kontraktion diese Knorpel in einer Art Gleitbewegung gegeneinander zieht.

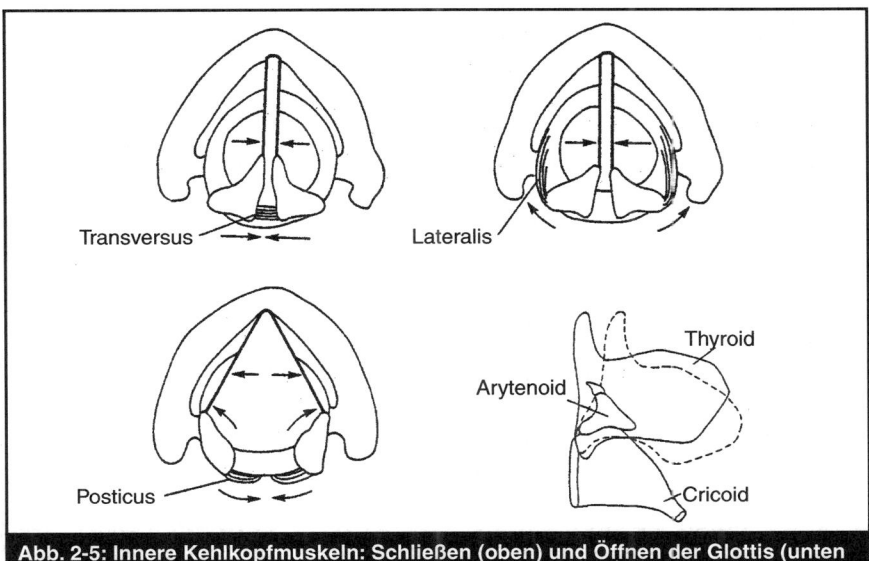

Abb. 2-5: Innere Kehlkopfmuskeln: Schließen (oben) und Öffnen der Glottis (unten links); Kippbewegung des Schildknorpels (strichliert) durch den Anticus (unten rechts).

d) *Vocalis*, der als muskulärer Bestandteil der Stimmlippe von der Innenkante des Schildknorpels zu den Procc. vocales der Stellknorpel zieht.

e) *Anticus*, der vom vorderen Seitenrand des Ringknorpels zum Schildknorpel geht und bei Kontraktion eine Kippbewegung des Schildknorpels auslöst. Durch diese Kippbewegung wird der Abstand zwischen den Aryknorpeln und der Innenkante des Schildknorpels vergrößert.

Aus der Erstreckung der inneren Kehlkopfmuskeln und den durch ihre Kontraktion ausgelösten Dreh-, Gleit- und Kippbewegungen ergeben sich ihre Funktionen:

a) *Glottisöffnung* (*Abduktion*) wird allein durch den Posticus bewerkstelligt.

b) *Glottisschließung* (*Adduktion*) erfolgt durch den Lateralis für den membranösen, durch den Transversus für den knorpeligen Teil der Stimmritze.

c) *Stimmlippenspannung* entsteht einerseits durch den Vokalis und andererseits – über die Vergrößerung des Abstands von Stell- zu Schildknorpel – durch den Anticus.

Die *antagonistische* (= *gegenläufige*) Funktion des Glottisöffners (*Abduktors*) und der Glottisschließer (*Adduktoren*) ermöglicht die in Abb. 2-6 dargestellten Stimmlippenstellungen bzw. Glottisformen.

Ausgehend von der *Ruhe(atmungs)stellung* führt Kontraktion des Posticus zur *Tiefatmungsstellung*. Durch unterschiedlich starke Kontraktion des Lateralis und des Transversus ergeben sich die *Hauchstellung* (glottaler Reibelaut) und die für die Stimmgebung

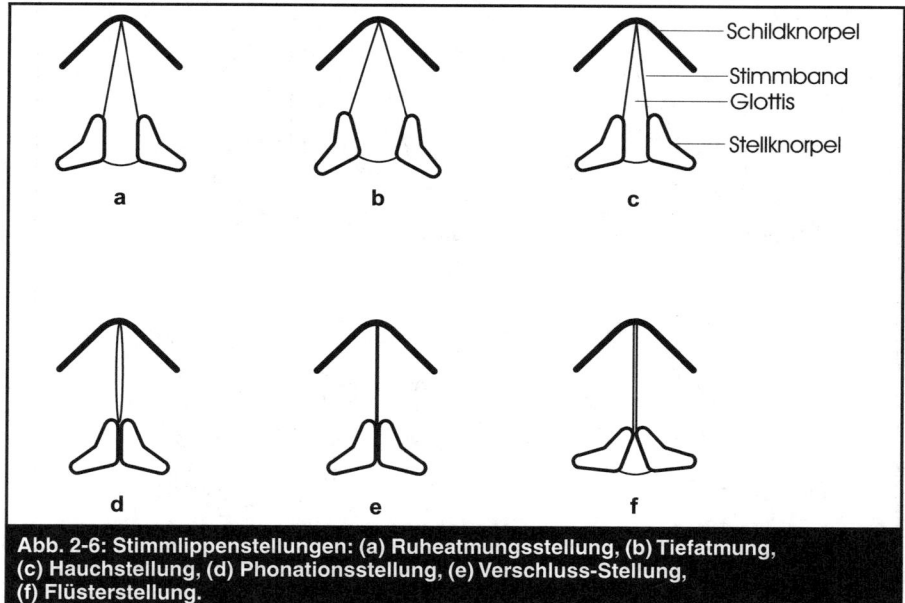

Abb. 2-6: Stimmlippenstellungen: (a) Ruheatmungsstellung, (b) Tiefatmung, (c) Hauchstellung, (d) Phonationsstellung, (e) Verschluss-Stellung, (f) Flüsterstellung.

relevante *Phonationsstellung*. In der Vollverschluss-Stellung führt neben der Wirkung der Adduktoren eine zusätzliche Kontraktion des Vocalis zu einem *festen Stimmlippenverschluss* (glottaler Verschlusslaut). In der *Flüsterstellung* hingegen bleibt durch die fehlende Transversuskontraktion die so genannte *Flüsterritze* zwischen den Stellknorpeln offen.

2.2.2 Stimmerzeugung

Die Erzeugung von Stimme im Kehlkopf beruht auf den Schwingungen der Stimmlippen. Diese Schwingungen werden durch das Zusammenwirken hauptsächlich zweier Komponenten hervorgerufen: Durch die vom **subglottalen** Luftdruck ausgelösten aerodynamischen Kräfte einerseits und durch die elastischen und muskulären Kräfte der Stimmlippen andererseits. Daher wird die im Folgenden darzustellende Theorie der Stimmtonerzeugung auch *myoelastisch-aerodynamische* Theorie genannt, nach welcher der Phonationsvorgang eine zyklische Abfolge von Teilprozessen darstellt.

Zunächst werden die Stimmlippen durch Kontraktion der entsprechenden inneren Kehlkopfmuskeln von der Respirations- in die Phonationsstellung (Abb. 2-7, Phase a) gebracht. Durch den steigenden subglottalen Druck (Phasen b und c) wird der Stimmlippenverschluss gesprengt, sodass die Exspirationsluft durch die Glottis ausströmen kann (Phase d). Da die Stimmritze gegenüber der Luftröhre und dem Rachen einen viel kleineren

subglottal = unterhalb der Glottis
supraglottal = oberhalb der Glottis

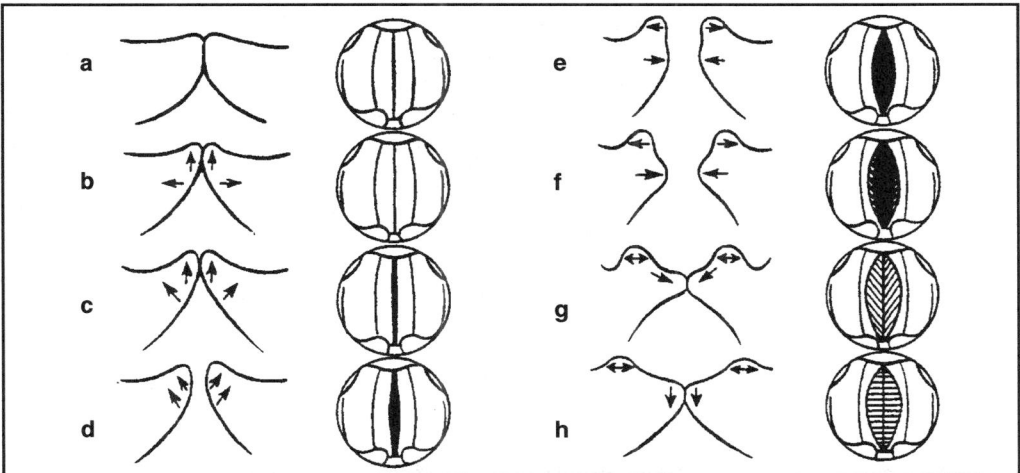

Abb. 2-7: Phasen (a-h) einer Stimmlippenschwingung von vorn-horizontal (jeweils links) und von oben (rechts). In der Draufsicht ist die geöffnete Glottis durch die schwarze Fläche zwischen den Stimmlippen gekennzeichnet, die schraffierten Flächen in Phase g und h deuten die von unten nach oben verlaufende Schließbewegung der Stimmlippen an. (Weitere Erläuterungen zu den einzelnen Phasen im Text).

Querschnitt (ähnlich einer Düse) aufweist, steigt in diesem Bereich die Strömungsgeschwindigkeit der Luft an. Die höhere Strömungsgeschwindigkeit hat im Glottisbereich einen (relativen) Unterdruck zur Folge, wodurch sich eine Sogwirkung (so genannter *Bernoulli-Effekt*) auf die Stimmlippen ergibt (Phasen e-f). Diese Sogwirkung führt zusammen mit den elastischen Rückstellkräften der Stimmlippen zu einem neuerlichen, von unten nach oben verlaufenden Verschluss der Glottis (Phasen g-h), worauf der Vorgang von neuem beginnen kann. Die so entstandenen phonatorischen Stimmlippenbewegungen erzeugen **quasi-periodische** Verdichtungen und Verdünnungen der durch die Glottis strömenden Luft, die physikalisch einer Schallwelle entsprechen (*primärer Kehlkopfklang*).

Die Anzahl (Frequenz) der Stimmlippenschwingungen – und damit die wahrnehmbare Tonhöhe – ist zunächst einmal von der natürlichen Länge der Stimmlippen abhängig. Der mittlere Wert der Tonhöhe beim normalen Sprechen (*mittlere Sprechstimmlage*) liegt bei Männern mit relativ längeren Stimmlippen (durchschnittlich rd. 20 mm) um 100-150 Hz, während sie bei Frauen, deren Stimmlippenlänge rund 15 mm beträgt, bei etwa 200-250 Hz liegt. Diese *interindividuellen* Unterschiede ergeben sich aus der Tatsache, dass kürzere Stimmlippen schneller schwingen (also eine höhere Schwingungsfrequenz aufweisen) als längere. Darüber hinaus kann jeder Sprecher seine Stimmtonfrequenz variieren. Diese *intraindividuellen* Variationen beruhen auf veränderbaren Länge- und Masseeinstellungen der Stimmlippen sowie auf der Stärke des subglottalen Drucks.

annähernd regelmäßig wiederkehrend

Vom Zusammenwirken dieser Faktoren ist jedoch nicht nur die Frequenz, sondern auch die Form der Stimmlippenschwingungen abhängig, was sich u.a. auf die Stimmqualität auswirkt. Die phonatorischen Stimmlippenbewegungen sind nämlich keine mit exakter Regelmäßigkeit ablaufenden Vorgänge. Sie sind vielmehr quasi-periodisch, d.h. sie weisen von einem Schwingungszyklus zum anderen kleinere Abweichungen sowohl hinsichtlich ihrer Frequenz als auch ihrer *Amplitude* (Auslenkung) auf. Im akustischen Signal schlagen sich diese als Schwankungen der Grundfrequenz (*Jitter*) bzw. der Intensität (*Shimmer*) nieder. Jitter und Shimmer fallen bei der normalen, gesunden Stimme nicht auf, sondern tragen vielmehr zum natürlichen Klang einer Stimme bei. Wenn die Frequenz- und Amplitudenschwankungen allerdings ein gewisses Maß übersteigen, haben Jitter und Shimmer einen wesentlichen Einfluss auf die wahrgenommene Stimmqualität (raue Stimme; vgl. 2.2.4).

2.2.3 Laryngale Lautproduktion und -modifikation

Wir haben bereits oben auf die dreifache sprachliche Funktion des Kehlkopfs als Initiations-, Phonations- und Artikulationsmechanismus verwiesen. In diesem Abschnitt wollen wir die im Kehlkopf gebildeten Merkmale lautsprachlicher Äußerungen zusammenfassen.

2.2.3.1 Über die *Phonation* werden Frequenz und Lautstärke des im Kehlkopf erzeugten Stimmtons beeinflusst. Beide Parameter bilden die Grundlage für suprasegmentale Eigenschaften sprachlicher Äußerungen (s. Kap. 3).

Die *Stimmtonfrequenz* ist – abgesehen von der natürlichen Länge der Stimmlippen – vor allem von der Masse und von der Länge des schwingenden Anteils der Stimmlippen sowie vom subglottalen Druck abhängig. Höhere Frequenz, also schnellere Schwingung der Stimmlippen, wird erzielt durch

a) höhere Spannung (und damit geringere Masse; ausgelöst vor allem durch Kontraktion des Anticus), und

b) größeren subglottalen Druck.

Die Frequenz erhöhende Wirkung dieser beiden Faktoren ist voneinander unabhängig, d.h. dass beispielsweise allein die Spannungserhöhung bei gleich bleibendem subglottalen Druck zu einer Erhöhung des Stimmtons führt. Umgekehrt hat ein höherer subglottaler Druck bei gleicher Spannung und Länge der Stimmlippen eine höhere Stimmtonfrequenz zur Folge.

Auch die *Lautstärke* des Stimmtons ergibt sich aus einer Wechselwirkung zwischen Stimmlippenspannung und subglottalem Druck. Zunächst gilt, dass die Lautstärke mit höherem Ausatmungsdruck zunimmt. Gleichzeitig steigt aber – wie oben erwähnt – bei gleich bleibender Spannung der Stimmbänder die Schwingungsfrequenz an. Daraus folgt, dass eine Erhöhung der Lautstärke (ohne kompensatorische Verminderung der Stimmlippenspannung) auch zu einer höheren Frequenz führt (vgl. die Vortragsstimme, die nicht nur lauter, sondern meist auch höher ist als die mittlere Sprechstimmlage des Vortragenden).

2.2.3.2 Als *Artikulation* im Kehlkopf ist die Bildung bestimmter Lautklassen bzw. Lautmerkmale zu bezeichnen, die vor allem von unterschiedlichen Glottisstellungen abhängig sind.

Dazu gehören die folgenden Laute:

a) *Glottaler Verschlusslaut* (IPA-Zeichen: [ʔ]), der bei einer durch erhöhten subglottalen Druck erfolgenden Sprengung eines festen Verschlusses (s. Abb. 2-6e) entsteht. Folgt unmittelbar darauf die Phonation eines Vokals, spricht man auch von einem *harten* (oder bei geringerer Intensität des vorangehenden Glottisverschlusses von einem *festen*) Vokaleinsatz, wie er im Deutschen vor betontem Vokal steht (z.B. [ˈʔaːbənt] <Abend>), ohne jedoch orthographisch repräsentiert zu sein (und ohne bedeutungsdifferenzierende Funktion). Das beim festen Stimmeinsatz entstehende Geräusch, das dem Platzen einer Seifenblase gleicht, ist in der Stimmhygiene als *Schilling'scher Ventilton* bekannt und gilt als Indikator für eine ökonomische Stimmbildung.

b) *Glottaler stimmloser Reibelaut* ([h]), als Ergebnis der Hauchstellung (s. Abb. 2-6c), bei der die Stimmlippen einander gerade so weit angenähert sind, dass die ausströmende Luft zwar ein Geräusch (Hauchlaut) erzeugt, ohne jedoch die Stimmlippen in periodische Schwingungen zu versetzen. Folgt unmittelbar darauf die Phonation eines Vokals, wird dieser Hauchlaut auch als *gehauchter* Vokaleinsatz bezeichnet. Im Deutschen hat der orthographisch mit <h> repräsentierte Hauchlaut bedeutungsunterscheidende Funktion (vgl. [hʊnt] vs. [ʔʊnt] <Hund> vs. <und>). Allerdings ist hier anzumerken, dass das nur für den Wort- bzw. Morphemanlaut[1] gilt, im Inlaut und Auslaut hat das Graphem <h> im Allgemeinen – bis auf wenige Ausnahmen – nur orthographische Aufgaben und entspricht daher keinem „Lautwert": <nahe>, <ehe> sind als [ˈnaːə], [ˈeːə] zu sprechen. Die Wiedergabe mit [h], also [ˈnaːhə], [ˈeːhə] ergibt eine unkorrekte Aussprache „nach der Schrift", wie sie allenfalls bei Grundschullehrern in Rechtschreibdiktaten oder bei ungeübten Rednern anzutreffen ist.

c) *Glottaler stimmhafter Reibelaut* ([ɦ]), bei dem die Stimmlippen zwar in Schwingungen geraten (daher: stimmhaft; s. sogleich), jedoch nicht ganz schließen, wodurch gleichzeitig eine relativ große Luftmenge ausströmt, die das Reibegeräusch erzeugt. Im Deutschen tritt dieser Laut z.B. zwischen Vokalen in den – wenigen – Ausnahmen auf, bei denen das Graphem <h> auch in inlautender Stellung einem Lautwert entspricht, wie in <Uhu> oder <Ahorn>.

---

[1] z. B.:
[fɛɐˈʔaltn̩] vs. [fɛɐˈhaltn̩]
<veralten> vs. <verhalten>

Weiterhin sind folgende Lautmerkmale zu nennen:

a) *Stimmtonbeteiligung.* Je nach dem Vorhandensein oder Fehlen von Stimmton bei der Lautbildung differenziert man zwischen stimmhaften und stimmlosen Lauten.

Bei *stimmlosen* Lauten strömt der pulmonal-egressive Luftstrom durch jene dreiecksförmige Öffnung, die von den Stimmlippen und den Aryknorpeln in der Ruheatmungsstellung (s. Abb. 2-6a) gebildet wird, quasi direkt (unmodifiziert) in das Ansatzrohr (z.B. [p], [f]).

Bei *stimmhaften* Lauten hingegen befindet sich die Glottis in Phonationsstellung (s. Abb. 2-6d), und die Exspirationsluft versetzt beim Einströmen in das Ansatzrohr die Stimmlippen in Schwingungen (z.B. [b], [v], [m], [a]).

b) *Aspiration.* Darunter versteht man das glottale Reibegeräusch, das z.B. für den anlautenden Konsonanten in dt. [ˈtʰɑːfəl] <Tafel> charakteristisch ist. Es entsteht während des Übergangs der Glottis von der Ruheatmungsstellung zur Phonationsstellung. Bei der Lösung des stimmlosen, supraglottalen Verschlusses [t] ist die Glottis wie bei allen stimmlosen Lauten weit geöffnet, d.h. in Ruheatmungsstellung. Danach nähern sich die Stimmlippen einander immer mehr an, bis sie die zum Einsetzen der Stimmbandschwingungen des Vokals [ɑ] notwendige Phonationsstellung erreichen. Durch diese relativ langsame Annäherung entsteht ein glottales Geräusch (Aspirationsgeräusch), das mit dem hochgestellten Zeichen für den stimmlosen Glottalfrikativ [ʰ] notiert wird. Ein derart gebildeter Laut (in unserem Beispiel das [tʰ]) wird dementsprechend als „stimmlos, aspiriert" bezeichnet.

Weitere glottale Lautmerkmale, wie z.B. die Knarrstimme oder die behauchte Stimme, bilden im Deutschen keine bedeutungsdifferenzierenden Merkmale und sind daher – wenn sie bei deutschen Sprechern dennoch, besonders als dauerhafte Stimmbildung auftreten – zu den Phonationsstörungen zu rechnen.

2.2.4 Störungen der Phonation

Störungen der Phonation gehören zwar zu den Stimmstörungen, sind aber nicht mit diesen gleichzusetzen. Stimmstörungen entstehen nämlich nicht nur durch Fehlfunktionen im laryngalen Bereich, sondern können auch durch fehlerhafte respiratorische und artikulatorische Bewegungsabläufe bzw. durch anatomisch-physiologische Defekte im supraglottalen Bereich (vgl. 2.3.4) verursacht sein.

Wir beschränken uns in diesem Abschnitt auf jene stimmlichen Besonderheiten, die auf laryngalen Mechanismen beruhen. Dazu gehören insbesondere die Knarrstimme, die Murmelstimme, die behauchte und die raue Stimme sowie (als Kombination der beiden letzteren Typen) die heisere Stimme. Festzuhalten ist, dass einige dieser Stimmqualitäten (*Phonationstypen*) in bestimmten Sprachen als distinktive Lautmerkmale fungieren können (so z.B.

Artikulatorische Phonetik

die Knarrstimme im Dänischen); andere wiederum kommen als paralinguistische oder sprecherspezifische Merkmale vor, ohne als abweichend empfunden zu werden. Von Phonationsstörung (*Dysphonie*) spricht man erst dann, wenn diese Stimmqualitäten als zeitweilige oder dauerhafte Abweichungen von der in einer Sprachgemeinschaft üblichen Stimmbildung auftreten.

Stimmqualitäten

- **Knarrstimme**
- **Murmelstimme**
- **behauchte Stimme**
- **raue Stimme**
- **heisere Stimme**
- **Oesophagusstimme**
- **Taschenfaltenstimme**

Bei der *Knarrstimme* ist die knorpelige Glottis und ein Teil der membranösen Glottis fest geschlossen, während der übrige (vordere) Teil der Stimmlippen mit sehr niedriger Frequenz (rd. 50 Hz und weniger) schwingt. Das Ergebnis ist eine tiefe, brüchig bzw. knarrend klingende Stimme.

Bei der *Murmelstimme* schwingen die nur wenig gespannten Stimmlippen mit geringer Frequenz. Gleichzeitig bleibt aber die knorpelige Glottis – wie bei der Flüsterstellung – dreiecksförmig geöffnet, wodurch eine relativ große Luftmenge mit hörbaren Verwirbelungen entweichen kann.

Die *behauchte Stimme* weist eine der Hauchstellung vergleichbare Glottis auf, durch welche die Exspirationsluft mit hoher Geschwindigkeit entweicht. Die Stimmlippen sind einander gerade so weit angenähert, dass sie durch den exspiratorischen Luftstrom in Schwingungen versetzt werden, ohne jedoch zwischen den einzelnen Schwingungszyklen die membranöse Glottis völlig zu verschließen. Die hohe Strömungsgeschwindigkeit versetzt also die Stimmlippen gewissermaßen in 'flatternde' Bewegung und erzeugt ein intensitätsarmes Rauschen. Charakteristisch für die behauchte Stimme ist ein sehr hoher Luftverbrauch, sodass ein Phonationsstrom kaum mehr als vier bis fünf Sekunden dauert.

Die *raue Stimme* resultiert aus den über das normale Maß hinausgehenden Schwankungen von Frequenz und Form der Stimmlippenschwingungen. Diese übermäßigen Variationen werden u.a. durch Irregularitäten und Assymetrien in den Strukturen der Stimmlippen verursacht und führen zu den im akustischen

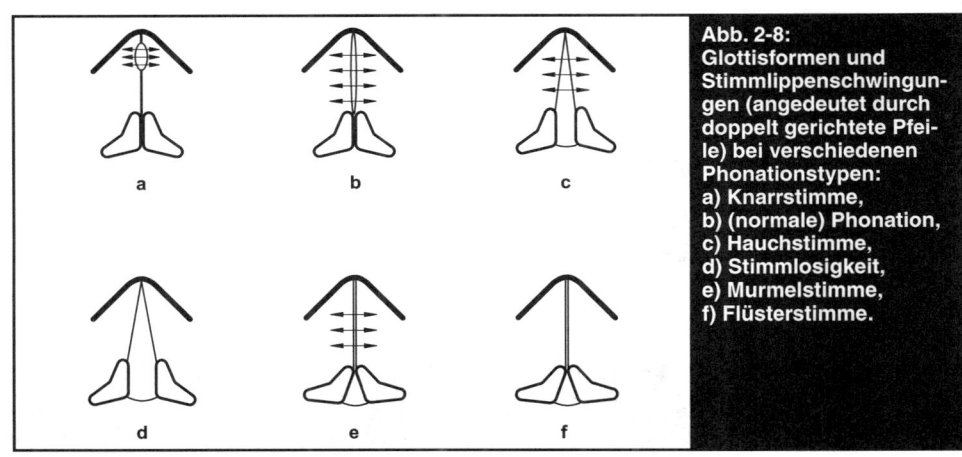

Abb. 2-8: Glottisformen und Stimmlippenschwingungen (angedeutet durch doppelt gerichtete Pfeile) bei verschiedenen Phonationstypen:
a) Knarrstimme,
b) (normale) Phonation,
c) Hauchstimme,
d) Stimmlosigkeit,
e) Murmelstimme,
f) Flüsterstimme.

Signal als *Jitter* (Frequenzschwankungen) und *Shimmer* (Intensitätsschwankungen) beobachtbaren Phänomenen.

In der *heiseren Stimme* finden sich die Charakteristika der behauchten und der rauen Stimme in unterschiedlicher Ausprägung und Kombination wieder. Da man Heiserkeit an sich nicht messen, sondern nur subjektiv einschätzen kann, gelten Messwerte für Jitter und Shimmer (raue Stimme) sowie für Rauschen (behauchte Stimme) als akustische Indikatoren der heiseren Stimme.

Abschließend sind noch zwei besondere Stimmformen zu erwähnen, die eine kompensatorische Phonation bei beeinträchtigter oder fehlender Stimmlippenfunktion ermöglichen: die Oesophagusstimme und die Taschenfaltenstimme.

Die *Oesophagusstimme* haben wir bereits oben als Ersatzinitiation nach operativer Entfernung des Kehlkopfs (die *Laryngektomie*) angeführt. Wegen der vollständigen anatomischen Trennung der Atem- und Speisewege ist eine Initiation durch den pulmonalen Luftstrom nicht mehr möglich. Sie erfolgt vielmehr durch Herauspressen (der *Ructus*) von zuvor geschluckter Luft aus der Speiseröhre. Dabei können an den Schleimhautfalten des Speiseröhreneingangs (die *Pseudoglottis*) Schwingungen entstehen, die eine Ersatzphonation erlauben.

Die *Taschenfaltenstimme* entsteht durch Beteiligung der über den Stimmlippen liegenden Taschenfalten an der Phonation. Diese Taschenfalten (auch: falsche Stimmlippen) reichen etwas weniger weit zur Mitte als die (echten) Stimmlippen (vgl. Abb. 2-4) und werden normalerweise nicht zur Stimmbildung verwendet. Bei starker Überanspannung im laryngalen Bereich werden jedoch die Taschenfalten einander angenähert und beginnen im Exspirationsstrom zu schwingen. Die Taschenfalten sind allerdings weniger differenziert und massereicher aufgebaut als die Stimmlippen, weswegen die Taschenfaltenstimme auch rauer, gepresster und tiefer klingt als die durch Stimmbandschwingungen erzeugte

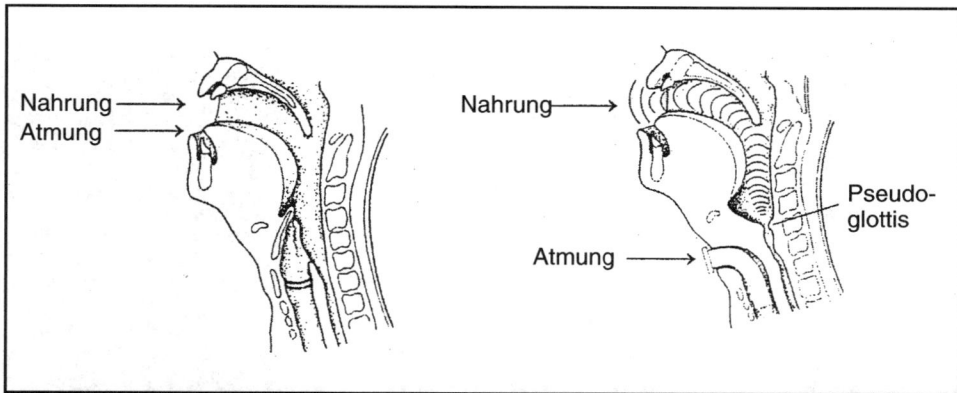

Abb. 2-9: Oesophagusstimme. Die gemeinsamen Atem- und Speisewege (links) werden nach Laryngektomie vollständig voneinander getrennt (rechts). Atmung durch das so genannte Tracheostoma, Ersatzphonation mittels Pseudoglottis.

Stimme. Während die laryngale Überanspannung bei organisch intakten Stimmlippen als Phonationsstörung zur so genannten *unerwünschten Taschenfaltenstimme* führt, ermöglicht der gleiche Mechanismus bei organischen Defekten der Stimmlippen (z.B. Stimmlippenlähmung) die *erwünschte Taschenfaltenstimme* als Ersatzphonation.

2.3 Artikulation

Unter Artikulation versteht man den physiologischen Prozess der Produktion von Sprachlauten durch Modifikation des Luftstroms im Ansatzrohr. Als *Ansatzrohr* wird dabei der gesamte supraglottale Bereich bezeichnet, der sich aus Rachen-, Mund- und Nasenraum zusammensetzt und in welchem die Artikulation im engeren Sinn stattfindet.

In der folgenden Beschreibung von Struktur und Funktion der Artikulationswerkzeuge wollen wir uns am *Sagittalschnitt* (Abb. 2-10) orientieren und zunächst die relativ beweglichen Teile des Ansatzrohrs (Artikulationsorgane; 2.3.1) darstellen, sodann die (relativ) unbeweglichen Teile (Artikulationsstellen; 2.3.2) sowie die sich aus dem Zusammenwirken dieser Strukturen ergebenden Artikulationsarten (Artikulationsmodi; 2.3.3). Schließlich werden noch einige allgemeine Aspekte von Störungen der Artikulation (2.3.4) erörtert werden.

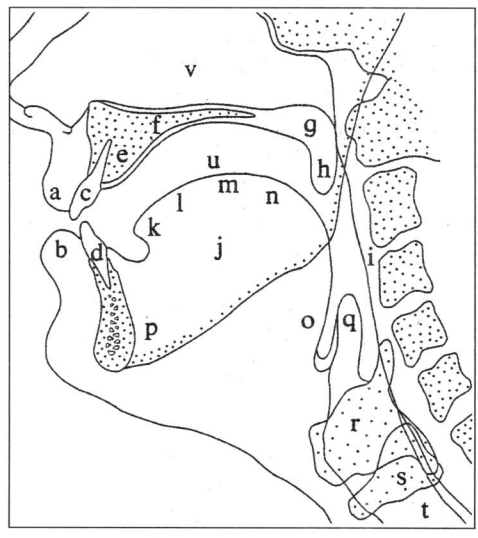

a. Oberlippe
b. Unterlippe
c. Obere Schneidezähne
d. Untere Schneidezähne
e. Zahndamm
f. Harter Gaumen
g. Weicher Gaumen
h. Gaumenzäpfchen
i. Rachenwand
j. Zunge
k. Zungenspitze
l. Zungenblatt
m. Vorderer Zungenrücken
n. Hinterer Zungenrücken
o. Zungenwurzel
p. Unterkiefer
q. Kehldeckel
r. Schildknorpel
s. Ringknorpel
t. Luftröhre
u. Mundraum
v. Nasenraum

Abb. 2-10: Sagittalschnitt des Ansatzrohrs

2.3.1 Artikulationsorgane

Artikulationsorgane

> **Mandibula**, *f.*
> **Labia**, *n.pl.*
> **Lingua**, *f.*
> **Velum**, *n.*
> **Uvula**, *f.*
> **Pharynx**, *m.*
> **Larynx**, *m.*

Zu den artikulierenden Organen (*Artikulatoren*) zählen die beweglichen Teile des Ansatzrohrs, das sind im Wesentlichen der Unterkiefer (die *Mandibula*), die Lippen (*Labia*), die Zunge (die *Lingua*) und das Gaumensegel (das *Velum*) mit dem Gaumenzäpfchen (die *Uvula*). Dazu kommen noch – mit relativ zu den genannten Teilen geringerer Variabilität – der Rachen (der *Pharynx*) und der Kehlkopf (der *Larynx*).

Kiefermuskeln

> Kieferhebung
> – M. temporalis
> – M. masseter
> – M. pterygoideus int.
>
> Kiefersenkung
> – M. geniohyoideus
> – M. mylohyoideus
> – M. genioglossus
> – M. pterygoideus ext.
> – M. digastricus

2.3.1.1   Der Unterkiefer (die *Mandibula*) hat durch seine gelenkige Verbindung mit dem Schläfenbein mehrere Bewegungsmöglichkeiten: Zum einen kann er gehoben und gesenkt, zum anderen auch nach vorn und nach hinten verlagert werden. Aus der Hebung bzw. Senkung ergibt sich ein Kontinuum von Öffnungsgraden des (Ober- und Unter-)Kiefernwinkels, das besonders bei der Vokalproduktion relevant ist: So wird beispielsweise der Vokal in <fahl> mit einem großen Kieferwinkel (Unterkiefer gesenkt), in <viel> hingegen mit einem kleinen Kieferwinkel (Unterkiefer gehoben) gebildet. Die Vor- und Rückverlagerung des Unterkiefers unterstützt die Koordination der übrigen Artikulatoren, insbesondere der Zunge.

2.3.1.2   Die Lippen (*Labia*; sg. Labium), die die vordere Abgrenzung des Mundraums bilden, bestehen vor allem aus Muskeln, welche zahlreiche – größtenteils mimische – Bewegungen ermöglichen. Für die Artikulation sind im Wesentlichen nur zwei Bewegungen von Bedeutung, die hauptsächlich vom ringförmigen *M. orbicularis oris* ausgeführt werden: die Lippenrundung (bzw. -vorstülpung) und die Verschlussbildung. Bei der Rundung der Lippen wird der Kreis je nach Kieferwinkel größer oder kleiner, oft kommt es dabei auch zu einem Vorstülpen der Lippen (vgl. den Vokal z.B. in <Schuh>, <Wut>). Die Abhängigkeit der Form der Mundöffnung vom Kieferwinkel beruht darauf, dass die Unterlippe rein passiv auch die öffnenden und schließenden Bewegungen des Unterkiefers mitmacht. Schließlich lassen sich die Lippen auch spannen und für einen festen Oralverschluss zusammenpressen (vgl. die Konsonanten in <Puppe>).

Zunge   - Laut

Apex, *m.*,	- apikal
Lamina, *f.*,	- laminal
Corona, *f.*,	- koronal
Dorsum, *n.*,	- dorsal
Radix, *f.*,	- radikal

2.3.1.3   Die Zunge (die *Lingua*) ist ein von Schleimhaut überzogener Muskelkörper. Für die phonetische Beschreibung wird die Oberfläche der Zunge in folgende Bereiche von vorn nach hinten eingeteilt (vgl. die Punkte j.-o. in Abb. 2-10): Zungenspitze (der *Apex*), Zungenblatt (die *Lamina*), Zungenrücken (das *Dorsum*) und Zungenwurzel (die *Radix*). Zungenspitze und Zungenblatt werden auch als Zungenkranz (die *Corona*) zusammengefasst.

Die komplexe Zungenmuskulatur erlaubt eine Vielzahl von Bewegungen und Formveränderungen der Zunge. Zu den Bewegungen gehören das Vorschieben/Zurückziehen des Zungenkörpers, das Heben/Senken jeweils der Zungenspitze, des Zungenrückens und der Zungenränder, sowie das Zurückbiegen

(*Retroflexion*) der Zungenspitze bis zum Munddach. Zu den Formveränderungen gehören die Verlängerung/Verkürzung der Zunge, die Bildung von Rillen, Vertiefungen, Erhöhungen sowie die (seitlich gesehen) konvexe/konkave Zungengestalt. Diese Bewegungs- und Verformungsmöglichkeiten sind auch dann praktisch uneingeschränkt, wenn sich ein Teil der Zunge (z.B. die Zungenspitze) in fixierter Lage befindet. Bei der systematischen Darstellung jener Lautbildungen, bei denen die Zunge als artikulierendes Organ fungiert, wird auf die genannten Teilstrukturen, Bewegungsmöglichkeiten und Formveränderungen der Zunge zurückgegriffen.

Zungenmuskeln

Binnenmuskeln
– **M. longitudinalis**
– **M. transversus**
– **M. verticalis**

Skelettmuskeln
– **M. genioglossus**
– **M. styloglossus**
– **M. palatoglossus**
– **M. hyoglossus**

2.3.1.4 Das Gaumensegel (das *Velum*) ist eine bewegliche Muskelplatte, die unmittelbar an den harten Gaumen (das *Palatum durum*) anschließt und zur Abgrenzung von diesem auch *weicher Gaumen* genannt wird. Es endet hinten in dem frei beweglichen, muskulösen Gaumenzäpfchen (die *Uvula*). Aufgrund seiner Beweglichkeit kann das Gaumensegel gehoben und gesenkt werden. Bei gehobenem Velum wird der Nasenraum gegenüber dem Mund- und Rachenraum abgeschlossen. Bei gesenktem Velum ist der Zugang zur Nasenhöhle geöffnet, was die Ruheatmung durch die Nase (bei geschlossenem Mund) erlaubt.

Die wichtigste artikulatorische Funktion des Gaumensegels besteht nun darin, gewissermaßen als Ventil den Zugang des pulmonalen Luftstroms zum Nasenraum entweder abzusperren oder freizugeben. Das Sprechen erfolgt normalerweise mit *gehobenem Gaumensegel*, lediglich Nasale bzw. nasalierte Laute werden mit *gesenktem Gaumensegel* artikuliert.

Gaumenmuskeln

Velumhebung
– **M. levator veli palatini**

Velumstraffung
– **M. tensor veli palatini**

2.3.1.5 Der Rachen (der *Pharynx*) bildet den hinteren Abschnitt des Ansatzrohres und dient in erster Linie als Resonanzraum. Seine Größe und Form wird durch Bewegungen der Zunge und des Kehlkopfs, sowie durch die Rachenmuskulatur *(M. constrictor pharyngis)* selbst variiert. So kann etwa der oberste, dem Velum gegenüberliegende Teil der hinteren Rachenwand nach vorn gewölbt werden; der dadurch entstehende so genannte *Passavant'sche Wulst* unterstützt die Ventilfunktion des (gehobenen) Velums beim Abschluss des Nasenraums gegenüber dem Mundraum.

Die zur differenzierten Sprachlautbildung notwendige freie Beweglichkeit der Artikulationsorgane setzt einen ausreichend großen Mundrachen voraus. Ein solcher findet sich – im Gegensatz zu allen anderen Säugetieren – nur beim erwachsenen Menschen. Auch ein Säugling hat noch einen relativen Hochstand des Kehlkopfs (gegenüber den ersten drei Halswirbeln), wodurch der Kehldeckel wie bei nicht-menschlichen Primaten direkt an das gesenkte Velum anschließt (vgl. Abb. 2-11); damit kann der Kehlkopfeingang für die Nasenatmung geöffnet bleiben, während Nahrung um den Kehlkopf herum nach hinten in die Speiseröhre gelangt: Ein Säugling kann noch gleichzeitig schlucken und atmen.

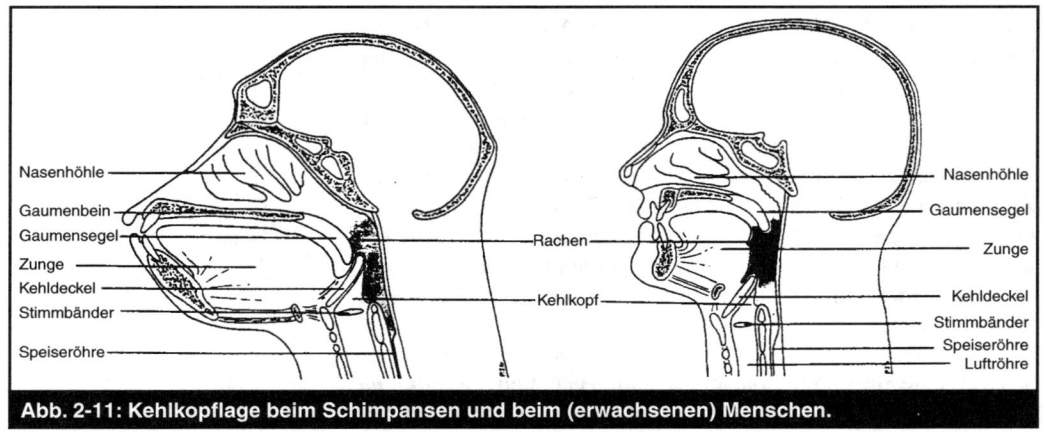

Abb. 2-11: Kehlkopflage beim Schimpansen und beim (erwachsenen) Menschen.

2.3.2 Artikulationsstellen

Als Artikulationsstellen werden die relativ unbeweglichen Teile des Ansatzrohrs bezeichnet. In der folgenden Aufzählung der Artikulationsstellen von vorne nach hinten sind in Klammern die hierfür in der phonetischen Beschreibung üblichen Bezeichnungen angegeben:

    Oberlippe (*labial*)
    obere Schneidezähne (*dental*)
    Zahndamm (*alveolar*)
    harter Gaumen (*palatal*)
    weicher Gaumen (*velar*)
    Gaumenzäpfchen (*uvular*)
    Rachen (*pharyngal*)
    Kehlkopf/Glottis (*laryngal/glottal*)

Die Aufzählung zeigt, dass die Einteilung in bewegliche (aktive) Artikulatoren und in unbewegliche (passive) Artikulatoren anatomisch nicht unbedingt genau ist. So sind lediglich die Zähne, der Zahndamm und der harte Gaumen wirklich unbeweglich, die übrigen Strukturen weisen eine mehr oder minder große Beweglichkeit auf. Als Artikulations*stellen* bilden sie jedoch – ungeachtet ihrer Bewegungsmöglichkeit – jene relativ fixen Zielstrukturen, auf die sich die artikulierenden Organe hinbewegen.

Von diesen Strukturen haben wir einige bereits im vorhergehenden Abschnitt (Lippen, Gaumensegel, Gaumenzäpfchen und Rachen) bzw. im vorigen Kapitel (Kehlkopf) beschrieben, sodass wir uns hier im Wesentlichen auf Gaumen, Zahndamm und Zähne beschränken können.

Der *Gaumen* trennt die Mundhöhle von der Nasenhöhle und setzt sich aus dem harten und dem weichen Gaumen zusammen. Der harte Gaumen (das *Palatum durum*) bildet das Dach der Mundhöhle, die entsprechende Artikulationsstelle heißt *palatal*.

Artikulationsstellen - Laut

Labium, *n.*	- labial
Dentes, *m.pl.*	- dental
Alveoli, *m.pl.*	- alveolar
Palatum *n.*	- palatal
Velum, *n.*	- velar
Uvula, *f.*	- uvular
Pharynx, *m.*	- pharyngal
Larynx, *m.*	- laryngal
(**Glottis**, *f.*	- glottal)

Artikulatorische Phonetik

Der dahinter liegende weiche Gaumen wird Gaumensegel (das *Velum*) genannt und als Artikulationsstelle dementsprechend als *velar* bezeichnet. Gelegentlich werden die palatale und die velare (und mitunter auch die dentale) Artikulationsstelle unter dem Begriff *tektal*, d.h. am Dach (das *tectum*) des Mundraums liegende Artikulationsstellen zusammengefasst.

Vor dem harten Gaumen liegt der Alveolarfortsatz (*Proc. alveolaris*) des Oberkiefers, der den Zahndamm (*Alveoli dentales*) ausbildet und die *alveolare* Artikulationsstelle darstellt.

Von den Zähnen (*Dentes*) kommen als Artikulationsstelle praktisch nur die (oberen) Schneidezähne in Betracht, wobei in der phonetischen Beschreibung noch danach differenziert wird, ob sich bei der Lautbildung das artikulierende Organ (hier: Zungenspitze bzw. Zungenblatt) zwischen den unteren und oberen Schneidezähnen befindet (*interdental*) oder unmittelbar an bzw. hinter den oberen Schneidezähnen (*addental*).

2.3.3 Artikulationsarten

Aus den Bewegungen der artikulierenden Organe und aus ihrer Lage relativ zu den Artikulationsstellen ergeben sich unterschiedliche Konfigurationen im Ansatzrohr, die seine lautgestaltende bzw. lauterzeugende Wirkung bestimmen. Diese Wirkung hängt vom Grad der Annäherung des artikulierenden Organs an eine Artikulationsstelle und den daraus resultierenden Einflüssen auf den (initiatorischen) Luftstrom ab. Aus der Art und Weise, wie der Luftstrom im Ansatzrohr gehemmt bzw. modifiziert wird, ergeben sich die unterschiedlichen Artikulationsarten (*Artikulationsmodi*).

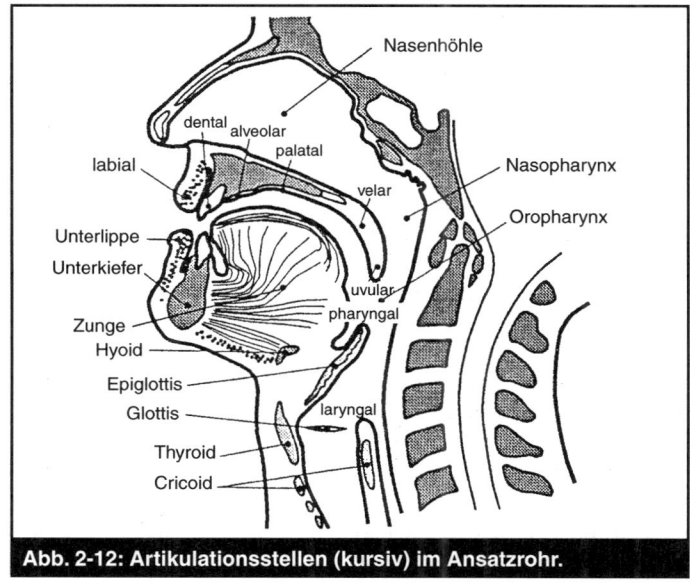

Abb. 2-12: Artikulationsstellen (kursiv) im Ansatzrohr.

Artikulationsarten

- **Plosiv**
- **Nasal**
- **Frikativ**
- **Lateral**
- **Vibrant**
- **Approximant**
- Vokal

Die beiden Extrembedingungen sind einerseits die völlige Blockade des pulmonalen Luftstroms und andererseits das völlig unbehinderte Ausströmen der Luft. Zwischen diesen Extremen liegen eine Reihe von Abstufungen, die sich aus dem unterschiedlichen Abstand zwischen Artikulationsorgan und -stelle, sowie aus dem Weg des Luftstroms durch das Ansatzrohr ergeben. Dementsprechend sind folgende durch die Artikulationsart charakterisierte Lautklassen zu unterscheiden:

a) *Plosive*. Sie bilden das eine Extrem mit vollständiger Unterbrechung des Luftstroms. Es kommt im Mundraum zwischen artikulierendem Organ und Artikulationsstelle zu einem totalen Verschluss (*Oralverschluss*; daher auch: *Verschlusslaute*), der – bei gleichzeitig gehobenem Velum (d.h. bei geschlossenem Zugang zum Nasenraum) – den Luftstrom bis zur anschließenden Sprengung (*Plosion*) des Verschlusses völlig blockiert (z.B. dt. <p>).

b) *Nasale*. Wie bei den Plosiven liegt ein totaler Oralverschluss vor, durch das gesenkte Velum wird jedoch der Nasenraum zugeschaltet, durch den der Luftstrom ungehindert passieren kann (z.B. dt. <m>).

c) *Frikative*. Das artikulierende Organ nähert sich der Artikulationsstelle gerade so weit, dass eine Enge entsteht, durch die die Luft mit einem charakteristischen Reibegeräusch (daher auch: *Reibelaute*) entweichen kann (z.B. dt. <s>).

d) *Laterale*. Hier kommt es zwar zentral (d.h. längs der Mittellinie des Mundraums) zu einem mit der Zunge gebildeten Verschluss, doch kann die Luft seitlich (*lateral*) zwischen den Zungenrändern und dem Zahndamm ausströmen.

Ist die seitliche Öffnung genügend groß, entweicht die Luft ohne Reibegeräusch (*Lateralapproximant;* z.B. dt.<l>), bei geringerer seitlicher Öffnung entsteht ein Reibegeräusch (*Lateralfrikativ*).

e) *Vibranten*. Diese entstehen durch *mehrmaligen*, kurzzeitigen Kontakt des artikulierenden Organs mit der Artikulationsstelle (wie z.B. beim dt. Zungenspitzen-r). Der rasche Wechsel zwischen Kontakt und Öffnung wird auch *intermittierender Verschluss* genannt. Mit den Vibranten eng verwandt sind die *geschlagenen Laute*, bei denen die rasche Bewegung des artikulierenden Organs zur Artikulationsstelle mit kurzzeitigem Kontakt und anschließend ebenso rascher Öffnung nur *einmal* stattfindet; solche Laute kommen z.B. im Deutschen als r-Realisierungen in fließender Rede vor.

f) *Approximanten*. Sie entstehen aus einer durch zentrale Annäherung von Artikulationsorgan und Artikulationsstelle gebildeten Verengung, die zwar stärker ist als bei Vokalen, jedoch nicht so stark, dass die durch diese Enge strömende Luft ein Reibegeräusch verursacht. Wegen ihrer artikulatorischen Ähnlichkeit mit Vokalen werden Approximanten auch als *Halbvokale* bezeichnet (z.B. der Anlaut in engl. <water>, frz. <oui>).

g) *Vokale*. Mit dem vokalischen Artikulationsmodus sind wir am anderen Extrem, dem supraglottal völlig unbehinderten Ausströmen der Luft, angelangt. Der Luftstrom wird nur mehr durch unterschiedliche Formveränderungen des Ansatzrohrs in seiner Klangfarbe modifiziert. Diese Formveränderungen entstehen im Wesentlichen durch die vertikale und horizontale Zungenlage, durch die Kieferöffnung, durch die Lippenrundung (Vorstülpung) und schließlich hinsichtlich der Ankopplung des Nasenraums (für *nasalierte* Vokale) durch Senkung des Velums.

Diese Einteilung der Lautklassen nach dem Artikulationsmodus beruht auf verschiedenen Kriterien, die teilweise auch zu überlappenden Kategorisierungen führen. Wir wollen daher abschließend diese Kriterien und die sich daraus ergebenden Zuordnungen der genannten Lautklassen erörtern.

Oral-Nasal: In seiner neutralen Stellung beim Sprechen ist das Velum gehoben, d.h. der Zugang zum Nasenraum ist geschlossen, die entsprechenden Laute heißen daher *oral*. Dies gilt für alle oben genannten Lautklassen mit Ausnahme der Nasalkonsonanten und der nasalierten Vokale, welche mit gesenktem Velum, d.h. freien Zugang zum Nasenraum, gebildet und daher *nasal* genannt werden.

Zentral-Lateral: Der Luftstrom kann entweder entlang des mittleren Bereichs der Zunge (*zentral*) oder an den seitlichen Zungenrändern (*lateral*) entweichen. Da die meisten Laute zentral gebildet werden, wird diese Dimension nur bei lateralen Artikulationen, also bei den Lateral-Approximanten und Lateralfrikativen ausdrücklich angeführt.

Verschlussbildung: Mit einem oral-zentralen Verschluss werden Plosive, Nasale, Laterale und Vibranten gebildet; bei Plosiven entweicht die Luft nach der Verschluss-Sprengung, bei Nasalen kann die Luft während der Verschlussbildung durch den Nasenraum ausströmen, bei Lateralen streicht die Luft während des oral-zentralen Verschlusses seitlich an den Zungenrändern vorbei und bei Vibranten schließlich entweicht die Luft in den kurzen Öffnungsphasen zwischen den mehrmaligen, kurzzeitigen (intermittierenden) Verschlussbildungen.

Engebildung: Eine geräuschbildende zentral-orale Verengung ergibt die Frikative, durch eine geräuschbildende laterale Verengung (bei gleichzeitigem zentral-oralen Verschluss) entstehen Lateralfrikative, und eine Verengung ohne Geräuschbildung führt zu Approximanten.

Behinderung des Luftstroms: Die vollständige oder durch geräuschhafte Engebildung entstehende Behinderung des Luftstroms ist auch Kriterium für die Einteilung der Laute in *Obstruenten* (Plosive, Frikative und Affrikaten) und *Sonoranten* (Nasale, Laterale, Vibranten, Approximanten, Vokale).

Laterale und Vibranten werden gelegentlich auch unter dem Begriff *Liquide* zusammengefasst.

Sonstige Kriterien

- **oral**: Plosiv, Frikativ, Lateral, Vibrant, Approximant, Vokal
- **nasal**: Nasalkonsonant, nasalierter Vokal
- **zentral**: Plosiv, Frikativ, Nasal, Vibrant, Approximant, Vokal
- **lateral**: Lateralapproximant, Lateralfrikativ
- **Verschluss**: Plosiv, Nasal, Lateral, Vibrant (intermittierend)
- **Enge** (geräuschbildend): Frikativ (zentral), Lateralfrikativ (lateral); (nichtgeräuschbildend): Approximant
- **Luftstrombehinderung**: *Obstruent*: Plosiv, Frikativ, Affrikate
Sonorant: Nasal, Lateral(approximant), Vibrant, Approximant, Vokal

---

lat. *obstrúere* - versperren
lat. *sonáre* - klingen

lat. *líquidus* - fließend

2.3.4 Störungen der Artikulation

Der komplexe Aufbau des Ansatzrohrs und die zahlreichen Stellungs- und Bewegungsmöglichkeiten der artikulierenden Organe erlauben zwar die verschiedenartigsten, zur normalen Lautproduktion notwendigen Artikulationsvorgänge, machen aber die menschlichen Sprechwerkzeuge auch besonders anfällig für Störungen der Artikulation. Dabei ist vor allem von Bedeutung, dass sowohl Artikulationsstellen als auch Artikulationsbewegungen – innerhalb gewisser anatomischer bzw. biomechanischer Grenzen – jeweils ein *Kontinuum* darstellen, d.h. dass es zwischen Stimmlippen und Mundlippen prinzipiell unendlich viele Artikulationsstellen gibt und dass die artikulierenden Organe prinzipiell unendlich viele Form- und Lagevariationen aufweisen können. Insofern sind die in den vorhergehenden Abschnitten dargestellten – und in der phonetischen Beschreibung üblichen – Kategorien für Artikulationsstellen, Artikulationsorgane und Artikulationsarten starke Vereinfachungen. Dazu kommt, dass Sprechen nicht das Aneinanderreihen einzelner, statischer Einstellungen der Artikulatoren (d.h. einzelner, mit den erwähnten Kategorien beschreibbarer Laute) ist, sondern ein artikulatorisches Kontinuum im zeitlichen Verlauf darstellt. Und dies erfordert nicht nur die räumliche, sondern eben auch die zeitliche Koordination *aller* den Sprechvorgang bedingender Strukturen und Bewegungsabläufe. Aus der Komplexität dieser Strukturen und Abläufe ergeben sich bei abweichender Artikulation die verschiedenartigsten Störungsbilder.

Eine ausführliche Erörterung dieser Störungsbilder kann hier nicht erfolgen. Wir beschränken uns vielmehr auf einen kursorischen Überblick, der es erleichtern soll, die Verbindung zwischen den allgemein-phonetischen Kategorien und den in der einschlägigen Literatur beschriebenen Störungen der Artikulation herzustellen.

2.3.4.1 *Supraglottale Stimmstörungen.* Wir haben einleitend zu den Störungen der Phonation bereits darauf hingewiesen, dass Stimmstörungen nicht nur auf Fehlfunktionen im laryngalen Bereich beruhen, sondern auch durch anatomisch-physiologische Defekte im supraglottalen Bereich verursacht sein können. Dazu gehört etwa der übermäßige nasale Stimmbeiklang (so genanntes *offenes Näseln*) bei einem – organisch oder funktionell bedingten – mangelhaften Abschluss des Nasenraums gegenüber dem Mundraum.

Darüber hinaus gibt es eine Vielzahl von supraglottal beeinflussten Stimmqualitäten, die aus der Lage des Kehlkopfs, aus Sekundärartikulationen sowie aus unterschiedlich starkem nasalen Beiklang der Stimme resultieren. Für all diese Stimmqualitäten gilt das schon zu bestimmten laryngalen Phonationstypen Erwähnte: Sie können durchaus als paralinguistische bzw.

sprecherspezifische stimmliche Merkmale auftreten, ohne als abweichend empfunden zu werden. Sie sind erst dann als (supralaryngal hervorgerufene) Stimmstörungen einzustufen, wenn sie als zeitweilige oder dauernde Abweichungen von der in einer Sprachgemeinschaft üblichen bzw. tolerierten Stimmcharakteristik auftreten.

2.3.4.2 *Dysarthrien*. Als Dysarthrien werden jene (mit Störungen der Stimmgebung und der Phonationsatmung einhergehenden) Störungen der Artikulation bezeichnet, die auf Erkrankungen der *zentralen* Bahnen und Kerne der am Sprechvorgang beteiligten *motorischen* Nerven beruhen. Der Störungsgrad ergibt sich aus den diversen Beeinträchtigungen der Beweglichkeit von Lippen, Zunge, Gaumensegel und Kehlkopf. Die Einteilung erfolgt aufgrund der zentralen Störung nach hirnarchitektonischen Gesichtspunkten.

Artikulationsstörungen

- **Stimmstörung**
  (supraglottal)
- **Dysarthrie**
- **Dysglossie**
- **Rhinophonie**
- **Dyslalie**
  Mogilalie
  Paralalie
  Dyslalie im engeren Sinn

2.3.4.3 *Dysglossien*. Im Gegensatz zu den eben erwähnten zentralen Störungen des gesamten Sprechvorgangs sind Dysglossien jene Störungen der Artikulation, die auf organischen Veränderungen an den *peripheren* Sprechorganen beruhen. Die Ursachen können angeborene Missbildungen oder Verletzungen der betreffenden Strukturen sowie (periphere) Nervenlähmungen sein. Nach der Lokalisation (d.h. nach dem Ort) der Störung sind *labiale* (Ursache z.B. Lippenspalte), *dentale* (z.B. Gebissanomalien, Kieferspalte), *linguale* (z.B. Zungenverletzungen), *palatale* (z.B. Gaumenspalte) und *nasale* (z.B. Verformungen der Nasenscheidewand) Dysglossien zu unterscheiden.

Wir können hier auf Details dieser peripher-organischen Störungen nicht näher eingehen. Im Folgenden sei lediglich exemplarisch das so genannte Näseln in groben Zügen dargestellt. Dies vor allem deshalb, weil es sich bei diesem Störungsbild gleichermaßen um eine supraglottale Stimmqualität (bzw. -störung) und um eine Artikulationsabweichung handelt.

2.3.4.4 *Rhinophonie*[1]. Unter Näseln ist – im Gegensatz zur „normalen" Nasalität von Nasalkonsonanten bzw. nasalierten Vokalen – die Beeinträchtigung des Sprachschalls durch einen übermäßigen oder mangelhaften nasalen Klanganteil zu verstehen. Je nach dem „Zuviel" oder „Zuwenig" unterscheidet man ein offenes Näseln (*Hyperrhinophonie*) und ein geschlossenes Näseln (*Hyporhinophonie*).

Die *Hyperrhinophonie* beruht *organisch* auf einem ungenügenden Abschluss zwischen Mund- und Nasenraum, hervorgerufen durch Verletzungen, Tumore oder Gaumensegellähmung, oder auf einer angeborenen offenen Verbindung zwischen Mundhöhle und Nase (Gaumenspalte). In beiden Fällen ist die beim Sprechen als neutrale Position erforderliche Trennung von Mund- und Nasenraum nicht gegeben, es kommt daher bei der

[1] Zur Unterscheidung von *Rhinophonie* (nasaler Stimmklang bei regelgerechter Artikulation) und *Rhinolalie* (Beeinträchtigung der Stimme zusätzlich durch gestörte Artikulation) sowie zur synonymen (gleichbedeutenden) Verwendung der beiden Begriffe in der Praxis vgl. Friedrich/Bigenzahn/Zorowka (2013), Böhme (1997).

Bildung von Orallauten zu übermäßigem nasalen Stimmbeiklang bzw. in schwereren Fällen sogar zu geräuschhaftem Ausströmen von Luft durch die Nase. Überdies ist die Bildung von Plosiven praktisch unmöglich, da die Luft im Mundraum nicht gestaut werden kann, sondern wegen des mangelhaften Velarverschlusses über die Nase entweicht.

Die *Hyporhinophonie* beruht *organisch* auf einem (angeborenen) Verschluss der hinteren Nasenöffnungen (*Choanen*), auf einer Verbiegung der Nasenscheidewand (*Septumdeviation*) bzw. auf Entzündungen der Nase bzw. der Nasennebenhöhlen (*Rhinitis, Sinusitis*). Die Folge ist einerseits, dass die Stimme (wegen Fehlens der natürlichen, auch bei Orallauten auftretenden, geringen Nasenresonanz) dumpf und verstopft klingt; und andererseits, dass bei der Bildung von Nasalen trotz Velumsenkung (Öffnung des Nasenzugangs) die Luft nicht (bzw. nicht in ausreichendem Maß) durch die Nase entweichen kann und die entsprechenden Nasalkonsonanten in stimmhafte Plosive übergehen (z.B. [m]>[b], [n]>[d]).

Beide Formen der Rhinophonie können aber auch *funktionell* bedingt sein, d.h. ohne feststellbare organische Ursachen auftreten. Sie beruhen dann u.a. auf nachlässiger Artikulation bzw. gezierter Sprechweise *(funktionelle Hyperrhinophonie)* bzw. auf einer Überaktivität des Gaumensegels bei falscher Sprechgewohnheit *(funktionelle Hyporhinophonie)*.

2.3.4.5   Dyslalien. Beeinträchtigungen der Artikulation, die auf zentralen phonetischen bzw. phonologischen Musterstörungen beruhen, werden unter dem Begriff Dyslalien (*Stammeln*) zusammengefasst. Sie stellen gewissermaßen die Fortsetzung jener Lautbildungsfehler dar, die während der normalen Sprachentwicklung auftreten können (Entwicklungsstammeln) und erst etwa ab dem Ende des vierten Lebensjahres als Artikulationsstörungen zu betrachten sind.

Es handelt sich dabei also um Sprachentwicklungsverzögerungen, welche auf die phonetisch-phonologische Ebene beschränkt sind, während die übrige sprachliche Entwicklung (d.h. morphologisch-syntaktisch und semantisch-lexikalisch) durchaus altersgemäß ist.

Dabei kommt es zu Auslassungen von Lauten (*Mogilalie*) bzw. zum Ersatz von Lauten entweder durch andere zur Muttersprache gehörende Laute (*Paralalie*) oder durch abweichende, im System der Muttersprache nicht vorhandene Laute (*Dyslalie im engeren Sinne*). Solche abweichenden Lautbildungen können jedoch durchaus zum Lautbestand anderer Sprachen gehören[1].

2.3.4.6   Atypische Artikulationen. Mit diesem Begriff werden jene Artikulationsstörungen zusammengefasst, die auf völlig unüblichen (d.h. in den bekannten Sprachen überhaupt nicht

---

[1] Eine im Deutschen sehr häufige <s>-Störung, der sog. *Sigmatismus addentalis* bzw. *interdentalis* ergibt einen Laut, der im Englischen bedeutungsdifferenzierende Funktion hat: z. B. <think> 'denken' mit anlautendem [θ] gegenüber <sink> 'sinken' mit anlautendem [s]. Ein derartiger Sigmatismus bei einem englischen Sprecher stellt also eine *Paralalie* dar und führt zum Verlust der phonologischen <th/s>-Unterscheidung, während der gleiche Sigmatismus bei einem deutschen Sprecher als Dyslalie im engeren Sinn „nur" in phonetisch-ästhetischer Hinsicht therapiebedürftig ist.

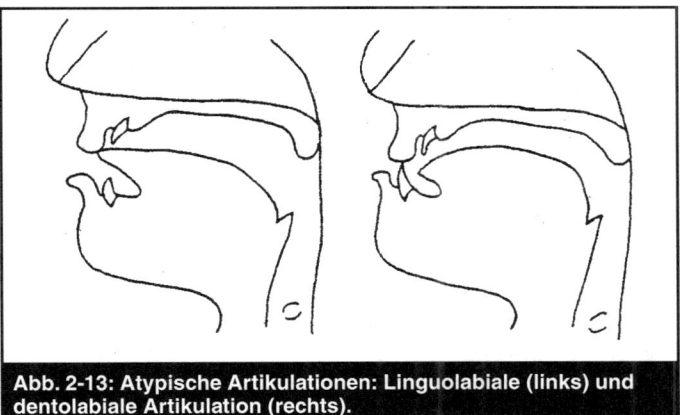
Abb. 2-13: Atypische Artikulationen: Linguolabiale (links) und dentolabiale Artikulation (rechts).

oder extrem selten anzutreffenden) Artikulationen beruhen. Diese lassen sich in zwei Gruppen gliedern.

Die eine Gruppe umfasst ungebräuchliche Kombinationen von artikulierendem Organ und Artikulationsstelle (vgl. Abb. 2-13). Dazu gehören *Linguolabiale* (Zungenspitze oder -blatt artikulieren gegen die Oberlippe), *Dentolabiale* (untere Vorderzähne gegen die Oberlippe[1]) und *Bidentale* (obere und untere Zähne schlagen gegeneinander; auch *Perkussive*).

Die zweite Gruppe umfasst ungebräuchliche Artikulationsarten bei bestimmten (üblichen) Konstellationen von Artikulationsorgan und -stelle, wie etwa labiodentale oder interdentale Plosive.[2]

Anzumerken bleibt noch, dass diese atypischen Artikulationen je nach ihren verschiedenartigen Ursachen als jeweils besondere Erscheinungsformen der oben genannten Kategorien von Artikulationsstörungen einzuordnen sind. So gehören beispielsweise dentolabiale Artikulationen aufgrund von Kieferfehlstellungen (vorspringender Unterkiefer) zu den organisch-peripheren Dysglossien, während etwa linguolabiale Artikulationen bei ansonsten normaler Sprachentwicklung und Fehlen organischer Ursachen als Dyslalien zu betrachten sind.

[1] Die übliche Artikulation ist labiodental (Unterlippe gegen die oberen Schneidezähne).

[2] Üblicherweise werden interdental nur Frikative, labiodental nur Frikative und Nasale gebildet.

2.4 Symbolphonetische Klassifikation

Nachdem wir in den vorangegangenen Abschnitten jene Strukturen und Bewegungen des Sprechapparates erläutert haben, die die Lauterzeugung und -gestaltung ermöglichen, wollen wir in diesem Abschnitt eine systematische Darstellung der einzelnen Laute nach ihren artikulatorischen Merkmalen geben. Dabei orientieren wir uns zwar an der ebenfalls nach artikulatorischen Kriterien aufgebauten Klassifikation des Internationalen Phonetischen Alphabets (IPA), werden jedoch – dem elementaren Charakter dieses Buches Rechnung tragend – nicht auf alle Einzelheiten

[1] Für eine umfassende, detaillierte Darstellung sei auf das IPA-Handbuch (IPA 1999) sowie auf die Homepage der *International Phonetic Association* (https://www.internationalphoneticassociation.org [15.07.2015]) verwiesen.

Unterscheidende Zeichen; sg. das *Diakritikon*

[2] Spätere Modifikationen der IPA-Tabelle (zuletzt 2005; s. S. 142) sind geringfügig und betreffen weder die in den folgenden Abschnitten dargestellten Parameter noch die erörterten Symbole. Die aktuelle Version des IPA ist abrufbar unter https://www.internationalphoneticassociation.org/content/ipa-chart [15.07.2015].

des IPA-Zeicheninventars eingehen. Gerade deswegen sind die folgenden allgemeinen Erläuterungen zu den Prinzipien des IPA unerlässlich.[1]

Das IPA ist ein Symbolsystem zur Darstellung aller möglichen Laute der Sprachen der Welt. Dabei sollen alle Laute, die in einer Sprache bedeutungsdifferenzierend sein können, durch verschiedene, möglichst einfache (d.h. nicht-zusammengesetzte) Symbole wiedergegeben werden, während minimal unterschiedliche Laute, die in keiner Sprache zur Bedeutungsdifferenzierung genutzt werden, mit einem einzigen Symbol dargestellt und allenfalls durch Zusatzzeichen (*Diakritika*) genauer transkribiert werden. Wie man daraus ersieht, ist auch das IPA kein rein phonetisches Symbolsystem, sondern berücksichtigt bereits phonologische Gesichtspunkte, indem es phonetisch hinreichend ähnliche Realisierungen, also eigentlich ganze Klassen von Lauten, symbolphonetisch zusammenfasst. Eine derartige „Vereinfachung" ist schon allein deshalb notwendig (und daher auch gerechtfertigt), weil – wie wir oben gesehen haben – sowohl die Artikulationsmodi als auch die Artikulationsstellen Kontinua darstellen, innerhalb derer es prinzipiell unendlich viele Realisierungsmöglichkeiten gibt. Für den Hörer sind jedoch nur jene Realisierungsmöglichkeiten von Bedeutung, die als lautsprachliche Mittel zur Signalisierung von (linguistischen und paralinguistischen) Unterschieden dienen. Aber auch der analytisch hörende Phonetiker, der weitaus mehr Lautdifferenzen unterscheiden kann (bzw. können sollte) als der phonetisch naive Hörer, ist letztlich an jenen lautlichen Unterschieden interessiert, die für Sprecher und Hörer einer Sprachgemeinschaft kommunikative Relevanz besitzen. Wenn wir also im Folgenden das Zeicheninventar des IPA – mit der oben erwähnten Schwerpunktsetzung – beschreiben, muss immer bedacht werden, dass trotz (oder gerade wegen) der angegebenen artikulatorischen Kriterien jedes einzelne Symbol eine mehr oder minder starke Abstraktion von der lautsprachlichen Realität darstellt.

Das Zeicheninventar des IPA (Stand 1993, vgl. die beigelegte Tafel)[2] ist in sechs Blöcke gegliedert. Die drei in der Tafel links stehenden Blöcke umfassen pulmonale Konsonanten, nicht-pulmonale Konsonanten und weitere Symbole für konsonantische Segmente. Rechts stehen die Tabellen für Vokale, Suprasegmentalia (Symbole für segmentübergreifende Einheiten) und Diakritika (Zusatzzeichen zur Symbolisierung von minimalen Lautnuancen bzw. Sekundärartikulationen).

2.4.1 Konsonanten

> Als *Konsonanten* werden phonetisch jene Segmente bezeichnet, bei deren Produktion im Ansatzrohr ein teilweiser oder vollständiger Verschluss bzw. eine geräuschbildende Enge vorliegt. In phonologischer Hinsicht sind Konsonanten jene Segmente, die an den Silbenrändern vorkommen.

Wir werden uns in diesem Abschnitt auf die Beschreibung der mit pulmonalen Luftstrom (d.h. mit Ausatmungsluft) gebildeten Konsonanten beschränken und sie entsprechend der Systematik der großen Konsonantentabelle des IPA darstellen.

Die Symbole für die pulmonalen Konsonanten sind in der IPA-Tabelle so angeordnet, dass die Artikulationsmodi zeilenweise, die Artikulationsstellen spaltenweise erscheinen. Innerhalb der Spalten stehen die Symbole für stimmlose Konsonanten jeweils links, jene für stimmhafte jeweils rechts.

Ehe wir auf die Konsonantensymbole im Einzelnen – gegliedert nach dem Artikulationsmodus – eingehen, sind noch die folgenden erläuternden Bemerkungen vorauszuschicken:

(a) Über der Angabe der Artikulationsstellen ist in der IPA-Tabelle noch das artikulierende Organ angeführt. Bei labialen Lauten ist dies die Unterlippe, die entweder gegen die Oberlippe (bilabial) oder gegen die obere Zahnreihe (labiodental) artikulieren kann. Insofern vereinen die Artikulationsstellenbenennungen der IPA für labiale Laute eigentlich bereits die Stelle *und* das artikulierende Organ. Bei den Lauten mit dentaler bis pharyngaler Artikulationsstelle ist das artikulierende Organ die Zunge, und zwar von dental bis (höchstens) palatal die Zungenspitze (apikal) bzw. das Zungenblatt (laminal), für palatal bis pharyngal der Zungenrücken (dorsal), wobei jener Teil des Zungenrückens (vorderer Teil: prädorsal; hinterer Teil: postdorsal) die Artikulation ausführt, der der Artikulationsstelle am nächsten liegt. Bei glottalen Lauten schließlich ist naturgemäß die Glottis sowohl Artikulationsstelle als auch artikulierendes Organ.

(b) Obwohl in der horizontalen Reihe als Artikulationsstelle angegeben, bezeichnet *retroflex* (d.h. nach hinten gebogen) eigentlich nicht die Artikulations*stelle*, sondern die besondere Form des artikulierenden Organs. Retroflexe Laute werden nämlich mit zurückgebogener Zungenspitze (apikal) bzw. sogar mit der Unterseite des Zungenblatts (sublaminal) gegen den harten Gaumen artikuliert.

(c) Der sich auf das Gaumenzäpfchen beziehende Terminus *uvular* findet sich als Artikulationsstelle *und* als artikulierendes Organ. Als Letzteres fungiert das Zäpfchen jedoch nur bei den uvularen Vibranten, für welche dann der Zungenrücken die eigentliche Artikulationsstelle ist.

Erläuterungen zur Konsonantentabelle des IPA

- *stimmlose* Kons. stehen links, *stimmhafte* rechts
- *retroflex* bezeichnet die Form des Art.-Organs
- *uvular* ist Art.-Stelle, bei [ʀ] aber Art.-Organ
- *schraffierte Felder* für *unmögliche* Artikulationen
- *leere Felder* ergeben *atypische* Artikulationen

Artikulatorische Phonetik

(d) Überall dort, wo in den Spalten für einen bestimmten Artikulationsmodus nur ein Symbol angegeben ist, steht dieses – mit Ausnahme des Symbols für den glottalen Plosiv – für einen stimmhaften Laut (daher in der Spalte auch rechtsbündig angeordnet). Dies bedeutet aber nicht, dass es unmöglich wäre, einen stimmlosen Laut der gleichen Kategorie zu bilden, sondern höchstens, dass ein solcher Laut in den Sprachen der Welt selten vorkommt. Zur Transkription eines solchen stimmlosen Lauts wird dann das Symbol für den entsprechenden stimmhaften Laut mit einem diakritischen Zeichen (sub- bzw. superskribiertes [̥], [̊], z.B. [m̥], [ŋ̊]) gekennzeichnet. Der glottale Plosiv hingegen ist definitionsgemäß von der Stimmtonbeteiligung ausgeschlossen und steht daher linksbündig in der entsprechenden Spalte.

(e) Jene Intersektionen von Artikulationsstelle und -modus, die anatomisch-physiologisch unmögliche Artikulationen ergeben, wie z.B. Stimmhaftigkeit beim glottalen Plosiv oder pharyngale Nasale, sind in der Tabelle schraffiert. *Leere* Intersektionen sind zwar mögliche Kombinationen von Artikulationsstelle und -modus (z.B. labiodentaler Plosiv), kommen aber in den bekannten Sprachen extrem selten oder überhaupt nicht vor und gelten daher als atypische Artikulationen. Solche ungewöhnlichen Lautbildungen sind jedoch bei verschiedensten Artikulationsstörungen anzutreffen und werden dann mit eigens dafür entwickelten Notationssystemen transkribiert.[1]

Zur systematisch-artikulatorischen Beschreibung der Konsonanten sind prinzipiell vier Bestimmungskriterien erforderlich:
(1) Stimmtonbeteiligung
(2) Artikulierendes Organ
(3) Artikulationsstelle
(4) Artikulationsmodus

Dabei werden die Kriterien (1) bis (3) üblicherweise mit Adjektiven, das vierte Kriterium mit einem Substantiv bezeichnet, wobei weiters die Bezeichnung für das artikulierende Organ in ihrer Kompositionsform der Artikulationsstellenbezeichnung vorangesetzt wird: z.B. labio-dental, apiko-alveolar, dorso-palatal, etc. Allerdings kann – bis auf wenige Ausnahmen (s.u. 2.4.1.4) – die Angabe des artikulierenden Organs entfallen, sodass die Kriterien (1), (3) und (4) eine hinreichende Lautbeschreibung für Konsonanten ergeben, z.B.: stimmhafter velarer Nasal (= [ŋ]), stimmloser palataler Frikativ (= [ç]), stimmhafter velarer Plosiv (= [g]).

2.4.1.1 Plosive

Ein Plosiv wird durch einen totalen Verschluss im Ansatzrohr gebildet (daher auch synonym: *Verschlusslaute, Okklusive*), wobei das Velum gehoben ist und damit den Zugang zum Nasenraum verschließt. Durch diesen vollkommenen Oralverschluss entsteht im Mundraum ein Überdruck, der durch die anschließende Sprengung (daher auch synonym: *Explosiv*) gelöst wird. Dem-

---

[1] Die heute gültige Konvention zur Transkription atypischer Sprache ist das erweiterte IPA (*extIPA*: extensions to the IPA for transcription of disordered speech and voice quality); vgl. Vieregge (1996). Ein PDF-file des extIPA ist unter der auf S. 42, Anm. 2 angegebenen Internetadresse abrufbar.

Bestimmungskriterien für Konsonanten

- **Stimmtonbeteiligung**
- **Artikulationsorgan**
- **Artikulationsstelle**
- **Artikulationsmodus**

nach unterscheidet man drei Phasen der Verschlusslautbildung: die Schließungsphase, die Haltephase und die Öffnungs- oder Lösungsphase (auch: *Plosion*).

Je nach *Stimmtonbeteiligung* sind folgende Plosivkategorien zu unterscheiden: Bei *stimmhaften* Plosiven schwingen die Stimmbänder während der gesamten Haltephase (z.B. [b]); setzen die Stimmbandschwingungen (z.B. eines folgenden Vokals) unmittelbar mit der Verschlusslösung ein, ist der Plosiv *stimmlos* und unaspiriert ([p]); beginnen die Stimmbandschwingungen (eines Folgevokals) erst einige Zeit nach der Verschlusslösung, ergibt sich zwischen Verschlusslösung und Vokal ein glottales Geräusch (Aspiration), der Plosiv ist *stimmlos aspiriert* ([pʰ]).

Hinsichtlich der *Verschlusslösung* ergeben sich neben dem einfachen Fall der *zentral-oralen* Lösung (etwa zu einem folgenden Vokal) noch weitere Möglichkeiten, die als komplexe Artikulationen terminologisch gesondert erfasst und mit Diakritika transkribiert werden: Wird das Velum während des Verschlusses gesenkt und damit der intraorale Überdruck durch die Nase abgebaut, spricht man von *nasaler Plosion* ([tⁿ]); bei Aufrechterhaltung des zentralen Verschlusses (sowie natürlich auch des velopharyngalen Abschlusses des Nasenraums) und seitlicher Lösung spricht man von *lateraler Plosion* ([tˡ])[1]; es kann jedoch auch vorkommen, dass der Haltephase überhaupt keine (hörbare) Lösung folgt (*ungelöster Verschluss* [t̚]). Die Verschlusslösung in einen homorganen Frikativ ergibt *Affrikaten*, wie sie etwa im Deutschen als [t͡s] oder [p͡f] auftreten (z.B. in <Zaunpfahl>); sie nehmen insofern eine Sonderstellung ein, als eine Affrikate – je nach Analyse – als Folge zweier Segmente oder aber als ein einziges Segment (und auch phonologisch als minimal distinktive Einheit) betrachtet wird.

Hinsichtlich der *Artikulationsstellen* lassen sich die folgenden Plosive unterschieden (vgl. Abb. 2-14).

Die *bilabialen* Plosive [p, b] kommen im Deutschen vor[2] (z.B. <Pech, Suppe, knapp>, <Buch, Knabe>), während labiodentale

[1] Vgl. dt. <(die) Satten> und <Sattel> bei Ausfall des unbetonten [ə] der Endsilben.

[2] Ein Beleg für einzelne Kategorien (bzw. deren Symbole) wird nur dann gegeben, wenn es den betreffenden Laut im dt. Sprachraum gibt. Gelegentlich wird auf andere (europäische) Sprachen verwiesen.

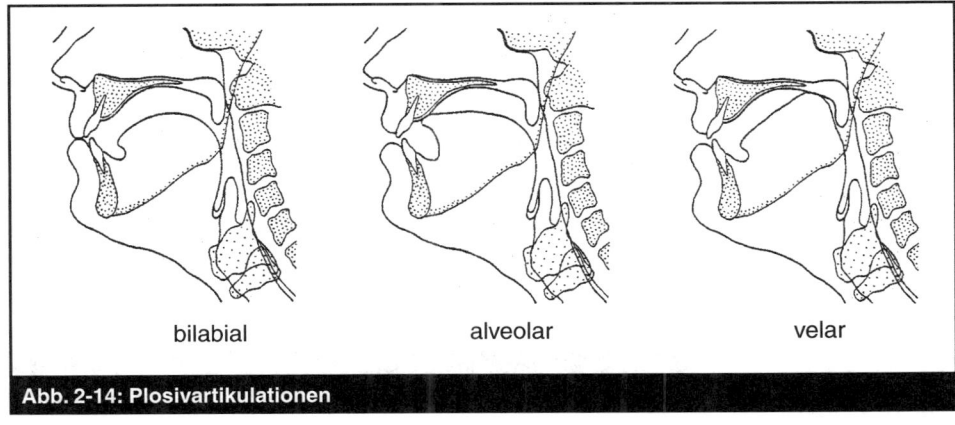

Abb. 2-14: Plosivartikulationen

Artikulatorische Phonetik

Plosive (Leerstelle in der IPA-Tabelle) zu den atypischen Artikulationen zählen.

Die *dentalen, alveolaren* (bzw. *postalveolaren*) Plosive werden entweder mit der Zungenspitze (apikal) oder dem Zungenblatt (laminal) artikuliert und haben ein gemeinsames Grundzeichen [t, d], das auch für die im Deutschen übliche (apiko-) alveolare Artikulation steht (z.B: <Tanne, Seite, Laut>, <dann, Seide>). Zur engeren phonetischen Transkription von dentalen Plosiven – wie etwa im Französischen – wird ein diakritisches Zeichen verwendet ([t̪, d̪]), das aber – in breiter Transkription – meist weggelassen werden kann, weil alveolare und dentale Plosive kaum innerhalb einer Sprache bedeutungsdifferenzierend verwendet werden.

Die *retroflexen* Plosive [ʈ, ɖ], die mit zurückgebogener Zungenspitze gegen den harten Gaumen gebildet werden, kommen im Deutschen ebenso wenig vor wie die *palatalen* Plosive [c, ɟ], die mit dem (vorderen) Zungenrücken (also prädorsal) gebildet werden.

Die *velaren* Plosive [k, g] werden mit dem Zungenrücken gegen den weichen Gaumen gebildet und sind Bestandteil des deutschen Lautinventars (z.B. <Kabel, Laken, stark>, <Gabel, Lagen>). Durch diakritische Zeichen werden koartikulatorische Varianten dieser Plosive, wie etwa die Vorverlagerung (prävelar) vor folgendem /i/ in dt. [k̟ʰɪnt] <Kind> oder die Rückverlagerung (postvelar) vor folgendem /u/ in dt. [k̠ʰʊnst] <Kunst>, gekennzeichnet.

Die daran anschließenden *uvularen* Plosive [q, ɢ] gehören wiederum nicht zum deutschen Lautinventar.

Als Letzter ist schließlich der *glottale* Plosiv [ʔ] angeführt, der im Deutschen vor wort- und morphemanlautenden Vokalen als harter bzw. fester Stimmeinsatz ohne distinktive Funktion (und auch ohne graphemische Entsprechung) auftritt.

2.4.1.2 Nasale

Nasale werden ebenso wie Plosive mit einem totalen oralen Verschluss gebildet, jedoch ermöglicht die gleichzeitige Senkung des Gaumensegels das Ausströmen der Luft durch den Nasenraum.

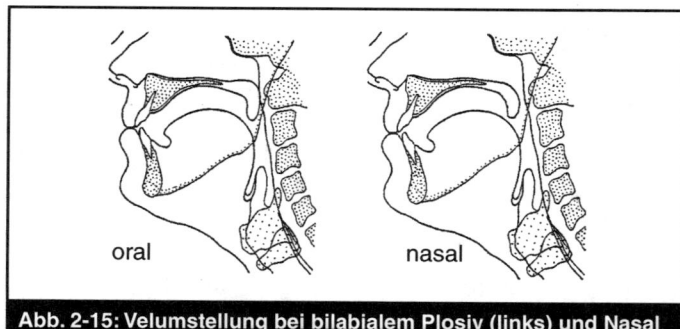

Abb. 2-15: Velumstellung bei bilabialem Plosiv (links) und Nasal (rechtas).

Wie auch im Deutschen kommen Nasale in den weitaus meisten Sprachen der Welt nur als stimmhafte Laute vor. Die Bildung von Nasalen ist nur im vorderen Bereich des Ansatzrohrs, d.h. von den Lippen bis zur Uvula, möglich, da ja gleichzeitig der Zugang zum Nasenraum offen sein muss.

Die IPA-Tabelle listet die folgenden – hinsichtlich des artikulierenden Organs und der Artikulationsstelle wie die homorganen Plosive gebildeten – Nasale auf:

Der *bilabiale* Nasal [m] hat im Deutschen distinktive Funktion (vgl. <zahm> vs. <Zahn>).

Der *labiodentale* Nasal [ɱ] hat ein eigenes Symbol (ist also eine offenbar weniger atypische Artikulation als der homorgane Plosiv) und kommt im Deutschen als **assimilatorische** Realisierung des alveolaren Nasals an einen folgenden labiodentalen Frikativ (z.B. [zɛɱf] <Senf>) vor.

lat. *assímilis* – sehr ähnlich

Der *alveolare* Nasal [n] ist im Deutschen ebenfalls distinktiv (vgl. <nein> vs. <mein>).

Der *retroflexe* Nasal [ɳ] und der *palatale* Nasal [ɲ] sind im Deutschen nicht vertreten. Letzterer ist in distinktiver Funktion etwa in romanischen Sprachen anzutreffen (z.B. frz. [kɔˈɲak] <cognac>) und wird bei Entlehnungen ins Deutsche meist durch [nj] (also durch die Segmentfolge alveolarer Nasal plus palataler Approximant) ersetzt: [ˈkɔnjak] <Kognak>.

Der *velare* Nasal [ŋ] ist im Deutschen zum einen als distinktiver Laut (Schreibung <ng>) vorhanden (vgl. <Lamm> vs. <lang> [laŋ]), zum anderen steht er als assimilatorische Realisation von <n> vor [k], z.B. [baŋk] <Bank>.

Der *uvulare* Nasal [ɴ], der an der letzten möglichen Artikulationsstelle für Nasale gebildet wird, gehört nicht zum deutschen Lautinventar.

2.4.1.3 Vibranten und geschlagene Laute
Die nächsten beiden Artikulationsmodi in der großen Konsonantentabelle der IPA beinhalten die gerollten und die geschlagenen Laute, die wir hier in einem Unterabschnitt zusammenfassen wollen. Dies deshalb, weil sich diese beiden Lautkategorien sehr ähnlich sind und sich lediglich durch die Anzahl der Kontakte zwischen artikulierendem Organ und Artikulationsstelle unterscheiden: Vibranten, also gerollte Laute, weisen einen mehrmaligen Kontakt auf (intermittierender Verschluss), geschlagene Laute hingegen sind durch nur einen einzigen flüchtigen Kontakt („einmalige Vibration") gekennzeichnet.

Vibranten treten in den Sprachen der Welt relativ selten und dann meist stimmhaft auf. Ihre Bildung setzt hinreichend elastische Artikulationsorgane voraus; diese Bedingung erfüllen nur die Lippen, die Zungenspitze und das Gaumenzäpfchen. Dementsprechend ergeben sich die folgenden Vibranten bzw. Symbole für deren stimmhaften Varianten:

Artikulatorische Phonetik

Der *bilabiale* Vibrant [ʙ] wird im Deutschen als paralinguistisches Signal (z.B. zum Ausdruck der Kälteempfindung; orthographisch <„brrr">) verwendet.

Der *alveolare* Vibrant [r], im Deutschen als (gerolltes) Zungenspitzen-r geläufig, ist Element der deutschen Bühnenaussprache, zu dessen korrekter Realisierung früher in anlautender Position bis zu zehn (!) Vibrationen gefordert waren. Heute sind es etwa zwei bis drei Anschläge, mit denen der alveolare Vibrant sowohl in der Bühnen- als auch in der Standardaussprache (hier hauptsächlich im süddeutschen Sprachraum) auftritt.

Der *uvulare* Vibrant [ʀ], das Zäpfchen-r, findet sich ebenfalls im Deutschen, besonders in norddeutscher Standardaussprache, wo er oft sogar durch den homorganen stimmhaften Frikativ ([ʁ]; s.u. 2.4.1.4) ersetzt wird. Die artikulatorische Besonderheit dieses – auch beim Gurgeln entstehenden – Lautes liegt darin, dass das frei bewegliche Zäpfchen als artikulierendes Organ gegen den gehobenen Zungenrücken vibriert. In diesem Sinn bezeichnet „uvular" beim Vibranten eigentlich eher das Organ als die Artikulationsstelle.

Geschlagene Laute treten oft als Realisationsvarianten homorganer Plosive oder Vibranten auf. So findet sich der *alveolare geschlagene* Laut [ɾ] z.B. im Deutschen als Reduktionsform des Zungenspitzen-r besonders im süddeutschen (bairischen) Raum.

2.4.1.4 Frikative und Lateralfrikative

Frikative sind dadurch gekennzeichnet, dass das artikulierende Organ an der Artikulationsstelle eine Enge bildet, durch die der Luftstrom mit einem hörbaren Geräusch entweicht. Für die Geräuschbildung ist das Verhältnis des Durchlassbereichs zur Stärke des Luftstroms ausschlaggebend: Reicht bei einem bestimmten Luftstrom die Engebildung für die Geräuschentstehung nicht aus, ergibt sich der Artikulationsmodus der Approximanten.

Frikative und Lateralfrikative werden in diesem Unterabschnitt zusammengefasst, da sie sich hinsichtlich ihres Artikulationsmodus nur dadurch unterscheiden, dass bei Ersteren die Engebildung längs der Mittellinie des Ansatzrohrs (zentral)

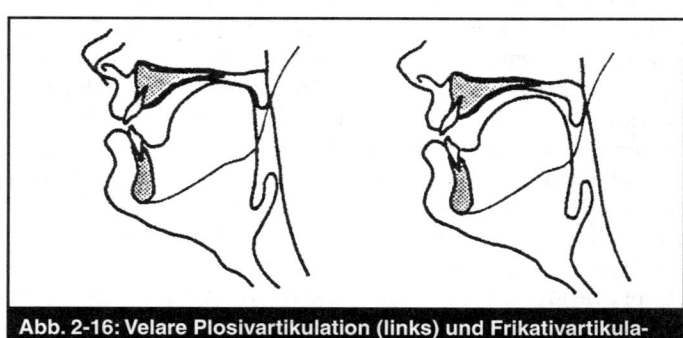

Abb. 2-16: Velare Plosivartikulation (links) und Frikativartikulation (rechts).

erfolgt, bei Letzteren jedoch seitlich (lateral) mit gleichzeitigem zentralen Verschluss.

Im Vergleich zu den übrigen Artikulationsmodi beinhaltet die IPA-Tabelle für Frikative die größte Anzahl an Symbolen. Zur hinreichenden artikulatorischen Beschreibung ist bei Frikativen vom dentalen bis postalveolaren Bereich neben den üblichen Angaben von Stimmton, Artikulationsort und -modus nicht nur das artikulierende Organ (hier: die Zunge bzw. deren Teilstrukturen) erforderlich, sondern auch die besondere Form der Engebildung (gerillt/flach; s. sogleich) von Bedeutung.

Die *bilabialen* Frikative [ɸ, β] gehören zwar nicht zum Lautinventar der deutschen Standardsprache, sind jedoch auch unserem Sprachraum nicht fremd: Die stimmlose Variante entsteht z.B. beim Ausblasen einer Kerze, die stimmhafte Variante steht umgangssprachlich (besonders im süddeutschen Bereich) oft für intervokalisches [b] (z.B. [ˈliːβɐ, ˈʊβɐ] <lieber, aber>).

Die *labiodentalen* Frikative [f, v] sind in zahlreichen Sprachen, so auch im Deutschen (<fein> vs. <Wein>) in distinktiver Funktion zu finden.

Bei den *dentalen* Frikativen [θ, ð], wie sie z.B. aus dem Englischen (<th>) bekannt sind, ist eine Artikulationsvariante mit der Zungenspitze zwischen den Zähnen (*inderdentale* Frikative) und eine mit der Zungenspitze hinter den Zähnen (*postdentale* Frikative) zu unterscheiden. Wesentlich für beide Varianten und für das daraus resultierende Friktionsgeräusch ist die relativ breite, mit *flacher* Zunge gebildete Enge. Im Deutschen gelten diese Laute als Sprachfehler („Anstoßen mit der Zunge", „Lispeln").

Die *alveolaren* Frikative [s, z] gehören wiederum zum Inventar des Standarddeutschen (z.B. <reisen> mit [z], <reißen> mit [s]). Im Unterschied zu den dentalen Frikativen erfolgt hier die Engebildung mit *gerillter* Zunge[1], d.h. mit einer kurzen zentralen Rille, durch die die Luft zunächst gewissermaßen gezielt gegen die (obere) Zahnreihe gelenkt wird und erst dann ins Freie strömt. Dadurch entsteht ein zischendes Geräusch, weshalb die so gebildeten Laute auch Zischlaute (*Sibilanten*[2]) genannt werden.

Von den *postalveolaren* Frikativen [ʃ, ʒ] gehört nur die stimmlose Variante zum deutschen Lautinventar (<sch>, wie in <Schule, Tasche, rasch>), während die stimmhafte Variante lediglich in Fremdwörtern (z.B. <Genie, Journal, Garage>) auftritt. Die Engebildung erfolgt wie bei den alveolaren Frikativen [s, z] mit gerillter Zunge, sie gehören daher ebenfalls zu den Sibilanten. Der (auch auditiv) wesentliche Unterschied zwischen diesen beiden Lautgruppen liegt darin, dass [ʃ, ʒ] mit einer längeren Rille im Zungenblatt gebildet werden, sodass das Reibegeräusch der postalveolaren Frikative etwas tiefer klingt als jenes der alveolaren.[3]

Die *retroflexen* Frikative [ʂ, ʐ], bei denen die Engebildung wiederum mit zurückgebogener Zungenspitze am Übergangsbereich

[1] Ein (post)dentaler Frikativ [θ] unterscheidet sich von einem (diakritisch gekennzeichneten) dentalen [s̪] also durch die unterschiedliche *Form* der Engebildung (flach vs. gerillt).

[2] lat. *sibiláre* – zischen

[3] Insgesamt erfordert die Artikulation gerade der Sibilanten eine besonders feine Abstimmung der artikulatorischen Gesten. Es ist daher nicht verwunderlich, dass Störungen der Zischlaute (*Sigmatismus*) zu den häufigsten Lautbildungsfehlern gehören.

Artikulatorische Phonetik

zwischen der postalveolaren und präpalatalen Artikulationsstelle erfolgt, kommen im Deutschen nicht vor.

Bei den *palatalen* Frikativen [ç, ʝ] ist die stimmlose Variante als so genannter „Ich-Laut" (<ch> wie in „ich") im deutschen Lautinventar vorhanden. Die Realisierung von dt. <j> (z.B. <Jahr, jeder>) soll als stimmhafter Frikativ [ʝ] erfolgen, tatsächlich ist aber meist ein Approximant [j] zu hören.

Die *velaren* Frikative [x, ɣ] sind ebenfalls im Deutschen zu finden. Der stimmlose Laut ist als so genannter „Ach-Laut" (<ch> wie in „ach") bekannt, obwohl gerade nach [a] eher der uvulare Frikativ (s. sogleich) steht. Der stimmhafte velare Frikativ kommt in norddeutschen Dialekten (z.B. in Berlin) für intervokalisches <g> wie in <Jugend, Bogen> vor.

Auch die *uvularen* Frikative [χ, ʁ] sind im Deutschen als Varianten vertreten. Die stimmhafte Variante haben wir bereits als (besonders norddeutschen) Ersatzlaut für den uvularen Vibranten erwähnt, der stimmlose Laut findet sich standardsprachlich für <ch> nach tiefem Vokal, z.B. in <wach>, und – als lautliches Charakteristikum – im Schweizerdeutschen: [ˈχʊχiχaʃtə] „Küchenkasten".

Die *pharyngalen* Frikative [ħ, ʕ] sowie die *lateralen* Frikative [ɬ, ɮ] gehören nicht zum deutschen Lautinventar.

Die *glottalen* Frikative [h, ɦ], denen aufgrund ihrer Artikulation im Phonationsorgan eine Sonderstellung unter den Frikativen zukommt, wurden bereits unter den Lautproduktionen im Kehlkopf besprochen.

2.4.1.5   Laterale
Wir durchbrechen nun die Anordnung der großen Konsonantentabelle der IPA, indem wir die lateralen Approximanten, üblicherweise kurz als Laterale bezeichnet, vorziehen. Diese Laterale werden zwar mit einem zentralen Verschluss gebildet, haben aber eine seitliche Öffnung, die genügend groß ist, dass die durchströmende Luft kein Reibegeräusch erzeugt. Im Sagittalschnitt ist die laterale Öffnung allerdings nicht darstellbar, sodass sich für die verschiedenen Artikulationsstellen der Laterale die gleichen Schemata ergeben wie für die homorganen Plosive (vgl. daher Abb. 2-14).

Der Symbolvorrat der IPA zeigt, dass Laterale überwiegend stimmhaft gebildet werden.

Der *alveolare* Lateral [l] gehört zum deutschen Lautinventar (z.B. <Laut, Teile, Tal>), während der *velare* Lateral [ʟ] höchstens dialektal als silbische Variante nach velarem Plosiv auftritt, z.B. [kuːɡʟ̩] <Kugel>. Der *retroflexe* Lateral [ɭ] und der *palatale* Lateral [ʎ] kommen hingegen im Deutschen nicht vor.

2.4.1.6   Approximanten (Halbvokale)
Bei den Approximanten bildet das artikulierende Organ an der Artikulationsstelle eine zentrale Verengung, welche jedoch die

für eine Geräuschbildung kritische Enge nicht erreicht. Eine derartige Artikulation wirkt daher auch nicht lauterzeugend, sondern verändert durch die verschiedenen Ansatzrohrkonfigurationen lediglich den primären, vom Kehlkopf kommenden Phonationsschall. Daraus ergibt sich, dass Approximanten nur stimmhaft vorkommen können. Für das Deutsche sind zwei Approximanten zu nennen:

Der *labiodentale* Approximant [ʋ] gleicht artikulatorisch – bis auf die geringere Engebildung bzw. den schwächeren Luftstrom – dem stimmhaften labiodentalen Frikativ. Er findet sich im Deutschen gelegentlich in nachlässig salopper Rede für intervokalisches <b>, z.B. [ˈʔʋɐ] (neben [ˈʔβɐ]) <aber>.

Der *palatale* Approximant [j] ist – wie bereits erwähnt – im Deutschen meist statt eines stimmhaften palatalen Frikativs in Wörtern wie <ja, jeder> zu hören.

2.4.1.7 Doppel- und Sekundärartikulationen

Zum Abschluss dieses Abschnitts über die Konsonanten sei noch kurz auf komplexe Artikulationen eingegangen, die in Doppelartikulationen und Sekundärartikulationen unterteilt werden.

Als *Doppelartikulationen* gelten Lautsegmente, die gleichzeitig an zwei Artikulationsstellen mit gleichem Artikulationsmodus gebildet werden. So gibt es beispielsweise im Französischen und Englischen *doppelt artikulierte Approximanten* ([ɥ, w]), bei denen eine palatale bzw. velare (nicht-geräuschbildende) Enge mit einer gleichzeitigen, durch Lippenrundung hervorgerufenen (also bilabialen, ebenso wenig geräuschbildenden) Enge artikuliert wird: frz. [lwi] <Louis> vs. [lɥi] <lui> „ihm"; engl.: <water>, <when> mit anlautendem [w]). In afrikanischen Sprachen begegnen uns aber auch *doppelte Plosivartikulationen* (z.B. [k͡p, ɡ͡b]), *doppelte Nasalartikulationen* (z.B. [ŋ͡m]) und *doppelte Frikativartikulationen* (z.B. [x͡ɸ, ɣ͡β]); die Transkriptionsbeispiele geben hier nur die häufigsten – nämlich die labial-velaren – Kombinationen wieder.

Bei den *Sekundärartikulationen*, die im Übrigen viel häufiger auftreten als Doppelartikulationen, wird zusätzlich zur primären Konsonantenartikulation eine weitere sekundäre Verengung an einer anderen Artikulationsstelle gebildet, welche jedoch – im Unterschied zur Doppelartikulation – einen geringeren Verengungsgrad aufweist als jene der primären Artikulationsstelle. Sekundärartikulationen werden je nach dem Ort der sekundären Engebildung als Labialisierung, Palatalisierung, usw. bezeichnet und in der Transkription diakritisch notiert.

Labialisierung [ʷ] ist häufig als koartikulatorisches Phänomen, d.h. als vorweggenommene Lippenrundung für gerundeten Folgevokal, zu beobachten (z.B. dt. [ˈʃiːʃʷuː] <Schischuh>).

Palatalisierung [ʲ] beruht auf der zusätzlichen Hebung des Zungenrückens zum harten Gaumen wie für einen palatalen Approximanten. Das Russische verwendet eine Vielzahl palatali-

---

Doppelartikulation:

Gleichzeitige Artikulation an zwei Artikulationsstellen mit *gleichem* Artikulationsmodus

Sekundärartikulation:

Gleichzeitige Artikulation an zwei Artikulationsstellen mit *unterschiedlichem* Artikulationsmodus, z.B.
– Labialisierung
– Palatalisierung
– Velarisierung

Artikulatorische Phonetik

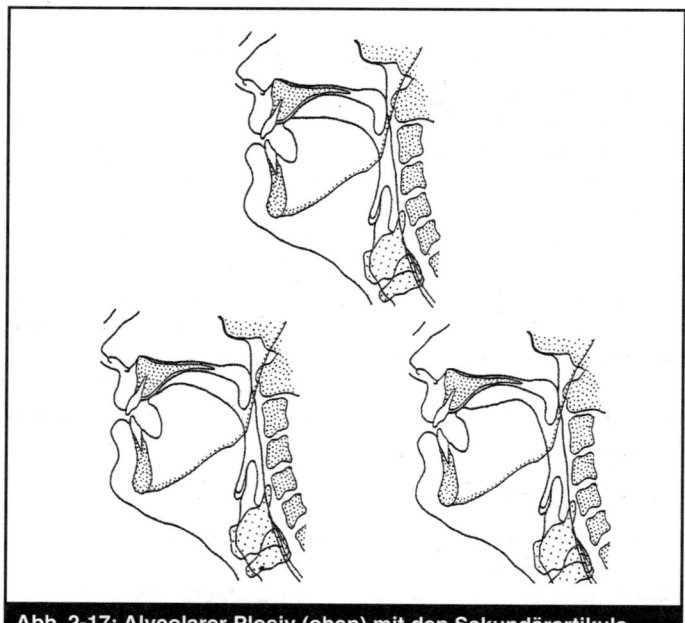

Abb. 2-17: Alveolarer Plosiv (oben) mit den Sekundärartikulationen Palatalisierung (unten links) und Velarisierung (unten rechts).

sierter Konsonanten in distinktiver Funktion (z.B. [mat] „Matte" vs. [matʲ] „Mutter").

Velarisierung [ˠ] entsteht durch eine zusätzliche Hebung der Hinterzunge zum Gaumensegel wie für einen velaren Approximanten. So gibt es etwa im Englischen den velarisierten Lateral [ɫ] (entspricht [lˠ]; vgl. die IPA-Tabelle für Diakritika) in nichtinitialer Stellung, z.B. [filˠ] <fill> „füllen").

Pharyngalisierung [ˁ] ergibt sich aus einer sekundären Engebildung im Pharynxbereich (durch Zurückziehen der Zungenwurzel und/oder Kontraktion des Pharynxmuskels). Pharyngalisierte Konsonanten in distinktivem Kontrast zu nicht-pharyngalisierten sind für das Arabische charakteristisch.

Laryngalisierung [̰] ist durch sekundäre Verengung der Glottis charakterisiert, durch die jene – mit einem typischen Abfall der Grundfrequenz einhergehende – Stimmqualität entsteht, die wir bereits als Knarrstimme beschrieben haben. Die Knarrstimme (als zeitweilige oder dauernde Abweichung von der für das Deutsche üblichen Stimmqualität) kann in bestimmten Sprachen durchaus auch distinktives Lautmerkmal sein. Im Dänischen beispielsweise stehen laryngalisierte Konsonanten, die also mit Knarrstimme (und im Extremfall sogar mit glottalem Plosiv) realisiert werden, in Kontrast zu nicht-laryngalisierten Konsonanten, z.B. [bœn] „Bohnen" vs. [bœn̰] „Bauern". Im Deutschen erscheinen teilweise laryngalisierte Vokale in wort- und morphemanlautender

Position – besonders in zusammenhängender Rede – anstatt des harten bzw. festen Vokaleinsatzes mit Glottisverschluss.

2.4.2 Vokale

> **Als Vokale werden phonetisch jene Segmente bezeichnet, deren Produktion mit einem zentral offenen Ansatzrohr erfolgt. In phonologischer Hinsicht sind Vokale jene Segmente, die den Silbenkern bilden.**

Die Produktion von Vokalen ergibt sich im Wesentlichen aus der Lage der Zunge und aus ihrem Abstand zur Gaumenwölbung; einen zusätzlichen Parameter bildet die Lippenstellung. Dementsprechend erfolgt die artikulatorische Klassifizierung der Vokale nach drei Kriterien:
(1) Artikulationsstelle
(2) Zungenhöhe
(3) Lippenstellung.

Bestimmungskriterien für Vokale

– Artikulationsstelle
– Zungenhöhe
– Lippenstellung

Als Artikulationsstelle gilt die horizontale Position des höchsten Zungenpunktes, nach der vordere (*palatale*), mittlere (*zentrale*) und hintere (*velare*) Vokale unterschieden werden. Man findet auch die Bezeichnungen Vorderzungen-, Zentral- und Hinterzungenvokale.

Als Zungenhöhe gilt der vertikale Abstand des höchsten Zungenpunktes von der Gaumenwölbung, wonach hohe (oder: geschlossene), mittlere und tiefe (oder: offene) Vokale unterschieden werden, die man dementsprechend als *Hoch-*, *Mittel-* und *Tiefzungenvokale* bezeichnet.

Als Lippenstellung wird die Form der Lippen bezeichnet, nach der *ungerundete* und *gerundete* Vokale zu unterscheiden sind.

Artikulationsstelle und Öffnungsgrad ergeben eine zweidimensionale Darstellung des Vokalraums, der im Sagittalschnitt (vgl. Abb. 2-18) als annähernd elliptische Fläche erscheint und durch das *Vokaltrapez* (vgl. Abb. 2-19) weiter schematisiert ist.

Alle möglichen Vokalartikulationen müssen innerhalb dieses Vokaltrapezes liegen. Eine Definition von bestimmten Punkten ist allerdings willkürlich, da es prinzipiell unendlich viele Vokale gibt. Wenn man nämlich bei anhaltendem Stimmton langsam von [i] über [e], [a], [o] nach [u] gleitet, lässt sich nicht exakt angeben, wann ein Vokal in den nächsten übergeht.

2.4.2.1 Kardinalvokale

Im **System der Kardinalvokale** versucht man dennoch, einige Fixpunkte des Vokaltrapezes nach teils artikulatorischen, teils auditiven Kriterien zu definieren.

Die artikulatorisch definierten Extrempunkte dieses Systems sind der höchste vorderste Vokal [i] und der tiefste hinterste Vokal

Das System der Kardinalvokale wurde zu Beginn des 20. Jhdts. vom englischen Phonetiker Daniel Jones (1881-1967) entwickelt und ist der Bezugsrahmen für die Vokaltabelle des IPA.

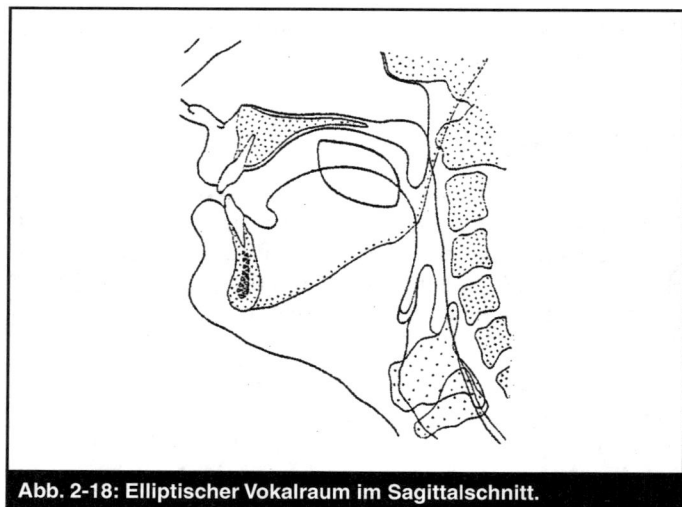
Abb. 2-18: Elliptischer Vokalraum im Sagittalschnitt.

[ɑ]. Der mit der höchsten Stellung der Vorderzunge produzierbare Vokal [i] würde bei einer weiteren Verengung des Ansatzrohrs (durch Zungenhebung) in den palatalen Frikativ [j] übergehen, der in tiefster Stellung mit am weitesten zurückgezogener Zunge produzierbare Vokal [ɑ] würde bei einer weiteren Verengung des Ansatzrohrs (durch Zurückziehen der Zunge) in den pharyngalen Frikativ [ʕ] übergehen.

Die übrigen Kardinalvokale sind auditiv (d.h. nach dem Gehöreindruck) definiert. Zunächst wird die Strecke zwischen [i] und [ɑ] entlang der vorderen und unteren Kante des Vokaltrapezes in vier auditiv gleiche Abstände unterteilt, wodurch sich die Kardinalvokale [e], [ɛ] und [a] ergeben. Die Fortsetzung dieser auditiven Reihe an der hinteren Kante nach oben ergibt die weiteren Kardinalvokale [ɔ], [o] und [u]. Diese von 1 ([i]) bis 8 ([u]) durchnummerierten Vokale werden *primäre Kardinalvokale* (Abb. 2-19) genannt, von denen die ersten fünf ungerundet sind, während die Vokale sechs bis acht mit Lippenrundung artikuliert werden.

Das System der *sekundären Kardinalvokale* enthält dann die mit gleicher Zungenstellung, aber mit entgegengesetzter Lippenstellung produzierten Vokale (vgl. in Abb. 2-20 die neben den primären Kardinalvokalen jeweils eingeklammerten Symbole). Dazu gehören die mit Lippenrundung artikulierten Vokale [y], [ø], [œ] und [ɒ], sowie die ungerundeten Hinterzungenvokale [ʌ], [ɤ] und [ɯ]. Darüber hinaus wird das System durch zusätzliche Kardinalvokale im zentralen Bereich des Vokalraums ergänzt, und zwar durch die hohen Zentralvokale [ɨ] (ungerundet) und [ʉ] (gerundet), sowie durch den mittleren ungerundeten Zentralvokal [ə].

Die Kardinalvokale sind allerdings keine Laute einer bestimmten Sprache, sondern sprachunabhängig festgelegte Vokale, auf

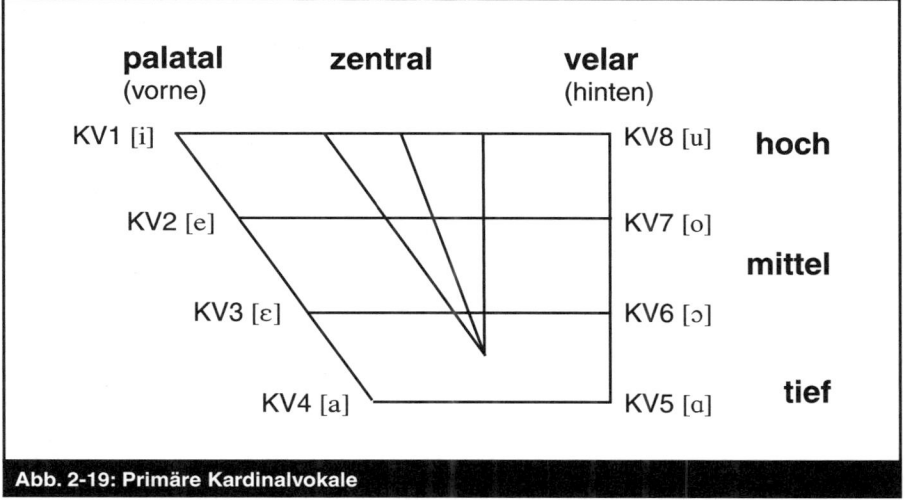

Abb. 2-19: Primäre Kardinalvokale

die man sich bei der Beschreibung bzw. Transkription tatsächlicher Vokalrealisationen einer Sprache bezieht. Wenn wir also dt. <Beet> mit [beːt] transkribieren, heißt das nicht, dass dieses Wort mit dem Kardinalvokal 2 gesprochen wird, sondern dass hier eine Vokalqualität vorliegt, die jener des Kardinalvokals [e] näher kommt als der irgendeines anderen Kardinalvokals.

2.4.2.2 Vokaltabelle des IPA

Die Vokaltabelle des IPA umfasst neben den Kardinalvokalen noch eine Reihe zusätzlicher Symbole, mit denen hauptsächlich Artikulationen im zentralen Bereich des Vokalraums wiedergegeben werden. Außerdem wird der Öffnungsgrad über den Parameter Zungenhöhe weiter unterteilt.

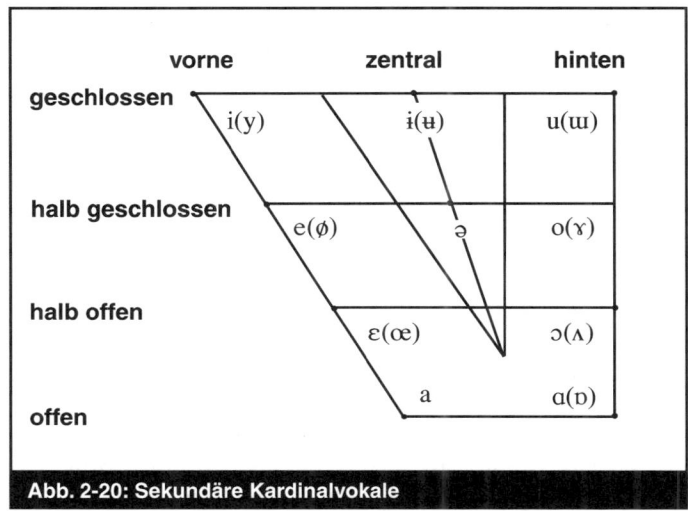

Abb. 2-20: Sekundäre Kardinalvokale

Artikulatorische Phonetik

Zur Differenzierung der *zentralen* Vokale finden sich in der IPA-Tabelle – neben den bereits im Kardinalvokalsystem vorhandenen hohen Vokalen [ɨ/ʉ] und dem mittleren ungerundeten **Schwa** [ə] – jeweils ein obermittelhohes und ein untermittelhohes Vokalpaar sowie der ungerundete halbtiefe Vokal [ɐ].

> Nach hebräisch *Schewa* – Name des Zeichens für den unbetonten e-Laut.

Die Öffnungsgrade werden differenziert, indem die mittlere Zungenhöhe in *obermittelhoch* und *untermittelhoch* unterteilt wird. Jeweils an den Grenzen zwischen den vier Zungenhöhen (hoch/obermittelhoch/untermittelhoch/tief), die den Öffnungsgraden der Kardinalvokale 1-4 bzw. 8-5 entsprechen, ergeben sich weitere Zwischenstufen, die *halbhoch*, *mittel* und *halbtief* genannt werden.

Am Übergang zwischen den Zungenhöhen 'hoch' und 'obermittelhoch', also zwischen den Kardinalvokalen 1 und 2 (bzw. 8 und 7) sind die *halbhohen* palatalen Vokale [ɪ/ʏ] und der velare gerundete Vokal [ʊ] angesiedelt. Am Übergang zwischen den Zungenhöhen 'untermittelhoch' und 'tief' finden sich die *halbtiefen* Vokale, nämlich der zwischen Kardinalvokal 3 und 4 gelegene ungerundete palatale Vokal [æ] sowie der ungerundete Zentralvokal [ɐ].

Die Lippenrundung geht in die IPA-Tabelle dadurch ein, dass die Symbole für gerundete Vokale jeweils rechts von den Symbolen für ungerundete Vokale gleicher Zungenhöhe und -lage angeordnet sind.

> Ein *Schlüsselwort* ist ein Wort einer natürlichen Sprache, das jenen Laut enthält, der mit einem bestimmten Symbol assoziiert werden soll. Solche Schlüsselwörter sind jedoch nur dann sinnvoll, wenn die betreffende Sprache bzw. Variante dem Leser bekannt ist, weshalb hier vorwiegend deutsche, in wenigen Fällen auch englische Schlüsselwörter verwendet werden.

Zusammen mit den Kardinalvokalen stellen auch die zusätzlichen Zeichen der IPA-Vokaltabelle lediglich ein Bezugsraster zur artikulatorischen Beschreibung bzw. zur symbolphonetischen Klassifikation der verschiedenen – prinzipiell kontinuierlich ineinander übergehenden – Vokalrealisationen dar. Wir geben daher im Folgenden eine Liste von **Schlüsselwörtern** für die häufigsten Vokalsymbole, weisen aber nochmals darauf hin, dass die mit den jeweiligen Symbolen transkribierten Laute keineswegs den gleich symbolisierten Kardinalvokalen entsprechen, sondern nur artikulatorisch-auditive Annäherungen darstellen.

[iː]	<Miete>	[yː]	<fühlen>	[uː]	<Mut>
[ɪ]	<Mitte>	[ʏ]	<füllen>	[ʊ]	<Mutter>
[eː]	<beten>	[øː]	<Höhle>	[oː]	<Ofen>
[ɛ]	<Betten>	[œ]	<Hölle>	[ɔ]	<offen>
[a]	<Ratte>	[ə]	<Lage>	[ɐ]	<Lage_r_>[1]
[æ]	engl. <bat>	[ʌ]	e. <luck>	[ɒ]	e. <lock>

> [1] Vokalisiertes /r/; s. 4.2.1

2.4.2.3 Vokalmodifikationen

Neben den drei Dimensionen Lippenrundung, Zungenhöhe und -lage gibt es noch weitere Parameter der Vokalproduktion, die als *sekundäre Modifikationen* zusammengefasst werden. Es handelt sich dabei u.a. um die Nasalierung und die Spannung.

Dazu ist vorauszuschicken, dass Vokale im Normalfall stimmhaft und oral (d.h. mit gehobenem Gaumensegel) artikuliert werden. Die sekundären Modifikationen ergeben sich aus Abweichungen von diesen Grundeinstellungen.

Nasalierung liegt dann vor, wenn bei der Vokalproduktion das Gaumensegel gesenkt ist. Damit kann die Luft zusätzlich durch den Nasenraum entweichen, wodurch der Vokal einen nasalen Beiklang erhält. Nasalierte Vokale, die durch eine Tilde über dem Vokalsymbol transkribiert werden, kommen z.B. im Französischen vor ([œ̃ bõ ṽɛ blã] <un bon vin blanc> „ein guter Weißwein"), aber auch in deutschen Dialekten (z.B. steirisch: [ʃtã] <Stein> vs. [[ʃta:] <starr>).

Die *Spannung* als Kategorisierungsparameter für Vokalqualitäten beruht auf der Annahme, dass die weiter von der neutralen Lage ([ə]) abweichenden Vokale mit höherer Muskelspannung artikuliert werden. So unterscheiden sich im Deutschen die hohen Vokale [i y u] als gespannte Vokale von den entsprechenden halbhohen ungespannten Vokalen [ɪ ʏ ʊ]. Ebenso sind die obermittelhohen Vokale [e ø o] gespannt, die untermittelhohen [ɛ œ ɔ] ungespannt. Der Parameter Spannung differenziert also solche Vokalpaare einer Sprache, welche sich hinsichtlich der Zungenhöhe nur geringfügig unterscheiden und daher als zusammengehörig empfunden werden (also z.B. dt. [i/ɪ], [e/ɛ], usw.; vgl. die Tabelle der Schlüsselwörter).

In der deutschen Phonetik und Phonologie werden vielfach die hohen (gespannten) Vokale als *geschlossene* und die halbhohen (ungespannten) Vokale als *offene* Hochzungenvokale zusammengefasst; ähnlich werden die obermittelhohen (gespannten) Vokale als *geschlossene* und die untermittelhohen (ungespannten) Vokale als *offene* Mittelzungenvokale bezeichnet. Die Gespanntheit vs. Ungespanntheit der Hoch- und Mittelzungenvokale wird also durch den *Öffnungsgrad* (geschlossen vs. offen) ausgedrückt; dieser Öffnungsgrad wird – neben Artikulationsstelle, Zungenhöhe und Lippenstellung – zum vierten Kriterium für die Beschreibung der Vokale des Deutschen. Der Zusammenhang zwischen Vokallänge und Öffnungsgrad (d.h. Spannung) bei betonten Vokalen des Deutschen wird im Abschnitt „Quantität" erläutert.

Dabei entspricht 'geschlossen-offen' eben nicht dem IPA-Gebrauch (close = hoch, open = tief), sondern bezeichnet die relativ geschlossen(er)en bzw. offen(er)en Vokale innerhalb der (jeweils zwei IPA-Zungenhöhen zusammenfassenden) Kategorien Hoch- bzw. Mittelzungenvokale.

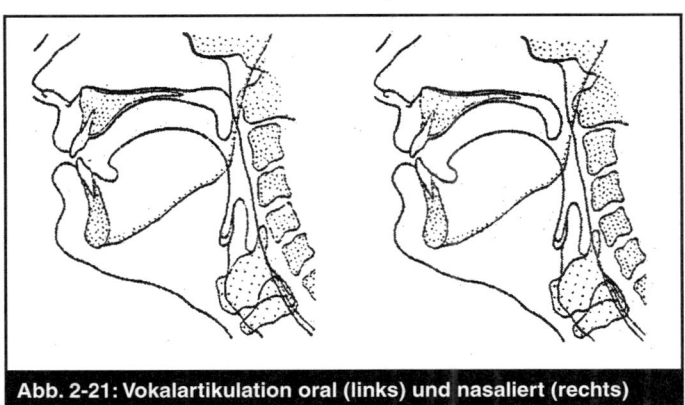

Abb. 2-21: Vokalartikulation oral (links) und nasaliert (rechts)

2.4.2.4 Diphthonge

> Als **Diphthong** bezeichnet man einen Silbenkern mit einer vokalischen Gleitbewegung von einem Ausgangsvokal zu einem Zielvokal.

Diphthong-Klassifizierung

– **artikulatorisch**:
schließend vs. *öffnend*
Kriterium: Vokalqualität

– **prosodisch**:
steigend vs. *fallend*
Kriterium: Prominenz

Zur Transkription von Diphthongen werden die Symbole für Anfangs- und Endvokal nebeneinander gesetzt und allenfalls mit einer untergesetzten Klammer verbunden, z.B. [a͜ɪ].

In einer *artikulatorischen* Klassifizierung unterscheidet man je nach dem Verlauf der vokalischen Gleitbewegung *schließende* Diphthonge (von einer offeneren zu einer geschlosseneren Vokalqualität, z.B. [o͜ɪ]), *öffnende* Diphthonge (von einer geschlosseneren zu einer offeneren Vokalqualität, z.B. [e͜a]) und *zentralisierende* Diphthonge (vom Startvokal zu einer zentralen Vokalqualität, z.B. [ɔ͜ɐ]).

Die *prosodische* Klassifizierung der Diphthonge richtet sich nach der Prominenz (Hervorhebung) der Bestandteile. In *steigenden* Diphthongen ist das zweite Element (der Zielvokal) stärker hervorgehoben (akzentuiert), während das erste Element nur als kurzer *Anglitt* bzw. als unsilbischer (Halb-)Vokal auftritt. In *fallenden* Diphthongen hingegen ist das erste Element (der Startvokal) akzentuiert, während das zweite Element als unsilbischer (Halb-)Vokal den *Abglitt* darstellt.

Nach diesen beiden Klassifikationen sind die drei Diphthonge des Standarddeutschen, nämlich [a͜ɪ], [a͜ʊ] und [ɔ͜ɪ] (z.B. in <leiten, lauten, läuten>) als artikulatorisch schließende, prosodisch fallende Diphthonge zu bezeichnen (vgl. Abb. 2-22). Öffnende fallende Diphthonge finden sich in dt. Dialekten, z.B. bairisch-österr. [hu͜at] <Hut>, [mi͜at] <müd(e)>.

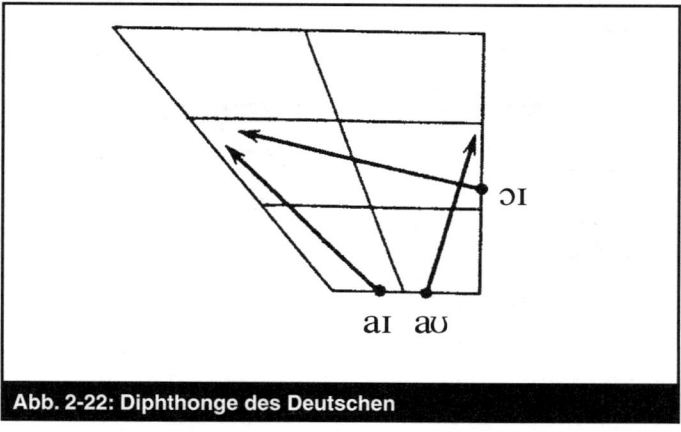

Abb. 2-22: Diphthonge des Deutschen

Literaturhinweise Kapitel 2

Als umfassende Einführungen in die allgemeine Phonetik können Pompino-Marschall (2009) und Pétursson/Neppert (1996) empfohlen werden. Diese behandeln natürlich nicht nur die artikulatorische Phonetik, sondern auch die übrigen Teilgebiete (akustische Phonetik, auditive Phonetik, usw.). Das Gleiche gilt für die ausgezeichneten englischsprachigen Darstellungen von Clark/Yallop/Fletcher (2006) und Laver (1994); diese beiden Bücher können aber schon allein wegen ihres Umfangs eher als Nachschlagewerke denn als Einführungslektüre gelten.

Zu den drei Teilprozessen der Lautbildung (Initiation, Phonation, Artikulation) finden sich in Pompino-Marschall (2009) und in Pétursson/Neppert (1996) relativ ausführliche Beschreibungen der anatomischen Strukturen und der physiologischen Abläufe. Für eine darüber hinausgehende Darstellung von anatomischen, physiologischen und neurologischen Grundlagen der Sprachproduktion (und -perzeption) sei auf Wängler (1972), Clasen/Geršic (1975) sowie auf Seikel/King/Drumright (1997) verwiesen; letzteres Werk ist gleichermaßen anspruchsvoll (da in englischer Sprache) wie anschaulich (da eine umfangreiche Instruktions- und Übungssoftware mitgeliefert wird).

Selbstverständlich finden sich auch in Einführungen zur Phonetik des Deutschen mehr oder minder eingehende Darstellungen der allgemeinen (artikulatorischen) Phonetik, so etwa in Wängler (1983) und Kohler (1995). Eher knapp gehaltene Überblicke geben Linke/Nussbaumer/Portmann (2004), Pörings/Schmitz (2003), Hall (2011) und Ramers (2001). In stark vereinfachter Form werden die „Sprechorgane und ihre Funktion" sowie physiologische Aspekte der Artikulation auch in Schubiger (1977) abgehandelt.

Eine sehr ausführliche Systematik der Produktion von Konsonanten und Vokalen sowie ihrer phonetischen Transkription nach dem IPA gibt wiederum Pompino-Marschall (2009). Weniger detailliert ist die entsprechende Darstellung von Pétursson/Neppert (1996), welche die artikulatorischen Parameter durch Transkriptionsbeispiele für die jeweiligen Lautproduktionen in tabellarischen Übersichten illustriert. Ähnlich wird in Kohler (1995) die Darstellung der allgemeinen artikulatorischen Parameter mit Lautbeschreibungen (vor allem des Deutschen) verknüpft. In Schubiger (1977) ist die systematische Beschreibung der Bildung und phonetischen Transkription von Vokalen sowie Konsonanten trotz gedrängter Darstellung mit relativ reichhaltigen Belegen vorwiegend aus europäischen Sprachen versehen. Weiters sei hier noch auf Himstedt (1992) verwiesen, wo die „Lautbildungsmöglichkeiten des Menschen", veranschaulicht anhand zahlreicher Sagittalschnitte, zusammengestellt sind.

Zu den verschiedenen Störungsbildern aller Teilprozesse der Lautproduktion ist die facheinschlägige (phoniatrische) Literatur, wie Böhme (1997), Friedrich/Bigenzahn/Zorowka (2013), Nawka/Wirth (2008), Wirth (2000) zu konsultieren. Unter logopädisch-therapeutischem Blickwinkel werden artikulatorische Störungen z.B. in Fox (2011), Klose/Kritzer/Pretzsch (2009) und Weinrich/Zehner (2011) behandelt. Einen eher linguistisch-phonetischen Zugang zu Stimm- und Sprechstörungen vermittelt das englischsprachige Werk „Phonetics for Speech Pathology" von Ball (1993), das auch in die Transkriptionskonventionen für abweichende Phonation und Artikulation einführt.

Speziell zur Transkription sowohl von normaler als auch pathologischer Sprache bieten die „Phonetische Transkription" von Vieregge (1989) und die „Patho-Symbolphonetik" von Vieregge (1996) nicht nur ausführliche Beschreibungen, sondern auch reichhaltiges Demonstrations- und Übungsmaterial auf Audiocassetten (1989) bzw. Audio-CD (1996).

Für den web-basierten Einstieg in das Studium der Phonetik bieten sich neben der Homepage der International Phonetic Association (s. S. 42, Anm. 1) vor allem die Homepage des Lehrstuhls für Phonetik/Phonologie der Humboldt-Universität Berlin (http://www2.hu-berlin.de/phonetik [15.07.2015]) und die (englischsprachige) Homepage „Online phonetics resources" der University of North Carolina (http://www.unc.edu/~jlsmith/pht-url.html [15.07.2015]) an. Beide URLs führen über zahlreiche Links zu einer Fülle an Websites, die nicht nur Text-, Audio- und Videomaterial zu allen Teilaspekten der Phonetik enthalten, sondern auch den Zugang zu weiteren phonetisch ausgerichteten Instituten bzw. Institutionen eröffnen.

Übungsaufgaben Kapitel 2 [nach Abschnitt 2.1]

Ü-5 a) In welche drei Teilprozesse lässt sich die Sprachlautproduktion gliedern?

b) Warum sollte man die Artikulationswerkzeuge eigentlich nicht „Sprech*organe*" nennen?

Ü-6 Versuchen Sie, eine möglichst lange Passage (am besten aus diesem Buch) in „einem Atemzug" laut zu lesen, und beobachten Sie dabei die Aktivität Ihrer Bauchmuskulatur gegen Ende der Passage (also kurz bevor Ihnen „die Luft ausgeht"). Welche Wirkung hat diese Aktivität der Bauchmuskulatur auf das Zwerchfell?

Ü-7 a) Wie heißt der am häufigsten zur Lautbildung verwendete Luftstrommechanismus?

b) Was versteht man unter Phonationsatmung?

Übungsaufgaben [nach Abschnitt 2.2]

Ü-8 a) Aus welchen Knorpeln besteht der Kehlkopf?

b) Welche (inneren) Kehlkopfmuskel fungieren als Glottisschließer bzw. als -öffner?

Ü-9 a) Wovon ist die Höhe (Frequenz) des Stimmtons abhängig?

b) Was versteht man unter Jitter bzw. unter Shimmer?

Ü-10 a) In welcher Stellung befinden sich die Stimmbänder bei stimmlosen bzw. bei stimmhaften Lauten?

b) Wodurch unterscheidet sich hinsichtlich Schwingungsverhalten der Stimmbänder und Glottisstellung die Knarr- von der Murmelstimme?

Ü-11 Mit welchen der in Abb. 2-6 wiedergegebenen Glottisstellungen *beginnen* die folgenden deutschen Wörter?

(a) <Haus>   (b) <Folge>   (c) <Mann>   (d) <aus>

(e) <Band>   (f) <Hand>   (g) <Ei>   (h) <Sonne>

Ü-12 Mit welchen phonetischen Mitteln wird im deutschen Wortpaar <halt>/<alt> der Bedeutungsunterschied ausgedrückt?

Übungsaufgaben [nach Abschnitt 2.3]

Ü-13 Ordnen Sie die folgenden Artikulationsstellen in der Reihenfolge, wie sie der Luftstrom der Ausatmungsluft beim Sprechen passiert.

(a) Palatum (b) Uvula (c) Lippen (d) Zähne
(e) Velum (f) Larynx (g) Alveolen (h) Pharynx

Ü-14 Ordnen Sie die folgenden Ausdrücke einander zu (z.B. Gaumensegel-Velum: 2c)
1) Lippen – 2) Gaumensegel – 3) Zungenspitze – 4) Stimmritze – 5) Rachen
6) Gaumenzäpfchen – 7) Kehlkopf – 8) Zähne – 9) Zungenrücken;
a) Dorsum – b) Larynx – c) Velum – d) Labia – e) Apex
f) Dentes – g) Glottis – h) Uvula – i) Pharynx

Ü-15 a) Wodurch unterscheiden sich Plosive von Nasalkonsonanten?

b) Welchen Weg nimmt der Luftstrom bei Lateralen?

Ü-16 a) Welche Laute (Artikulationsarten) werden als Liquide zusammengefasst?

b) Mit welchem Begriff fasst man Plosive, Frikative und Affrikaten zusammen?

Übungsaufgaben [nach Abschnitt 2.4]

Ü-17 a) Welche Angaben sind zur artikulatorischen Beschreibung von Konsonanten notwendig?

b) Welche Angaben sind zur artikulatorischen Beschreibung von Vokalen notwendig?

Ü-18 Welche artikulatorischen Eigenschaften sind den folgenden Konsonantengruppen gemeinsam?

a) [p t k] b) [b d g] c) [f s ç] d) [v z j] e) [m n ŋ]
f) [p b m] g) [s d n] h) [ŋ x g] i) [l d r] j) [ʔ h]

Ü-19 Welche artikulatorischen Eigenschaften sind den folgenden Vokalgruppen gemeinsam?

a) [i e ɛ] b) [u o ɔ] c) [y ø œ] d) [e ø o] e) [a ɑ]
f) [i y u] g) [ɛ œ ɔ] h) [i ɛ a] i) [ɑ o u] j) [ə ɐ]

Ü-20 Welche artikulatorischen Eigenschaften sind den folgenden aus Konsonanten und Vokalen bestehenden Lautgruppen gemeinsam?

a) [i ɛ ç j̊] b) [ŋ u ɔ g] c) [m n ɔ̃ ɑ̃]

Ü-21 Geben Sie zu den folgenden Lauten jeweils das Zeichen für das *stimmlose* Gegenstück an.

a) [v] b) [ʒ] c) [g] d) [b] e) [ʝ] f) [d] g) [z]

Ü-22 Geben Sie zu den folgenden Lauten jeweils das Zeichen für das *stimmhafte* Gegenstück an.

a) [f] b) [p] c) [s] d) [ç] e) [ʃ] f) [k] g) [t]

Ü-23 Geben Sie zu den folgenden Vokalen jeweils das Zeichen für das *gerundete* Gegenstück gleicher Zungenhöhe und Artikulationsstelle an (z.B. [i] → [y]):
a) [e] b) [ɛ] c) [ɪ] d) [i]

Ü-24 Geben Sie zu den folgenden Vokalen jeweils das Zeichen für das *palatale* bzw. *velare* Gegenstück gleicher Zungenhöhe und Lippenrundung an (z.B. [y] → [u]):

a) [ø] b) [ɔ] c) [ʏ] d) [œ]

Ü-25 a) Bei welchen Lauten bzw. Lautgruppen ist die Zunge *nicht* Artikulationsorgan?

b) Wodurch unterscheiden sich – abgesehen von der Artikulationsstelle – die Laute [θ], [s] und [ʃ]?

Ü-26 a) Inwiefern sind dentolabiale Frikative und labiodentale Plosive atypische Artikulationen?

b) Was sind Sekundärartikulationen und wie werden die (Zusatz-)Zeichen genannt, mit denen sie transkribiert werden?

3 SUPRASEGMENTALIA

Im vorangegangenen Kapitel wurden minimale Lautsegmente (Phone) unter artikulatorischem Blickwinkel beschrieben. Es gibt aber auch bestimmte phonetische Eigenschaften lautsprachlicher Äußerungen, die über das einzelne Segment hinausreichen. Sie werden daher *suprasegmentale Eigenschaften* oder kurz *Suprasegmentalia* genannt.

> Als *Suprasegmentalia* gelten die Tonhöhe, die Lautstärke und die Dauer. Diese lautlichen Erscheinungen sind an größere Einheiten (Silbe, Wort, Phrase, Satz) gebunden und lassen sich daher nur in einem segmentübergreifenden (d.h. suprasegmentalen) Bezugsrahmen bestimmen.

Wir wollen das an einem Beispiel verdeutlichen: Jedes stimmhafte Segment hat eine bestimmte (inhärente) Grundfrequenz, Intensität und Dauer. Wenn dieses Segment z.B. hervorgehoben (akzentuiert) werden soll, müssen sich die Grundfrequenz bzw. die Intensität bzw. die Dauer (oder alle drei Parameter) dieses Segments von den umgebenden Segmenten unterscheiden. Ob ein Segment, wie z.B. der erste Vokal [a] in <Bahndamm>, mit – vereinfacht gesagt – höherer Stimme, größerer Lautstärke oder längerer Dauer gesprochen wird, lässt sich nur in Bezug auf andere Segmente (z.B. das zweite [a] in <Bahndamm>) angeben.

Die Funktionen der Suprasegmentalia sind sehr vielfältig. So können beispielsweise die Stimmhöhe und Stimmqualität sowohl eine *indexikalische Funktion* (z.B. Hinweis auf Geschlecht oder Alter des Sprechers) als auch *paralinguistische Funktionen* übernehmen (z.B. Flüsterstimme als Zeichen für eine vertrauliche Mitteilung). Überdies zeigen Tonhöhe, Lautstärke u.a. auch den emotionalen Zustand des Sprechers an, haben also *expressive Funktion*. Wir wollen uns hier aber auf die wesentlichste, nämlich die *sprachliche Funktion* der Suprasegmentalia beschränken.

Die sprachliche Funktion der Suprasegmentalia besteht einmal darin, auf Silben-, Wort- oder Satzebene *Bedeutungen zu differenzieren*. Eine weitere wesentliche Funktion haben sie für die *rhythmische Gliederung* einer Äußerung. Diese sprachlichen Funktionen der Suprasegmentalia werden oft unter dem Begriff *prosodische Eigenschaften* oder *Prosodie* zusammengefasst. Damit ist eine (mögliche) Differenzierung des Gesichtspunkts impliziert, von dem aus die den Einzellaut übergreifenden Erscheinungen betrachtet werden: Demnach wären sie unter phonetischem Blickwinkel als „suprasegmental" zu bezeichnen, unter phonologischem (d.h. sprachfunktionalem) Blickwinkel als „prosodisch". Auch wenn in unseren weiteren Ausführungen die sprachlichen Funktionen der Suprasegmentalia im Vordergrund

Vgl. griech. *prosodía* – „Dazugesang". Dieser Terminus vermittelt die – falsche – Annahme, Akzentuierung und Sprechmelodie seien sekundäre, zu den Segmenten „dazugesungene" Eigenschaften. Tatsächlich treten segmentale und suprasegmentale Eigenschaften in jeder sprachlichen Äußerung immer *zugleich* auf.

[1] Allerdings werden prosodische oder suprasegmentale Erscheinungen je nach phonetischer oder phonologischer Perspektive unterschiedlich *benannt*: a) Lautdauer, b) phonetische Prominenz (abhängig von Lautdauer, Tonhöhenverlauf, Lautstärke und Lautqualität) und c) Tonhöhe sind mess- und wahrnehmbare *phonetische* Größen. Nach ihrer sprachfunktionalen Stellung werden diese Größen *phonologisch* als a) Quantität, b) Wort- bzw. Satzakzent und c) Ton bzw. Intonation bezeichnet.

[2] Die Indices $_s$ und $_w$ stehen für engl. *strong* (stark) und *weak* (schwach).

stehen sollen, werden wir – dem gängigen Sprachgebrauch folgend – die Termini „suprasegmental" und „prosodisch" synonym verwenden[1].

3.1 Prosodische Einheiten

> **Die bedeutungsdifferenzierende und/oder rhythmisch gliedernde Funktion der Suprasegmentalia ist an bestimmte, den Einzellaut übergreifende, prosodische Einheiten (*Domänen*) gebunden. Diese Einheiten können unterschiedlich groß sein und sind hierarchisch aufgebaut.**

Die kleinste segmentübergreifende prosodische Einheit ist die *Silbe* (symbolisiert durch den griechischen Buchstaben Sigma: σ), deren Eigenschaften und Struktur wir im nächsten Abschnitt näher erläutern wollen.

Die nächsthöhere Stufe ist der *Fuß* (symbolisiert durch F), in welchem starke (akzentuierte) und schwache (nicht akzentuierte) Silben zusammengefasst werden. Ein Fuß enthält immer genau eine starke Silbe ($σ_s$), der fakultativ eine oder zwei schwache Silben ($σ_w$) vorangehen oder folgen können.[2] Dadurch ergeben sich Fußtypen, die mit Namen aus der traditionellen Verslehre (Metrik) bezeichnet werden (Abb. 3-1): *Trochäus* ($σ_s$ $σ_w$), *Iambus* ($σ_w$ $σ_s$), *Daktylus* ($σ_s$ $σ_w$ $σ_w$) und *Anapäst* ($σ_w$ $σ_w$ $σ_s$).

Auf der nächsten Stufe folgt das sog. *phonologische Wort* (symbolisiert durch griech. Omega: ω), das im Allgemeinen dem einfachen morphologisch-lexikalischen Wort entspricht. Die Abb.

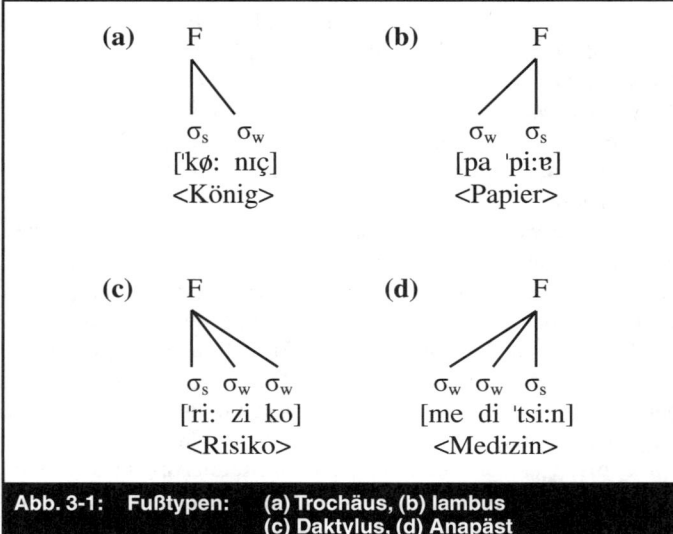

Abb. 3-1: Fußtypen: (a) Trochäus, (b) Iambus
(c) Daktylus, (d) Anapäst

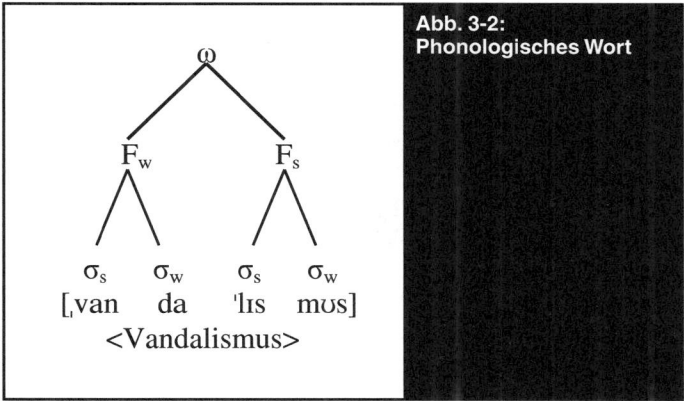

Abb. 3-2: Phonologisches Wort

3-2 zeigt die Fuß- und Silbenstruktur des phonologischen Wortes <Vandalismus>, das sich aus einem starken und einem schwachen Fuß zusammensetzt. Der Hauptakzent des Wortes liegt auf der starken Silbe im starken Fuß, der Nebenakzent auf der starken Silbe im schwachen Fuß.

Oberhalb der Wortebene steht die *phonologische Phrase* (symbolisiert durch griech. Phi: φ), in der phonologische Wörter zu Syntagmen (z.B. Nominal-, Verbal-, Präpositionalphrasen) zusammengefasst sind (Abb. 3-3).

Dann folgt die *Intonationsphrase* (symbolisiert durch IP) als Domäne der Intonationskontur. Eine solche Intonationsphrase kann für sich allein schon eine (meist kurze) Ausdruckseinheit darstellen, d.h. sie kann ein ganzer „Satz" sein (wie in Abb. 3-3), aber ebenso gut nur einzelne Teile eines Satzes umfassen. Solche Satzteile mit eigener intonatorischer Phrase sind z.B. Parenthesen (Schaltsätze) und Appositionen (vgl. Abb. 3-4).

Die höchste Ebene der prosodischen Hierarchie bildet die *phonologische Äußerung* (symbolisiert durch PÄ), die aus einer bzw. mehreren Intonationsphrasen besteht und in der Regel einen Satz umfasst (Abb. 3-4).

Prosodische Hierarchie

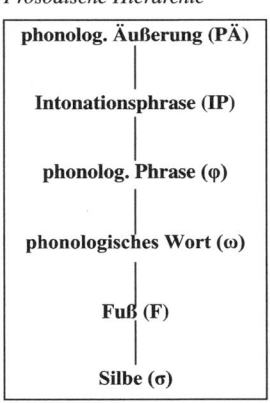

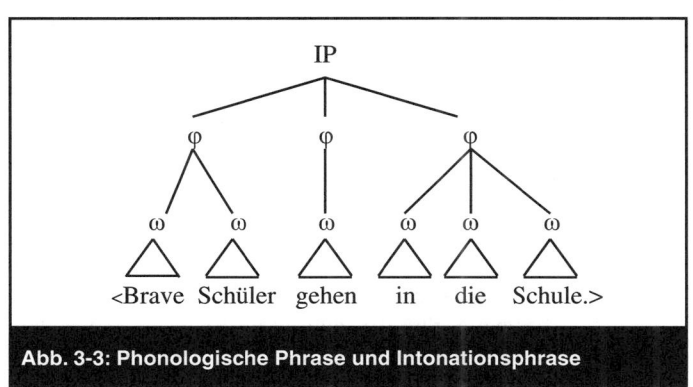

Abb. 3-3: Phonologische Phrase und Intonationsphrase

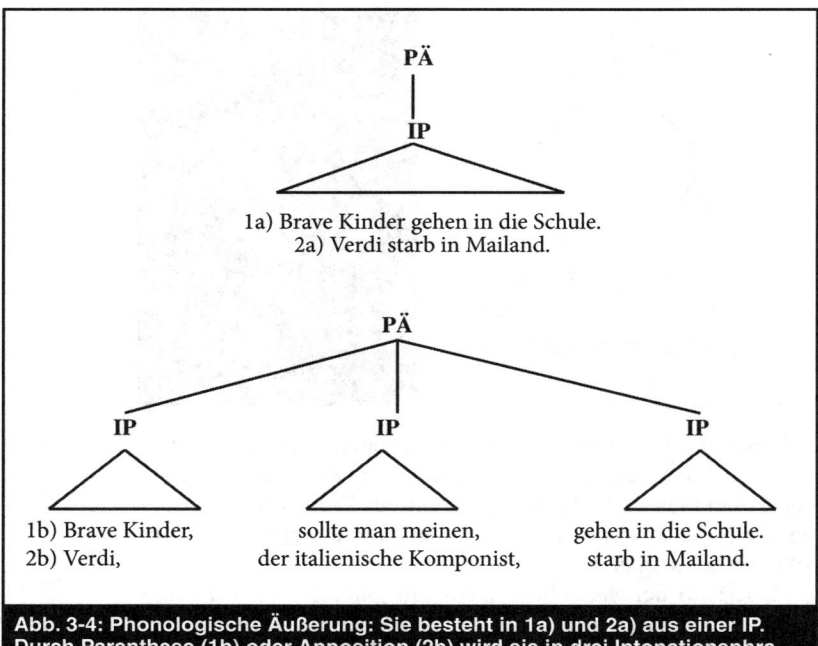

Abb. 3-4: Phonologische Äußerung: Sie besteht in 1a) und 2a) aus einer IP. Durch Parenthese (1b) oder Apposition (2b) wird sie in drei Intonationsphrasen unterteilt.

3.2 Silbe

> Die *Silbe* ist die kleinste segmentübergreifende prosodische Einheit, auf der suprasegmentale Merkmale wie Akzent, Intonation und Rhythmus aufbauen.

Jeder Sprecher ist in der Lage, Äußerungen seiner Muttersprache intuitiv in Silben (*Sprechsilben*) zu zerlegen. Dennoch ist das Wesen und die Bedeutung der Silbe in phonetischer und phonologischer Hinsicht keineswegs unumstritten. Die wesentlichsten Charakteristika der Silbe werden im Folgenden kurz dargestellt.

3.2.1 Nach *phonetischen* Kriterien unterscheidet man üblicherweise die Bewegungssilbe und die Schallsilbe. Diese Unterscheidung spiegelt die physiologischen Bedingungen der Sprachproduktion und der auditiven Wahrnehmung wider.

Die *Bewegungssilbe* ist definiert als artikulatorische Öffnungsbewegung von einem silbeninitialen Konsonanten zum vokalischen Silbenkern (und allenfalls als Schließbewegung zum Anfangskonsonanten der nächsten Silbe). Diese natürliche Artikulationsbewegung von Verschluss bzw. Enge zur vokalischen Öffnung macht die Silbe zu einer elementaren Produktionseinheit. Aus der abwechselnden Folge von artikulatorischen Schließ- und

Öffnungsbewegungen resultiert der auditive Kontrast zwischen schallschwächeren und schallstärkeren Signalanteilen. Dieser Wechsel entspricht offenbar den natürlichen Gegebenheiten unseres Sprechapparats bzw. unseres Gehörs besser als relativ gleich bleibende Artikulationsbewegungen bzw. akustische Signale.

Unter diesem Aspekt ist auch die *Schallsilbe* zu sehen, die als Abfolge von Obstruktion und Sonorität definiert ist. In einem einsilbigen Wort wie z.B. dt. <Tat> wechselt der schallschwächere, konsonantische Silbenanfang mit dem schallstärkeren, vokalischen Silbenkern und dieser wiederum mit dem schallschwächeren, konsonantischen Silbenende.

Trotz dieser relativ klaren Definitionen der phonetischen Silbe lassen sich die Grenzen zwischen einzelnen Silben in der phonetischen Substanz keineswegs immer exakt bestimmen. Es kann vorkommen, dass ein konsonantisches Segment weder dem vorhergehenden noch dem nachfolgenden Vokal silbisch eindeutig zuzuordnen ist. Ein solches Segment, wie z.B. das [t] in dt. [ˈmɪtə] <Mitte>, das zugleich das Ende der einen als auch den Anfang der folgenden Silbe bildet (ausgedrückt durch den Punkt unter dem [t]), wird *ambisyllabisch* genannt. Diesen einzigen zwischen zwei Silbenkernen liegenden Konsonanten bezeichnet man daher auch als *Silbengelenk*. Damit kommt zum Ausdruck, dass das Wort aus den Silben [mɪt] und [tə] besteht und der Konsonant [t] zu beiden Silben gehört. Dagegen ist ein eindeutig einem Silbenkern zuzuordnender Konsonant *tautosyllabisch* zu diesem Silbenkern bzw. *heterosyllabisch* zu anderen Silbenkernen.¹ So gilt etwa das [t] im zweisilbigen Wort [ˈmiːtə] <Miete> als tautosyllabisch zum Kernvokal [ə] der zweiten Silbe und als heterosyllabisch zum Kernvokal [iː] der ersten Silbe.

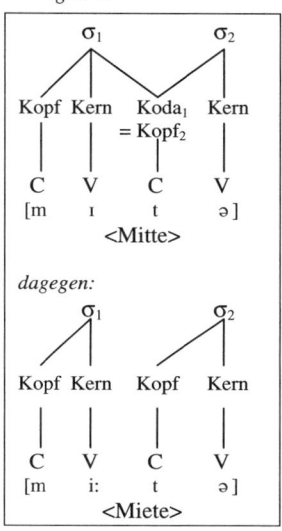

Silbengelenk

dagegen:

¹ lat. *ambi* – von zwei Seiten
gr. *tauto* – dasselbe
gr. *héteros* – verschieden

3.2.2 Die *phonologische* Struktur einer Silbe ist von der grundlegenden Zweiteilung in den (vokalischen) *Silbenkern* (V) und die (konsonantische) *Silbenschale* (C) bestimmt. Die Silbenschale wiederum besteht aus dem *Silbenkopf* (oder *Anfangsrand*) und der *Silbenkoda* (oder *Endrand*); Silbenkern und -koda bilden zusammen den *Reim*. In Abb. 3-5 ist die interne Struktur einer Silbe dargestellt.

Jede Silbe besteht aus einem *obligatorischen* Silbenkern, d.h. sie muss einen Kern (*Nukleus*) haben, der meist ein Vokal ist. Aber auch Sonoranten (Liquide und Nasalkonsonanten) können den Silbenkern bilden, wie z.B. in unbetonten Auslautsilben des Dt. (vgl. [reːdn̩] <reden>, [leːbm̩] <leben>, [eːdl̩] <edel>). Die Silbenschale hingegen ist *fakultativ*, d.h. sie kann fehlen.

Je nach dem Vorhandensein der fakultativen Silbenschale unterscheidet man hinsichtlich des Anfangsrandes *nackte* Silben (ohne Silbenkopf, z.B. <ein, All>²) und *bedeckte* Silben (mit Silbenkopf, z.B. <Bein, Ball>). Hinsichtlich des Endrandes unterscheidet man *offene* Silben (ohne Silbenkoda, z.B. <da, so, bei>) und *geschlossene* Silben (mit Silbenkoda, z.B. <dann, Sohn, beim>).

² Berücksichtigt man aber, dass in der dt. Orthophonie allen auf Vokal anlautenden Wörtern ein fester bis harter Stimmeinsatz (glottaler Verschlusslaut [ʔ]) vorangeht, wären <ein>, <All>, usw. bedeckte Silben.

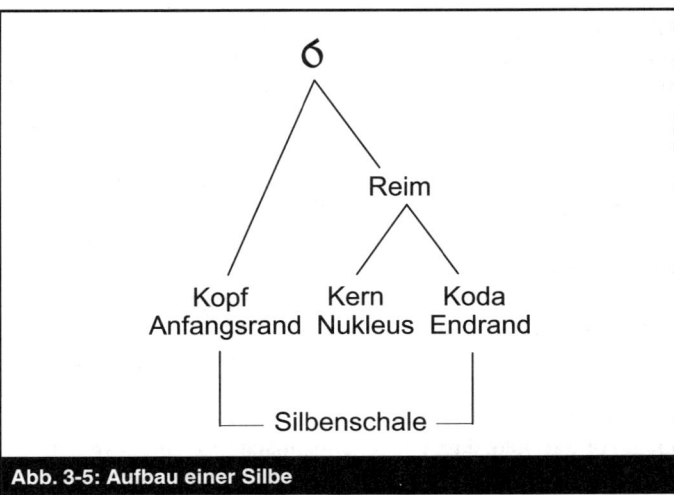

Abb. 3-5: Aufbau einer Silbe

Diese verschiedenen Silbentypen sind in Abb. 3-6 zusammengefasst. Der Anfangs- bzw. Endrand in b) - d) wird als *einfach* bezeichnet, weil er jeweils nur einen Laut enthält. Enthalten Anfangs- oder Endrand mehrere Laute, so sind sie *komplex*. Das dt. Wort /kraftvɛrk/ <Kraftwerk>, dessen silbische Struktur in Abb. 3-7 dargestellt ist, besteht demnach aus zwei bedeckten, geschlossenen Silben, wovon der Anfangsrand der zweiten Silbe einfach ist, alle übrigen Silbenränder hingegen komplex.

Eine Silbe könnte theoretisch aus dem obligatorischen Kern bestehen (= nackte, offene Silbe), um den herum konsonantische Segmente in beliebiger Anzahl und Reihenfolge gruppiert sind. Tatsächlich unterliegt aber die Silbenstruktur gewissen Regeln bzw. Beschränkungen, die einerseits sprachspezifisch sind, d.h. je nach Einzelsprache unterschiedliche Geltung haben, und andererseits aus universellen Bedingungen für die ideale Silbe resultieren.

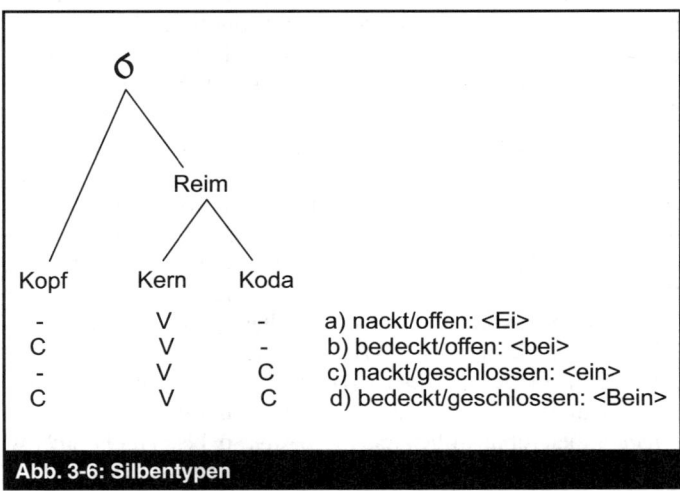

Abb. 3-6: Silbentypen

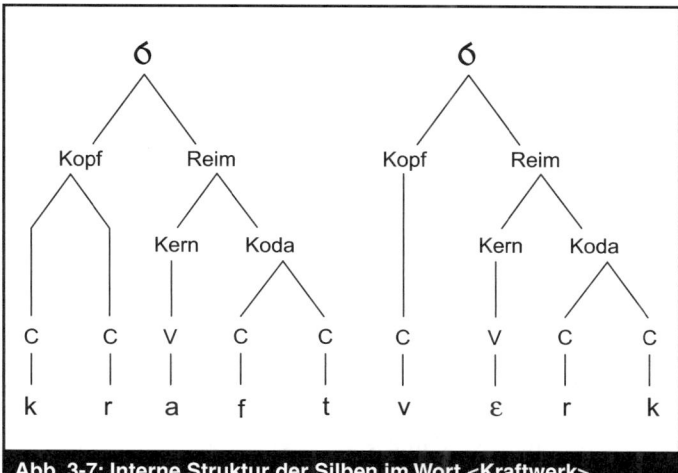

Abb. 3-7: Interne Struktur der Silben im Wort <Kraftwerk>

Die natürlichste – und daher in den Sprachen der Welt am weitesten verbreitete – Silbenstruktur ergibt sich aus *einem* initialen Konsonanten und einem Vokal (CV-Silbe), wie sie z.B. auch schon in den frühkindlichen Lautsequenzen (z.B. [pa-pa], [ma-ma]) auftritt. Bei unserem dt. Beispiel in Abb. 3-7 haben wir es hingegen mit wesentlich komplexeren Silben (CCVCC bzw. CVCC) zu tun. Die zulässigen Silbenstrukturen des Deutschen reichen von einfachen, nur aus dem Kern bestehenden Silben (<Ei>[1]) über (maximal) drei Konsonanten am Anfangsrand und (häufig) zwei bis drei Konsonanten am Endrand (<Strumpf>, <Brand>, <Kunst>) bis hin zu Endrändern mit vier oder fünf Konsonanten (<ernst>, <schimpfst>). In anderen Sprachen, wie etwa in den romanischen Sprachen oder im Türkischen, sind nur wesentlich einfachere Silbenstrukturen zulässig. Generell kann man sagen, dass einfachere Strukturen den komplexeren vorgezogen werden.

Darüber hinaus gibt es noch einzelsprachliche Positions- und Kombinationsbeschränkungen, die den Gegenstand der *Phonotaktik* bilden. So kann etwa im Dt. ein [ŋ] nie im Wort- oder Morphemanlaut stehen (*Positionsbeschränkung*); nach [ʃp-] im Silbenanlaut können als Konsonanten nur Liquide (<springen>, <Splitter>), nach [ʃt-] überhaupt nur Vibranten (<Strom>) stehen (*Kombinationsbeschränkung*).

Die – in gewissen Grenzen – universell gültigen Bedingungen für die *ideale Silbenstruktur* beruhen auf artikulatorischen bzw. auditiven Gegebenheiten der menschlichen Sprachproduktion und -wahrnehmung. Das Prinzip der kontinuierlichen Abfolge von Obstruktion und Sonorität schlägt sich im so genannten *Allgemeinen Silbenbaugesetz* nieder. Danach sollten nämlich in der idealen Silbe die Ränder spiegelbildlich so strukturiert sein, dass im Anfangsrand die Sonorität zum Silbenkern hin zunimmt und von diesem weg im Endrand entsprechend abnimmt. Dies ist aber nur möglich, wenn die Segmente einer *Sonoritätshierarchie*

[1] Ein Diphthong als Silbenkern besteht im Dt. aus einem Vokal und einem nachfolgenden, nichtsilbischen Halbvokal (fallender Diphthong). Daher kann auch der Silbenkern nicht mit dem – gelegentlich synonym verwendeten – Begriff *Silbengipfel* gleichgesetzt werden, weil in Diphthongen eben nur ein Element (der [Voll-]Vokal) den Silbengipfel bildet, während der Halbvokal ein „unsilbisches" Element des Silbenkerns darstellt.

unterliegen, nach der sie sich in aufsteigender bzw. absteigender Reihenfolge um den Silbenkern anordnen. Tatsächlich lässt sich für die einzelnen Laute bzw. Lautklassen eine solche Hierarchie finden, bei der die Sonorität zwischen den beiden Extremen 'maximale Schließung' (geringste Sonorität) und 'maximale Öffnung' (größte Sonorität) folgendermaßen ansteigt:

    a) Plosive (stimmlos, stimmhaft)
    b) Frikative (stimmlos, stimmhaft)
    c) Nasale
    d) Liquide
    e) Approximanten (Halbvokale)
    h) Vokale (geschlossene, mittlere, offene).

Lässt man die Stimmhaftigkeit der Obstruenten außer Acht, ergibt sich folgende spiegelbildliche Anordnung der Lautklassen (abgekürzt mit ihren Anfangsbuchstaben) um den vokalischen Silbenkern:

(zum Silbenkern hin zunehmende Sonorität)

Die folgende Auswahl einsilbiger dt. Wörter scheint diesen Zusammenhang von Sonoritätshierarchie und Silbenbau zu bestätigen.

	P	F	N	L	V	L	N	F	P	
a)				r	o					<roh>
b)		z			e					<See>
c)		f		r	y					<früh>
d)		ʃ	n		e					<Schnee>
e)		h			ɛ	l	m			<Helm>
f)	k				ɛ	r	n			<Kern>
g)	k		n		i					<Knie>
h)	k	v			e	r				<quer>
i)	k			r	a			f	t	<Kraft>
j)	p	f		r	i		m			<Pfriem>
k)	p	f		l	ɪ			ç	t	<Pflicht>
l)	t	s			a	r			t	<zart>
m)	(ʔ)				ɛ	r	n	s	t	<ernst>

Nun gibt es aber im Deutschen (ebenso wie in vielen anderen Sprachen) auch Silben, die *nicht* dem allgemeinen Silbenbaugesetz entsprechen. In Wörtern wie [ʃtrɛŋ] <streng>, [ʃprʊŋ] <Sprung> steht im Anfangsrand ein Frikativ *vor* einem Plosiv, in den Wörtern [kɔpf] <Kopf>, [ʃats] <Schatz>, [klaps] <Klaps>, [hypʃ] <hübsch> steht im Endrand ein Frikativ *nach* einem Plosiv und in Wörtern wie [ʃtrʊmpf] <Strumpf>, [ʃtɔlts] <Stolz> zeigen sowohl Anfangs- als auch Endrand eine Umkehrung der nach dem Silbenbaugesetz zu erwartenden Abfolge der Lautklassen Plosiv und Frikativ[1].

Daraus ist ersichtlich, dass eine sprachliche Regularität, wie das Silbenbaugesetz, nicht als unumstößliche Gesetzmäßigkeit zu verstehen ist, sondern vielmehr als eine allgemeine Tendenz, bestimmte Silbenstrukturen zu bevorzugen (*Silbenpräferenzen*). Die Existenz von – meist sprachspezifisch wiederum regelhaften – Ausnahmen ist daher eher als Bestätigung denn als Widerlegung der behaupteten Präferenzgesetze zu betrachten.

Auch die beiden Silben unseres dt. Beispiels in Abb. 3-7 entsprechen für sich genommen den universellen Strukturbedingungen. Allerdings wäre nach diesen Kriterien auch eine *Syllabierung*[2] in */kraf$tverk/*[3] möglich, ja eigentlich nach den Silbenpräferenzgesetzen sogar vorzuziehen; dadurch hätte nämlich die erste Silbe eine präferierte, kürzere Koda mit größerer Sonorität, die zweite Silbe einen ebenso präferierten Kopf mit möglichst geringer (stimmloser Plosiv) und zum folgenden Silbenkern rasch zunehmender Sonorität (stimmhafter Frikativ). Dass dennoch korrekt in /kraft$verk/ syllabiert wird, hängt wiederum mit sprachspezifischen Regeln der Syllabierung zusammen: In unserem dt. Beispiel sind das die Bewahrung von Morphemgrenzen (<Kraftwerk> ist eben ein Kompositum aus den Lexemen <Kraft> und <Werk>) und die unzulässige Verbindung */tv-/ im Silbenanlaut[4].

Abschließend sei daher noch einmal hervorgehoben, dass die Silbe sowohl unter artikulatorischer und akustisch-auditiver als auch unter struktureller Perspektive zu betrachten ist. Die maximale Kontrastierung zwischen Öffnung und Schließung bewirkt die optimale artikulatorische Gliederung des Lautstroms[5] und schafft so eine universelle Basis, die einzelsprachlich durch phonotaktische und morphologische Strukturbedingungen modifiziert wird.

---

[1] Bei den Segmentfolgen [pf] und [ts] handelt es sich um Affrikaten, deren Sonderstellung in der Silbenstruktur oft als Argument für die monophonematische Wertung (vgl. 4.2.1) angeführt wird.

[2] Zusammenfassung von Lautsegmenten in Silben

[3] Das Zeichen $ symbolisiert die Silbengrenze, das Sternchen * kennzeichnet eine unkorrekte Form.

[4] Vgl. dagegen /auf$trag/, wo durch die Syllabierung unter Bewahrung der Morphemgrenze eine zulässige Verbindung /tr-/ (vgl. <tragen>, <trennen>) im Kopf der zweiten Silbe steht.

[5] Man vgl. den Abbau dieser artikulatorischen Gliederung bei bestimmten Sprechstörungen (z.B. bei Parkinsonismus) und unter Alkoholeinfluss.

Suprasegmentalia

3.3 Quantität

> Die phonologische Verwendung der Lautdauer zur Differenzierung von Bedeutungen wird als *Quantität* bezeichnet.

Dabei ist zu beachten, dass Dauer nicht mit Quantität gleichgesetzt werden darf. Die Dauer eines Segments ist eine physikalisch messbare Größe und kann *absolut* (d.h. unabhängig von anderen Segmenten) bestimmt werden. Die Quantität eines Lautes ergibt sich jedoch nur *relativ* zu anderen Lauten des betreffenden Systems. Wenn wir also von der Länge (oder Kürze) eines Lautes sprechen, ist damit bereits eine phonologische Wertung der absoluten Lautdauer verbunden. So wird der Unterschied zwischen dt. <Staat> und <Stadt> allein durch die Quantität des Vokals, d.h. durch die bedeutungsdifferenzierend eingesetzte relative Dauer der vokalischen Segmente, gewährleistet: Ein relativ langes *a* steht zu einem relativ kurzen *a* in Kontrast und bewirkt einen Bedeutungsunterschied. Dabei spielt es keine Rolle, um wie viel die Dauer des langen Vokals jene des kurzen Vokals übersteigt, ausschlaggebend ist nur, dass der Vokal in <Staat> eben länger ist als jener in <Stadt>. In der phonetischen Transkription der IPA werden lange Segmente mit nachgestelltem Doppelpunkt (z.B. [aː], [pː]) gekennzeichnet.

Neben Sprachen ohne Quantitätsopposition (z.B. Rumänisch, Spanisch) gibt es Sprachen, bei denen sowohl Konsonanten als auch Vokale unabhängig voneinander Quantität aufweisen (so genannte *echte Quantitätssprachen*), wie z.B. Ungarisch oder Finnisch (vgl. finn. /ˈtule/ ‚komm!' – /ˈtuleː/ ‚er kommt' – /ˈtulːeː/, er dürfte kommen' – /ˈtuːleː/ ‚es bläst'). Manche Sprachen haben wiederum entweder nur Konsonantenquantität, wie z.B. das Italienische (vgl. /ˈkasa/ <casa> ‚Haus' – /ˈkasːa/ <cassa> ‚Kasse'; /ˈfato/ <fato> ‚Schicksal' – /ˈfatːo/ <fatto> ‚gemacht'), oder nur Vokalquantität.

Zu Letzteren gehört das Deutsche, in welchem in betonten Silben Lang- und Kurzvokale zueinander in Opposition stehen, d.h. bedeutungsunterscheidend (distinktiv) sein können, z.B. /saːt/ <Saat> vs. /satt/ <satt>, /ˈraːtə/ / <Rate> vs. /ˈratə/ / <Ratte>.

Die Quantität betonter Vokale ist im Deutschen eng mit Unterschieden der Vokalqualität verbunden. Mit Ausnahme von /aː/, /a/ und /ɛː/ sind nämlich die betonten Langvokale geschlossen (gespannt), die betonten Kurzvokale offen (ungespannt), sodass sich folgende Paare finden:

[ˈmiːtə]	–	[ˈmɪtə]	<Miete>	–	<Mitte>
[ˈfyːlən]	–	[ˈfʏlən]	<fühlen>	–	<füllen>
[zuːxt]	–	[zʊxt]	<sucht>	–	<Sucht>
[ˈbeːtən]	–	[ˈbɛtən]	<beten>	–	<betten>

['hø:lə]   –   ['hœlə]   <Höhle>   –   <Hölle>
['ro:tə]   –   ['rɔtə]   <rote>   –   <Rotte>

Die phonologische Transkription kann den Qualitätsunterschied der betonten Vokale vernachlässigen und sich auf die Notation der Quantität beschränken, da die Qualität von der Quantität abhängig und daher **redundant** ist: /ˈmi:tə/ vs. /ˈmitə/, /ˈfy:lən/ vs. /ˈfylən/, usw.

Die Regelmäßigkeit der Verbindung von (redundanter) Qualität und (distinktiver) Quantität der betonten Vokale des Deutschen wird lediglich bei den e-Qualitäten durchbrochen. Hier gibt es nämlich neben [e:] und [ɛ] (<beten> vs. <betten>) auch [ɛ:], wie in <bäten>, ähnlich <stehlen> vs. <stellen> vs. <stählen>. Dazu muss allerdings eingeschränkt werden, dass die Unterscheidung von /e:/ und /ɛ:/ heute wohl als eine von der Schrift beeinflusste Lautung zur Differenzierung von orthographisch <e> und <ä> gelten kann, die weitgehend zugunsten von /e:/ aufgegeben wird, sodass Wortpaare wie <Beeren/Bären>, <Gewehr/Gewähr>, <Ehre/Ähre> *homophon* (d.h. gleich lautend) sind.

(lat. *redundantia* – Überfülle) hier: für die Bedeutungsdifferenzierung nicht notwendig

3.4 Akzent

> Unter *Akzent* versteht man die Hervorhebung (Akzentuierung) einer Silbe gegenüber anderen Silben eines Wortes (*Wortakzent*), einer Wortgruppe (*Phrasenakzent*) oder eines Satzes (*Satzakzent*). Diese Hervorhebung wird auch *Betonung* genannt.

Aus lat. *ad-cantus*, das wie Prosodie ursprünglich „Dazugesungenes" bedeutet. Umgangssprachlich wird (fremder) Akzent zur Bezeichnung von Aussprachecharakteristika bei Nicht-Muttersprachlern verwendet, womit sowohl suprasegmentale als auch segmentale Eigenheiten gemeint sind. Vgl. daneben auch Akzent als grafisches Zeichen, z.B. im Frz. (*café*) oder Ital. (*città*).

Betonte Silben weisen im Allgemeinen eine höhere Grundfrequenz (seltener eine niedrigere Grundfrequenz, wie etwa im Schweizerdeutschen), eine größere Lautstärke und eine größere Dauer auf als unbetonte Silben. Welche dieser drei Faktoren isoliert oder kombiniert zur Hervorhebung eingesetzt werden, ist von Sprache zu Sprache verschieden.

Bei einer Akzentuierung durch Erhöhung des Atemdrucks spricht man von einem *dynamischen Akzent*, wie er z.B. im Deutschen und Englischen vorliegt. Wird hingegen, wie im Japanischen, die Hervorhebung durch Tonhöhenänderung angezeigt, handelt es sich um einen *melodischen* (oder *musikalischen*) *Akzent*. Und die Hervorhebung durch Dauerunterschiede schließlich bezeichnet man als *temporalen Akzent*.

Da akzentuierte Silben mehr oder weniger stark gegenüber unbetonten Silben hervorgehoben werden können, unterscheidet man in der Regel einen so genannten *Hauptakzent* und einen (schwächeren) *Nebenakzent*. Die phonetische Transkription der IPA setzt für den Hauptakzent einen hochgestellten Strich [ˈ], für den Nebenakzent einen tiefgestellten Strich [ˌ] *vor* die

[1] In manchen (vor allem phonologischen) Notationen wird die betonte Silbe durch einen Akzent (hier in der Bedeutung: grafisches Zeichen) auf dem vokalischen Silbenkern gekennzeichnet: /trá:gən/ für [ˈtra:gən] <tragen>.

Akzenttypen

- **dynamischer** Akzent (Intensität)
- **melodischer** Akzent (Frequenz)
- **temporaler** Akzent (Dauer)
- **Haupt**akzent
- **Neben**akzent(e)
- **fester** Akzent vorhersagbar
- **freier** Akzent nicht vorhersagbar, potenziell distinktiv
- **Wort**akzent
- **Satz**akzent (Fokusakzent)

Suprasegmentalia

akzentuierte Silbe[1], unbetonte Silben bleiben unbezeichnet, z.B. [ˈhaftpflɪçtfɛrˌzɪçərʊŋ] <Haftpflichtversicherung>.

Die *primäre Funktion* des Akzents ist zweifellos die *rhythmische* Gliederung einer lautsprachlichen Äußerung. Diese erhält durch die Bevorzugung (*Präferenz*) bestimmter prosodischer Muster ihre sprachspezifische Struktur: In den akzentzählenden Sprachen folgen die *betonten* Silben in (annähernd) gleichmäßigem zeitlichen Abstand (d.h. *isochron*) aufeinander, während in *silbenzählenden* Sprachen zwischen den *einzelnen* Silben unabhängig von ihrer Betonung (annähernd) gleiche zeitliche Abstände liegen. Dies beeinflusst natürlich die quantitative und qualitative Ausprägung der Silben bzw. der diese Silben konstituierenden Einzellaute. Da zwischen zwei betonten Silben unterschiedlich viele unbetonte Silben liegen können, werden diese unbetonten Silben in akzentzählenden Sprachen (z.B. Deutsch, Englisch) mehr oder minder stark reduziert, um die *Isochronie* (gleiche Zeitabstände) zwischen den betonten Silben zu erhalten. Diese Reduktion führt nicht nur zur zeitlichen Kürzung vor allem des vokalischen Silbenkerns (quantitative Reduktion) und zur Änderung der Klangfarbe (qualitative Reduktion), sondern geht darüber hinaus bis zum Ausfall des Silbenkerns (im Deutschen insbesondere des Reduktionsvokals [ə]) und zu Konsonantenschwund. So wird z.B. in dt. [ˈdraɪnˌdraɪsɪç] <dreiunddreißig> das *und* zum Nasal *n* reduziert. In den silbenzählenden Sprachen (z.B. Französisch, Italienisch, Spanisch) hingegen fehlen derartig weitgehende quantitative und qualitative Reduktionen.

Die *phonologische (distinktive) Funktion* des Akzents, also die Möglichkeit, allein durch verschiedene Akzentpositionen auf der Wortebene Bedeutungen zu unterscheiden, ist davon abhängig, ob der Wortakzent gebunden oder frei ist.

Von *gebundenem Akzent* (auch: *festem Akzent*) spricht man dann, wenn er regelmäßig auf einer bestimmten Silbe im Wort liegt. Dies kann die letzte Silbe sein (wie z.B. im Französischen), die vorletzte (Polnisch) oder etwa die erste eines Wortes (Tschechisch, Ungarisch). Auf jeden Fall ist in diesen Sprachen die Akzentposition immer *vorhersagbar*.

Ein *freier Akzent* (auch: *beweglicher Akzent*) liegt vor, wenn die Position des Wortakzents einer Sprache nicht regelmäßig vorhersagbar ist, sondern auf jede beliebige Silbe fallen kann, wie z.B. im Italienischen (vgl. /médiko/ <medico> ‚Arzt', /amíko/ <amico> ‚Freund', /tʃitːá/ <città> ‚Stadt'.

Nur der freie Wortakzent kann demnach phonologische Relevanz haben, d.h. durch seine verschiedene Position in segmental ansonsten identischen Wörtern einen Bedeutungsunterschied signalisieren. So werden z.B. bei it. <ancora> die beiden Bedeutungen ‚Anker' und ‚noch' lediglich durch die (orthographisch übrigens nicht gekennzeichnete) Position des Akzents (/ánkora/ „Anker", /ankóra/ „noch") unterschieden.

Im Deutschen zeigt sich der bewegliche Akzent z.B. in Wörtern wie <Vater>, <väterlich>, <väterlicherseits>, <leben> mit Akzentuierung der ersten Silbe (Initialakzent) gegenüber <lebendig>, <Holunder> mit Betonung auf der zweiten Silbe und schließlich <Beton>, <Bäckerei> mit Akzent auf der letzten Silbe. Aus Wortpaaren wie <ˈübersetzen>[1] (ans andere Ufer) und <überˈsetzen> (in eine andere Sprache), <ˈumfahren> (fahrend umwerfen) und <umˈfahren> (ausweichen) ergibt sich die distinktive Funktion des Akzents für das Deutsche; ebenso z.B. aus <ˈAugust> (Vorname) und <Auˈgust> (Monat), <ˈKaffee> (Getränk) und <Caˈfé> (Kaffeehaus) u.a.m.

Mit dem *Satzakzent* wird der Satz als Sinneinheit angezeigt. Dabei kann der Satzakzent zwar nur auf Wortakzente der den Satz konstituierenden Wörter fallen, ohne dass aber jedem Wortakzent ein Satzakzent entspricht. So bleibt beispielsweise in dem Satz <Mein ˈBruder ist gestern nach ˈHause gekommen> der (potenzielle) Wortakzent von <ˈgestern> und <geˈkommen> unberücksichtigt, während die Wörter <ˈBruder> und <ˈHause> durch den Satzakzent hervorgehoben (fokussiert) werden; man spricht daher auch von *Fokusakzent*.

Nun könnte aber der Satzakzent im obigen Beispiel durchaus auch auf dem Wort <gestern> liegen, also <Mein Bruder ist ‖gestern nach Hause gekommen>. In diesem Fall hat der Akzent eine *kontrastierende Funktion* (angezeigt durch [‖]), indem er den Informationsgehalt des Satzes verdeutlicht (hier etwa im Sinne von: schon gestern, nicht erst heute). In gleicher Weise könnte der Satzakzent von <Der Mann sucht seine Brille> auf jedes Wort in diesem Satz fallen und würde entsprechende Kontraste vermitteln: <‖Der Mann ...> (und nicht ein anderer), <Der ‖Mann ...> (und nicht der Junge), < ...‖seine Brille> (und nicht die seiner Frau), usw. Eine besonders nachdrückliche Hervorhebung solcher Kontraste ergibt die *emphatische Funktion* des Akzents als paralinguistisches Signal. Natürlich sind kontrastierender und emphatischer Akzent auch auf der Wortebene möglich: <‖aufmachen> (nicht zumachen), <‖Überdruck> (nicht Unterdruck); <‖un‖er‖hört> (wo unter Emphase sogar jede einzelne Silbe des Wortes akzentuiert wird, um dem aufgestauten Ärger buchstäblich Luft zu machen).

Da der Satzakzent auf der Ebene der Intonationseinheit operiert, ist er eng mit der Intonation verknüpft; der Tonhöhenverlauf wird nämlich nicht zuletzt durch die Position des Akzents bestimmt, wie wir im folgenden Abschnitt noch an einigen Beispielen zeigen werden.

---

[1] Zur Vereinfachung werden hier – etwas unorthodox, aber im gegebenen Zusammenhang eindeutig – die orthographischen Wortformen mit der IPA-Akzentnotation versehen.

3.5 Intonation

> **Unter *Intonation* versteht man den Verlauf der Sprechmelodie innerhalb einer lautsprachlichen Äußerung.**

Tonhöhenunterschiede oder -bewegungen, die bereits auf der niedrigsten segmentübergreifenden Einheit, also auf der Silbe, phonologische Funktion ausüben, werden als *Töne* (oder *Toneme*) bezeichnet; sie dienen in *Tonsprachen* (z.B. Chinesisch) zur Bedeutungsdifferenzierung bei segmental gleich strukturierten Silben. So hat z.B. chin. [ma] vier verschiedene lexikalische Bedeutungen je nach Verlauf der Grundtonhöhe: hochgleichbleibend – Mutter; steigend – Hanf; fallend-steigend – Pferd; fallend – schimpfen).

Die unterschiedliche Frequenz der Stimmlippenschwingungen während der stimmhaften Abschnitte des Sprachsignals wird als Tonhöhenbewegung wahrgenommen. Diese Tonhöhenbewegungen bilden innerhalb der so genannten Intonationseinheiten bestimmte Melodieverläufe (*Konturen*) aus, die verschiedene Formen und **Funktionen** aufweisen können.

Die Tonhöhenvariation in einer Intonationseinheit bewegt sich zwischen einer relativ höheren (Dachlinie) und einer relativ niedrigeren Grundfrequenz (Basislinie); beide Linien sinken im Verlauf einer Äußerung langsam ab (*Deklination*; Abb. 3-8), was auf die allmähliche Abnahme des subglottalen Drucks und die damit verbundene Verringerung der Schwingungsfrequenz der Stimmlippen zurückzuführen ist.

In der sprachlichen Kommunikation kommt es allerdings – im Gegensatz etwa zum Gesang – nicht auf die absolute Tonhöhe bzw. auf feste Tonhöhenintervalle an, sondern vielmehr auf die Form der Tonhöhenbewegungen im Verhältnis zur mittleren Sprechstimmlage eines Sprechers.

Diese Formen ergeben sich als gleich bleibende, steigende, fallende, steigend-fallende oder fallend-steigende Ton-Konturen innerhalb der Intonationseinheit. Die Grenzen solcher Intonationseinheiten werden durch verschiedene phonetische Mittel angezeigt (*Grenzsignale*). Dazu gehört z.B. die artikulatorische *Dehnung* der letzten Silbe einer Intonationseinheit (wodurch das Ende der Intonationseinheit angezeigt wird) oder auch die linguistische *Pause*, d.h. eine nicht-zufällige, kurze Unterbrechung mit sprachlich-gliedernder Funktion.

Daraus ergibt sich bereits eine grundlegende Eigenschaft der Intonation, nämlich die *Gliederungsfunktion*. Diese trägt (gemeinsam mit dem Satzakzent) zur Strukturierung der lautsprachlichen Äußerung in zusammengehörige Sinneinheiten bei. Störungen

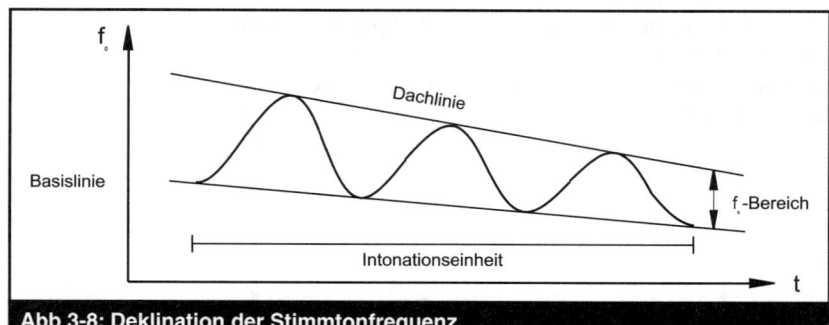

Abb 3-8: Deklination der Stimmtonfrequenz

dieser prosodisch-gliedernden Funktionen können zu erheblicher Beeinträchtigung der Sprachverständlichkeit führen.

Die *distinktive Funktion* von Intonationskonturen zeigt sich darin, dass bestimmte kontrastierende Tonhöhenmuster zur Bedeutungsdifferenzierung ganzer Äußerungen dienen. So signalisiert final steigende Intonation (*interrogatives Tonmuster*) den Satzmodus Frage, während final fallende Intonation (*terminales Tonmuster*) den Satzmodus Aussage (Feststellung, Behauptung) anzeigt. Dabei ist zu beachten, dass diese Intonationskonturen normalerweise gemeinsam mit syntaktischen Differenzierungen auftreten. Die Feststellung <Er kommt.> und die Frage <Kommt er?> unterscheiden sich nämlich nicht nur durch die fallende bzw. steigende Intonation, sondern auch durch die Inversion (Umstellung) von Subjekt und Prädikat im Fragesatz. Es gibt jedoch Sprachen mit nicht-obligatorischem Subjektpronomen, d.h. das Pronomen wird üblicherweise nicht gesetzt, da bereits aus den Endungen des Verbs die Person eindeutig hervorgeht (z.B. it. <canto, canti, canta> „ich singe, du singst, er/sie singt"). In solchen Fällen ist der Kontrast der Intonationskonturen der einzige Parameter, der den Satzmodus differenziert, z.B. it. <viene.> (mit fallender Kontur: „Er kommt.") vs. <viene?> (mit steigender Kontur: „Kommt er?").

Wie aus den eben aufgeführten Beispielen hervorgeht, werden diese Satzmodi (und die damit verbundenen Intonationskonturen) orthographisch durch eigene Interpunktionszeichen angezeigt. Auch für eine Aufforderung oder einen Befehl sieht die (dt.) Orthographie ein eigenes Interpunktionszeichen vor, wie etwa in <Kommen Sie!> mit *steil* abfallender Intonation.[1]

Doch die Möglichkeiten der Sinnvermittlung durch Intonation gehen weit über diese durch Interpunktion angedeuteten Funktionen hinaus. Mit intonatorischen Mitteln können wir auch Freude, Ärger, Überraschung ausdrücken (*expressive, emphatische Funktion*), oder – z.B. durch final gleich bleibende bzw. leicht ansteigende Tonhöhe (*progredientes Tonmuster*) – dem Gesprächspartner die Unabgeschlossenheit einer Äußerung (*Progredienz*) anzeigen (*regulative Funktion*). So lässt z.B. im Restaurant die Äußerung <Ich hätte gerne einen Rostbraten> mit final gleich bleibend höherer oder steigender Intonation auf <Rostbraten> eine Fortsetzung der Bestellung (etwa: „und dazu gemischten Salat") erwarten. Auch wenn die Wortstellung eines Aussagesatzes beibehalten wird, kann durch steigende Intonation eine Frage signalisiert werden (z.B. <Er ist gekommen?>), in der allerdings neben dem Fragemodus durchaus auch gleichzeitig Zweifel oder Verwunderung des Sprechers herauszuhören sind.

Ohne hier auf die Vielzahl der intonatorischen Muster eingehen zu können, ist zusammenfassend festzuhalten, dass die Bedeutung der Intonation je nach Kommunikationssituation ganz verschieden ist und sich auf vielfältige Weise mit der Satzbedeu-

---

Tonmuster
- **interrogativ**
  final steigend (↑)
- **terminal**
  final fallend (↓)
- **progredient**
  final gleichbleibend (→)

[1] Für die verschiedenen sinnvermittelnden Funktionen der Intonation ist nicht nur die Richtung der Kontur (steigend, fallend), sondern auch der Grad (Steilheit) des Tonhöhenanstiegs bzw. -abfalls maßgeblich.

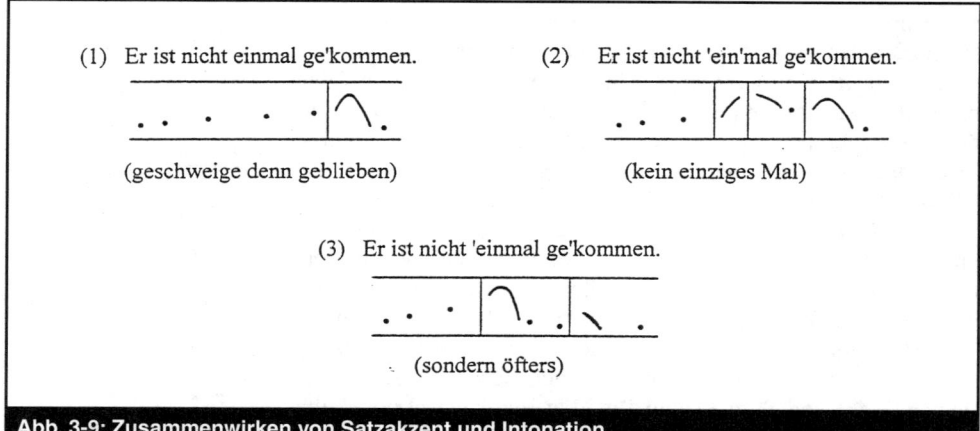

Abb. 3-9: Zusammenwirken von Satzakzent und Intonation

tung mischt. Überdies ist die Intonation in ihrer sinnvermittelnden Funktion nicht für sich allein zu betrachten, sondern steht u.a. in engem Zusammenhang mit dem Satzakzent. So kann z.B. der Aussagesatz in Abb. 3-9 <Er ist nicht einmal gekommen.> je nach Position des Satzakzents bzw. des damit gekoppelten Beginns des Tonhöhenabfalls ganz unterschiedliche Inhalte vermitteln, wie die in Klammer gesetzten paraphrasierenden Erweiterungen zeigen.

3.6 Prosodische Störungen

Als prosodische Störungen fassen wir alle Abweichungen in der Realisierung segmentübergreifender (suprasegmentaler) Eigenschaften lautsprachlicher Äußerungen zusammen. Solche Störungen der phonetischen Eigenschaften Tonhöhe, Lautstärke und Dauer können sich sowohl auf deren sprachliche, d.h. die Wort- und Satzbedeutung differenzierende, Funktion auswirken, als auch auf die rhythmisch-gliedernde Funktion. Beides hat mehr oder minder starke Beeinträchtigungen der Wahrnehmung gesprochener Sprache zur Folge und führt manchmal sogar zur Unverständlichkeit einer sprachlichen Äußerung.

Wir können hier die verschiedenen Störungsbilder bzw. ihre funktionellen oder pathologischen Ursachen nicht im Einzelnen erörtern und beschränken uns daher auf einige allgemeine Bemerkungen.

Zunächst ist einmal auf die Wechselbeziehung zwischen der Initiation, Phonation und Artikulation einerseits und der Realisierung suprasegmentaler phonetischer Eigenschaften andererseits zu verweisen. Wegen dieses engen Zusammenhangs gehen nämlich prosodische Störungen oftmals insbesondere mit *Initiations- und Phonationsstörungen*, aber auch mit Störungen der Artikulation einher. So ist – um nur einen Extremfall zu nennen – mit Ersatzphonation durch Oesophagusstimme keine der normalen Intonation bzw. Akzentuierung vergleichbare Tonhöhenvariation oder Druckänderung möglich.

Bei *Redefluss-Störungen* führt verlangsamter, unterbrochener (Stottern) bzw. hastiger, übereilter Sprechablauf (Poltern) zu einer Beeinträchtigung der rhythmisch-gliedernden Funktion der Suprasegmentalia.

Bei (hochgradigen) *Hörstörungen* wiederum ist es die verminderte bis fehlende auditive Selbstkontrolle, die sich (u.a. auch) auf die angemessene Realisierung suprasegmentaler Eigenschaften störend auswirkt.

Bei *Dysarthrie* und *(Broca-)Aphasie* manifestieren sich Abweichungen des Sprechtempos, der Akzentuierung und der Intonation in einer monotonen und/oder skandierenden Sprechweise.

Schließlich sei noch der Terminus *Dysprosodie* erwähnt, mit dem allgemein Störungen von Sprechmelodie, -rhythmus und -tempo bezeichnet werden.

Literaturhinweise Kapitel 3

Alle in den Literaturhinweisen zu Kapitel 2 erwähnten Einführungen in die Phonetik enthalten natürlich auch eine mehr oder minder umfangreiche Darstellung der Suprasegmentalia. So etwa Pétursson/Neppert (1996), Pompino-Marschall (2009) und Schubiger (1977). Unter hauptsächlich phonologischem Blickwinkel werden die Suprasegmentalia in Ternes (2012), Ramers (2001) und Hall (2011) abgehandelt. Einen guten Überblick mit zahlreichen weiteren Literaturverweisen bieten auch die Kapitel 2-3 der „Prosodie und Sprachproduktion" von Günther (1999). In Kohler (1995) findet sich nicht nur eine kurze allgemein phonetisch-phonologische Darstellung der Suprasegmentalia, sondern insbesondere auch eine detaillierte Abhandlung der deutschen Phonotaktik, der Wort- und Satzakzentregeln sowie der intonatorischen Muster des Deutschen. Eine ausführliche Analyse der Phonotaktik und Akzentregeln des Deutschen gibt auch Philipp (1974). Schließlich ist noch auf die Kapitel V-VII der Phonetik des Deutschen von Wängler (1983) zu verweisen.

Übungsaufgaben Kapitel 3

Ü-27 Beurteilen Sie die *erste* Silbe der folgenden deutschen Wörter nach dem Vorhandensein der Silbenschale als nackt/bedeckt bzw. offen/geschlossen und beschreiben Sie deren Struktur mit *C* bzw. *V* (z.B. <Wurstbrot> bedeckt/geschlossen; CVCCC).
a) <Ende>; b) <festlich>; c) <Vater>; d) <Pflichten>; (e) <Himbeere>

Ü-28 a) Hat die Vokallänge im Deutschen distinktive Funktion?

b) Warum ist das Deutsche keine echte Quantitätssprache?

Ü-29 a) Was versteht man unter melodischem, dynamischem und temporalem Akzent?

b) Ist der Wortakzent im Deutschen gebunden oder frei? Nennen Sie Beispiele.

Ü-30 a) Notieren Sie Akzent(e) und Intonationskontur für die Äußerung <Sie hat nicht einmal gekocht.> („geschweige denn gegessen").

b) Wodurch unterscheidet sich das progrediente vom terminalen Tonmuster?

4 PHONOLOGIE

> **Die Phonologie beschäftigt sich mit der Funktion und Eigenschaft von Sprachlauten als Elemente eines Sprachsystems. Ihr Gegenstand ist die *funktionelle* Seite der Sprachlaute.**

Primäre Funktion eines Sprachlauts ist die Differenzierung von Bedeutungen sprachlicher Einheiten (z.B. von Wörtern), d.h. seine *distinktive* Funktion. Dabei sind alle anderen, phonetisch durchaus beschreibbaren Eigenschaften eines Sprachlauts unwesentlich (*irrelevant*). So ist die Bedeutung der Äußerung <Das ist eine Tanne.> immer die gleiche, egal ob sie mit z.B. hoher oder tiefer, mit wohlklingender oder rauer Stimme gesprochen wird. Wenn aber das [t] in <Tanne> durch ein [k] ersetzt wird, ändert sich die Bedeutung dieser Äußerung (<Das ist eine Kanne.>). Für die Phonologie sind also nur jene Eigenschaften eines Sprachlauts relevant, die eine distinktive Funktion erfüllen, in unserem Beispiel also etwa die unterschiedliche Artikulation von [t] und [k].

Aber auch unterschiedliche Artikulationen sind für die phonologische Betrachtung irrelevant, wenn sie keine bedeutungsdifferenzierende Funktion aufweisen. So variiert die Artikulationsstelle des stimmlosen, velaren Plosivs im Deutschen in Abhängigkeit vom Folgevokal: Das [k] in <Kind> wird weiter vorne (prävelar) artikuliert, also [k̟], in <Kunst> hingegen weiter hinten (postvelar), also [k̠]. Die Verwendung eines postvelaren [k̠] in <Kind> bewirkt aber keine andere Bedeutung (ebenso wenig wie jene von prävelarem [k̟] in <Kunst>), sondern vermittelt höchstens den Eindruck einer „eigenartigen Aussprache". Der koartikulatorisch bedingte Unterschied der beiden [k]-Varianten hat im Deutschen nämlich keine distinktive Funktion und ist daher phonologisch irrelevant.

Aufgabe der Phonologie ist es also, Sprachlaute unter dem Aspekt ihrer funktionalen Eigenschaften zu analysieren, das Phonemsystem einer Sprache zu erstellen und die Regeln zu ermitteln, nach denen dieses Lautsystem funktioniert.

Die vorliegende Einführung soll jenes begriffliche Fundament bereitstellen, das sowohl für eine weitere Beschäftigung mit diversen phonologischen Fragestellungen, als auch für eine praktische Anwendung im sprachtherapeutischen Bereich unentbehrlich ist. Wir werden daher in diesem Kapitel anhand des Deutschen die Grundbegriffe der strukturalistischen Phonologie (4.1-4.3) und der Prozessphonologie (4.4) exemplifizieren und auf das Konzept der phonologischen Störungen (4.5) anwenden.

Phonologie

4.1 Phonologische Grundbegriffe

4.1.1 Vorbemerkungen

Korpus n., pl. Korpora: Sammlung einer möglichst großen Anzahl von Äußerungen, die als sprachliche Daten einer linguistischen (hier: phonologischen) Analyse zugrunde gelegt werden.

Grundlage für jede phonologische Analyse ist ein *Korpus* von möglichst vielen Äußerungen der zu untersuchenden Sprache. Diese Äußerungen liegen zunächst als kontinuierliche Lautfolgen vor, die in diskrete lautliche Einheiten, so genannte *Segmente*, aufzuteilen sind.

Der erste Teilschritt der phonologischen Analyse wird daher die *Segmentierung* genannt. Dabei geht es um die möglichst genaue phonetische Erfassung der Segmente (= Phone), die in einer engen phonetischen Transkription notiert werden.

Der zweite Teilschritt der phonologischen Analyse besteht in der *Klassifizierung* der segmentierten Phone zu Phonemen und in der Analyse der *Distribution* (Verteilung) der einzelnen Phone. Für diesen zweiten Analyseschritt sind zwei Begriffe wesentlich, die die Arten der Beziehungen (Relationen) zwischen sprachlichen Einheiten definieren: 1. syntagmatische Beziehungen und 2. paradigmatische Beziehungen.

> ***Syntagmatisch*** **heißt die Beziehung zwischen den in der Lautkette (zeitlich) aufeinander folgenden Einheiten.**

Opposition – Kontrast

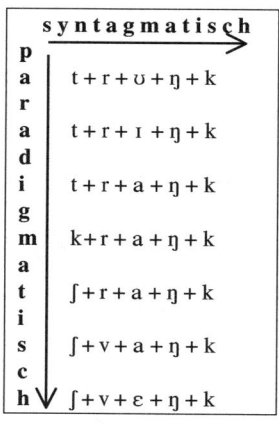

Syntagmatisch ist z.B. die Relation zwischen den Phonen [k], [r], [a], [ŋ], [k] in [kraŋk] <krank>. Um identifizierbar zu sein, muss sich jedes Phon von den unmittelbar benachbarten Phonen unterscheiden. Man sagt, dass diese Phone miteinander kontrastieren oder auch zueinander in *Kontrast* stehen. Solche syntagmatischen Beziehungen sind gewissen sprachspezifischen Beschränkungen (*Restriktionen*) unterworfen. So ist etwa im Anlaut deutscher Wörter wohl die Kombination [k]+[r] (<krank>, <Kraft> usw.) zulässig, nicht aber die umgekehrte Kombination [r]+[k] (*<rkank>, *<rkaft>). Das Teilgebiet der Phonologie, in welchem die Regularitäten der Beschränkungen möglicher syntagmatischer Lautbeziehungen formuliert werden, ist die *Phonotaktik*, die wir im Zusammenhang mit der Silbenstruktur bereits ausführlicher behandelt haben.

> ***Paradigmatisch*** **heißt die Beziehung zwischen Einheiten, die an der gleichen Stelle in einer Lautkette (d.h. in der gleichen lautlichen Umgebung) füreinander einsetzbar sind.**

[1] Die Ausdrücke *Kontrast* bzw. *kontrastieren* werden aber vielfach auch gleichbedeutend mit *Opposition* bzw. *in Opposition stehen* verwendet.

Paradigmatisch ist z.B. die Relation der Phone [t], [l], [n] vor [oː]t in <tot>, <Lot>, <Not>, oder die Relation der Phone [a], [ɔ] zwischen [k] und [m] in <Kamm>, <komm>. Man sagt, dass diese in gleicher lautlicher Umgebung füreinander einsetzbaren Phone zueinander in *Opposition* stehen.[1]

Nach diesen Vorbemerkungen wollen wir in den beiden folgenden Abschnitten den Begriff „Phonem" eingehender erörtern und die Regeln zur Klassifizierung von Phonemen erarbeiten.

4.1.2 Phon und Phonem

Ein Phon ist zunächst einmal *jeder materielle Laut*, der in einer konkreten Äußerung realisiert wird. Wenn ein beliebiger deutscher Sprecher mehrere Male das Wort <Schein> äußert, liegen ebenso viele konkrete Realisierungen des anlautenden Frikativs vor, die – bedingt durch minimale Unterschiede im jeweiligen Artikulationsvorgang – einander nicht exakt gleichen. Dasselbe gilt, wenn beispielsweise mehrere Sprecher je einmal dieses Wort sprechen.

Andererseits haben alle konkret realisierten [ʃ] etwas Gemeinsames, das sie von anderen (artikulatorisch ähnlichen) Lauten (z. B. [s] oder [ç]) abgrenzt und als [ʃ] identifizierbar macht. In diesem Sinn bezeichnet „Phon" eine Klasse von Lauten, deren phonetische Substanz sehr ähnlich ist, und die daher als ein *Lauttyp* (z.B. [ʃ]: stimmloser, postalveolarer, mit gerillter Zunge gebildeter Frikativ) zusammengefasst werden; auf dieser Abstraktion beruht auch die symbolphonetische Klassifikation der Sprachlaute im IPA.

Phon vs. Phonem

- **Phon** (Substanz)
  a) konkrete Realisierung
  b) Lauttyp (der IPA)
- **Phonem** (Abstraktion)
  distinktive Funktion

Das Phon als konkret-individuelle Lautäußerung oder als symbolphonetisch abstrahierter Lauttyp bezeichnet immer eine lautliche *Substanz*. Das Phonem als kleinste sprachliche Einheit, die sich nicht mehr in kleinere aufeinander folgende Teile (*Segmente*) zerlegen lässt, ist hingegen eine *Abstraktion*, in der alle Phone mit gleicher distinktiver *Funktion* zusammengefasst sind, also z.B. alle [ʃ] gegenüber allen [m] oder allen [d], durch welche die Bedeutungen von Wörtern wie <Schein>, <mein>, <dein> differenziert werden. Zur Unterscheidung des materiellen Lauts vom funktionellen Laut notiert man Phone in eckigen Klammern (z.B. [ʃ], [m], [d]) und Phoneme zwischen Schrägstrichen (/ʃ/, /m/, /d/).

Für die Klassifizierung der Phone in Phoneme suchen wir in einem Korpus deutscher Äußerungen nach Paaren von bedeutungs*tragenden* Einheiten (also nach Wörtern bzw. Morphemen), die sich nur in einem Segment (= Phon) unterscheiden, z.B. <dein>/<fein>, <kein>/<fein>, <Bein>/<Schein>[1]. Solche Wortpaare heißen *Minimalpaare*, da sie sich minimal, nämlich nur durch *ein* Phon, unterscheiden, während die übrigen Laute gleich sind. Mit anderen Worten, die beiden im Minimalpaar verschiedenen Phone haben die *gleiche lautliche Umgebung*. Nun stellen wir fest, dass der Austausch (*Kommutation*) des anlautenden Konsonanten von <dein> durch jenen von <mein>, <kein>, <fein>, <Bein>, <Schein> ([ʃ]!) jeweils eine andere Bedeutung ergibt. Da dieser Bedeutungsunterschied offenbar *nur* auf den anlautenden

[1] Der Einfachheit halber sind die Beispiele in deutscher Orthographie wiedergegeben. Die phonologische Analyse beruht aber wohlgemerkt auf der auditiv-phonetischen Transkription, die zeigt, dass auch das Paar <Bein>/<Schein> sich nur durch *ein* Segment [baɪn]/[ʃaɪn] unterscheidet.

Phonologie

Phonen beruht, gelten diese als Realisierungen von distinktiven Lauten, also Phonemen, des Deutschen. Daraus können wir die erste Regel zur Klassifizierung von Phonemen ableiten:

> **Wenn zwei Phone genau in derselben lautlichen Umgebung vorkommen und ihre Vertauschung (Kommutation) zu Wörtern mit verschiedener Bedeutung führt, sind sie phonetische Realisierungen *zweier verschiedener Phoneme*.**

Mit dieser Regel können wir also die anlautenden Phone in den oben genannten Minimalpaaren als Realisierungen der entsprechenden deutschen Phoneme nachweisen und notieren sie daher als /d/, /m/, /k/, /f/, /b/, /ʃ/. Weitere deutsche Konsonantenphoneme lassen sich z.B. mit den Minimalpaaren <Masse>/<Tasse>, <Kasse>, <Gasse>, <fasse>, <lasse>, <nasse> nachweisen: /t/, /k/, /g/, /l/, /n/. Selbstverständlich ist dieser Nachweis nicht nur mit Phonen im Anlaut, sondern auch mit in- und auslautenden Phonen möglich, z.B. <Seide>/<Seife>, <Seile>, <Seite>, <seine> (für /d/, /f/, /l/, /t/, /n/) bzw. <Reif>/<Reis>, <Reim>, <rein> (für /f/, /s/, /m/, /n/).

Mit der gleichen Vorgangsweise, also Segmentieren, Minimalpaarbildung und Kommutationstest, lassen sich auch die Vokalphoneme des Deutschen ermitteln, wie hier z.B. an den Minimalpaaren <Last>/<List>, <Lust>, <(er) lässt> (Phoneme: /a/, /ɪ/, /ʊ/, /ɛ/) bzw. <laben>/<lieben>, <leben>, <loben> (Phoneme: /aː/, /iː/, /eː/, /oː/) nachvollzogen werden kann.

4.1.3 Allophone

Wir haben soeben durch das Minimalpaar <Bein>/<Schein> nachgewiesen, dass es im Deutschen ein Phonem /b/ gibt. Dieses Phonem steht auch im Anlaut der folgenden Minimalpaare: <Band>/<Land>, <böse>/<(ich) löse>, <Büste>/<Lüste>, <(du) bist>/ <List>, <beide>/<leide>, <Bau>/<lau>. Die einzelnen [b]-Laute können sich phonetisch (geringfügig) unterscheiden, z.B. stärkere Rundung bzw. Vorstülpung der Lippen in <böse>, <Büste> als in <bist> oder <beide>. Dennoch beruht der Bedeutungsunterschied in den genannten Minimalpaaren durchweg darauf, dass jeweils ein Phon [b] zu einem Phon [l] in Opposition steht. Wir können daher alle [b]-Phone, auch wenn sie phonetisch im Einzelnen nicht exakt gleich sind, einer einzigen Einheit des deutschen Lautsystems, nämlich dem Phonem /b/, zuordnen.

Alle diese [b]-Phone sind also Repräsentanten oder Realisierungen eines Phonems /b/, die man auch als *Allophone* bezeichnet. Ganz ähnlich sind z.B. in [taːl] und [tʰaːl] als Realisierungen des deutschen Wortes <Tal> die beiden Anlautkonsonanten [t] und [tʰ] trotz ihres auditiv deutlich wahrnehmbaren Unterschieds (in der Aspiration) Repräsentanten des gleichen Phonems, da die Bedeutung unabhängig vom Fehlen oder Vorhandensein der Aspiration immer die gleiche, nämlich <Tal> (im Gegensatz zu <Mal>, <Schal>, <kahl> etc.) bleibt. Man kann also sagen, [t] und [tʰ] sind (im Deutschen) Allophone des Phonems /t/.

Wir kommen daher zu folgender Definition:

> **Ein *Allophon* ist ein Phon, das als Realisierung eines bestimmten Phonems klassifiziert worden ist.**

Die einzelnen Allophone eines Phonems sind also Variationen in der konkreten Realisierung dieses Phonems und werden daher auch *Varianten* (eines Phonems) genannt. Das Auftreten dieser Varianten unterliegt bestimmten Bedingungen, die wir im Folgenden darstellen wollen, wobei zwei weitere Regeln für die Klassifizierung von Phonemen herausgearbeitet werden.

4.1.3.1   *Kombinatorische Varianten.* Beim Segmentieren eines hinreichend großen Korpus des Deutschen werden wir auch auf die Frikativ-Segmente [ç] und [x] stoßen, z.B. in den Wörtern [nɪçt] <nicht> und [naxt] <Nacht>. Diese beiden Wörter bilden *kein* Minimalpaar, da sie sich nicht nur durch [ç] und [x], sondern auch durch [ɪ] und [a], also in mehr als einem Segment unterscheiden. Für die beiden vokalischen Segmente können wir leicht andere Minimalpaare finden, z.B. <im>/<am>, <Rind>/<Rand>, <mit>/<matt>, mit denen wir nach der oben genannten Regel nachweisen können, dass [ɪ] und [a] Realisierungen zweier Phoneme des Deutschen, nämlich /ɪ/ und /a/, sind.

Was aber ist mit [ç] und [x]? Wir werden – auch in einem noch so großen Korpus des Deutschen – kein Minimalpaar finden, in dem [ç] und [x] zueinander in Opposition stehen. Ganz im Gegenteil, die beiden Phone kommen *nie* in der gleichen lautlichen Umgebung vor. Das Phon [x] tritt nur nach hinteren Vokalen auf (<Buch>, <hoch>, <Dach>, <Rauch>), das Phon [ç] nur nach vorderen Vokalen (<Bücher>, <höchst>, <Dächer>, <ich>, <echt>)[1]. Mit anderen Worten, der *velare* Frikativ [x] steht nach *velaren* Vokalen[2], der *palatale* Frikativ [ç] nach *palatalen* Vokalen.

Eine derartige Verteilung, nach der ein Phon nur in einer solchen lautlichen Umgebung vorkommt, in der das andere Phon nie vorkommt (und umgekehrt), nennt man *komplementäre Distribution*, die beiden Phone sind *komplementär distribuiert*. Sind diese Phone noch dazu phonetisch ähnlich,[3] werden sie zu *einem* Phonem zusammengefasst.

Daraus ergibt sich die zweite Regel zur Klassifizierung von Phonemen:

---

[1] Darüber hinaus steht [ç] im Wort- und Morphemanlaut (z.B. <Chemie>; im Verkleinerungssuffix <-chen> wie in <Tischchen>) und nach sonoranten Konsonanten (z.B. <welch>, <manch>, <durch>); in all diesen Stellungen kommt [x] niemals vor.

[2] [a] gilt innerhalb dieser Regel des Deutschen als hinterer (d.h. velarer) Vokal.

[3] Phonetische Ähnlichkeit ist nicht immer leicht zu definieren, liegt aber für [ç] und [x] zweifellos vor, denn beide sind stimmlose, dorsale Frikative, die sich lediglich durch die (überdies benachbarten) Artikulationsorte unterscheiden.

Phonologie

> Wenn zwei *phonetisch ähnliche* Phone nie in derselben lautlichen Umgebung vorkommen, also *komplementäre Distribution* aufweisen, sind sie phonetische Realisierungen *eines Phonems* und werden als *kombinatorische oder gebundene Varianten (Allophone)* dieses Phonems bezeichnet.

Solche kombinatorischen Varianten sind also durch benachbarte Laute (koartikulatorisch) bzw. durch ihre Position im Wort bedingte lautliche Realisierungen *eines* Phonems. Wir können daher die phonetisch ähnlichen und komplementär distribuierten Phone [ç] und [x] des Deutschen in *einem* Phonem /x/ zusammenfassen. Offenbar spiegelt die deutsche Orthographie das Ergebnis unserer phonologischen Analyse wider, denn für beide kombinatorischen Varianten wird die gleiche Buchstabenkombination <ch> verwendet. Aus der phonologischen Notation wird auch deutlich, dass der Bedeutungsunterschied zwischen <nicht> und <Nacht> (phonologisch: /nɪxt/ und /naxt/) tatsächlich nur von den Vokalen getragen wird (also wie in <nickt>/<nackt>, <im>/<am>); die konkrete Realisierung als [nɪçt] bzw. [naxt] ergibt sich erst aus der phonetischen *Realisierungsregel* für die kombinatorischen Varianten des Phonems /x/.

Auch die Phone [h] und [ŋ] sind im Deutschen komplementär distribuiert, denn [h] steht nur wort- oder morphemanlautend (z.B. <Hase>, <hören>, <geheim>), während [ŋ] (z.B. <lang>, <singen>)[1] genau in dieser Position niemals auftritt. Folglich lassen sich mit diesen beiden Phonen auch keine Minimalpaare bilden. Diese Phone werden aber trotz ihrer komplementären Distribution *nicht* als Allophone *eines* Phonems zusammengefasst, da sie völlig verschiedene Lauteigenschaften haben und daher das Kriterium der phonetischen Ähnlichkeit nicht erfüllen.

4.1.3.2   *Freie Varianten*. Zur Erörterung der freien Varianten wollen wir uns noch einmal die Abstraktion vom konkreten Laut (Phon) zur distinktiven Einheit (Phonem) vor Augen führen. Wenn z.B. fünf deutsche Sprecher das Wort <rot> je einmal aussprechen, erhalten wir fünf verschiedene individuelle Realisierungen des anlautenden <r>, die wir mit <r_1> bis <r_5> nummerieren wollen. Nehmen wir weiter an, drei Sprecher verwenden das so genannte Zungenspitzen-r ([r_1], [r_2], [r_3]), zwei Sprecher hingegen das Zäpfchen-r ([R_1], [R_2]). Wir können daher von den fünf konkreten Lautäußerungen drei als Realisierungen *eines* Phons, nämlich des Lauttyps „apiko-alveolarer Vibrant" [r] zusammenfassen, die zwei übrigen als Realisierungen eines anderen Phons, nämlich des Lauttyps „uvularer Vibrant" [R]. Trotz aller Verschiedenartigkeit der (fünf) individuellen Phone (als konkrete Lautäußerungen) bzw. der zwei hinsichtlich der Artikulationsstelle unterschiedlichen Phone (als Lauttypen) hat jeder der fünf Sprecher mit seiner Äußerung die Farbe <rot> (und nicht etwa die Wörter <Lot>,

[1] Die Graphemfolge <ng> steht für [ŋ].

Phonologie

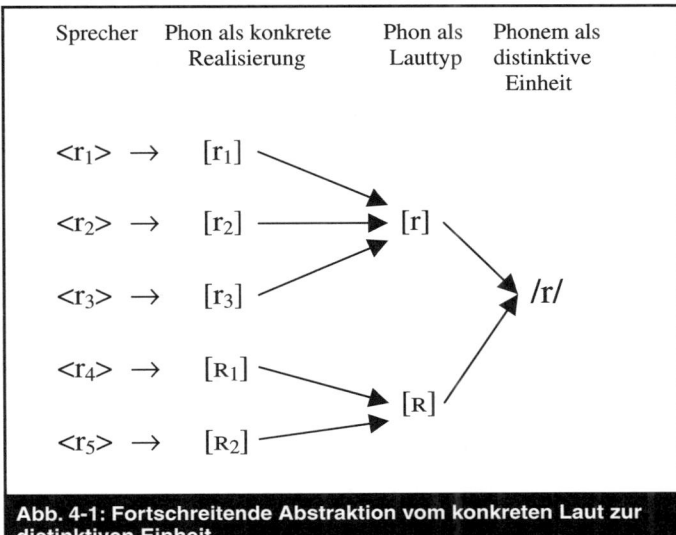

Abb. 4-1: Fortschreitende Abstraktion vom konkreten Laut zur distinktiven Einheit

<Not> oder <tot>) bezeichnet. Wir schließen daraus, dass die beiden Lauttypen [r] und [ʀ] die *gleiche* distinktive Funktion gegenüber z.B. [t] in <tot> haben; sie werden daher als *ein* Phonem /r/ zusammengefasst.

Der artikulatorisch erhebliche Unterschied zwischen Zungenspitzen-r [r] und Zäpfchen-r [ʀ] ergibt zwar zunächst Minimalpaare wie [roːt]/[ʀoːt], [reː]/[ʀeː], doch bleibt auch nach Kommutation von [r] und [ʀ] die jeweilige Bedeutung gleich, d.h. beim ersten Paar <rot>, beim zweiten <Reh>.

Daraus leiten wir die dritte Regel zur Klassifizierung von Phonemen ab:

> **Wenn zwei Phone genau in derselben lautlichen Umgebung vorkommen und ihre Vertauschung (Kommutation) nicht bedeutungsdifferenzierend wirkt, sind sie phonetische Realisierungen *eines Phonems* und werden als *freie oder fakultative Varianten (Allophone)* dieses Phonems bezeichnet.**

Freie Varianten können entweder als *individuelle* Varianten bei ein und demselben Sprecher auftreten (wie z.B. Zungenspitzen-[r] oder Zäpfchen-[ʀ]) oder als *regionale* bzw. *soziale* Varianten auf die Herkunft eines Sprechers schließen lassen (z.B. Zungenspitzen-[r] eher bei bairischen und alemannischen Sprechern, Zäpfchen-[ʀ] im übrigen deutschen Sprachraum).

Zur Unterscheidung von <rot> gegenüber <tot>, <Not>, usw. reicht es also offenbar aus, dass für die Farbbezeichnung der anlautende Konsonant ein Vibrant (im Gegensatz zu Plosiv, Nasal, usw.) ist. Andere phonetische Eigenschaften der konkre-

Phonologie

ten Realisierung des Vibranten, wie etwa Artikulationsorgan und -ort, scheinen hingegen „unwichtig" zu sein, d.h. es handelt sich um Merkmale, die von der distinktiven Funktion gewissermaßen „befreit" sind und daher frei variiert werden können. Damit kommen wir zu jenem Teilgebiet der Phonologie, in welchem die distinktive Funktion einzelner Merkmale – und nicht mehr des Phonems in seiner Gesamtheit – betrachtet wird (Merkmalphonologie). Zuvor aber geben wir noch eine knappe Darstellung des deutschen Phonemsystems, wie es sich aus der konsequenten Anwendung der bisher dargestellten phonologischen Prozeduren ergibt.

4.2 Phonemsystem des Deutschen

Unsere Auflistung (Abb. 4-2 und 4-3) der deutschen Phoneme erfolgt getrennt nach konsonantischem und vokalischem Inventar und enthält auch solche lautlichen Einheiten (durch * markiert), deren Phonemstatus je nach Interpretation unterschiedlich bewertet wird. Eine knappe Erläuterung dieser Problemfälle findet sich in den folgenden Abschnitten.

Abgesehen von der interpretationsbedingten Wertung bestimmter lautlicher Einheiten ergeben sich aber schon bei der Erstellung des Phoneminventars einige allgemeine Probleme, auf die hier wenigstens kurz hingewiesen werden soll.

Laut	*Anlaut*	*Inlaut*	*Auslaut*
/p/	Paß – Baß	Rappe – Ratte	Laub – Laut
/b/	Biß – Riß	Leber – Leder	—
/t/	Tat – Rat	leiten – leiden	Tat – Tag
/d/	Deich – Teich	Feder – Fehler	—
/k/	Kasse – Gasse	Laken – Lagen	Kork – Korb
/g/	Gabel – Kabel	legen – leben	—
/pf/*	Pfahl – Tal	tropfen – trocken	Kopf – Koch
/ts/*	zahm – lahm	heizen – heilen	Kitz – Kinn
/tʃ/*	Chile – Diele	rutschen – rupfen	Putsch – Putz
/f/	fahl – kahl	Seife – Seide	straff – stramm
/v/	Wild – Bild	Löwe – löse	—
/s/	Stil – Stiel	Tasse – Tasche	Laus – Laub
/z/	Sand – Wand	reisen – reißen	—
/ʃ/	Schuh – Kuh	Masche – Masse	Barsch – Bart
/ç/*	China – Nina	Zeichen - Zeiten	weich – weit
/x/*	—	rauchen – raufen	Dach – Damm
/j/	Jagd – Magd	Koje – Kohle	—
/m/	mein – dein	kommen – kochen	Arm – Art
/n/	nagen – sagen	lohnen – loben	Kern – Kerl
/ŋ/*	—	ringen – rinnen	Klang – Klamm
/l/	Leid – Neid	Bälle – Bäche	Fall – Fach
/r/	Rose – Dose	Lehrer – Leder	wirr – will
/h/*	Heim – Leim	(behende –	—
/ʔ/*	[ʔ]aus – Haus	– be[ʔ]ende)	—

Abb. 4-2: Deutsche Konsonantenphoneme mit Minimalpaaren für Anlaut-, Inlaut- und Auslautposition (Erläuterungen s. Text)

Da ist zunächst einmal die Frage nach dem *Umfang des Inventars*. In jeder Sprache, so auch im Deutschen, gibt es nämlich eine Reihe von Wörtern, die aus anderen Sprachen entlehnt sind. Werden solche Wörter lautlich (und auch hinsichtlich Schreibung und Flexion) vollständig in die entlehnende Sprache integriert, handelt es sich um *Lehnwörter* (z.B. Balkon [balˈkoːn] < frz. balcon, Sport [ʃp-] < engl. sport [sp-]). Lehnwörtern sieht man die fremde Herkunft nicht mehr an und sie sind daher auch für die Erstellung des Lautinventars unproblematisch. Anders verhält es sich mit jenen Wörtern, die lautlich nur teilweise oder gar nicht ans Deutsche angeglichen werden; mit solchen *Fremdwörtern* kommen nämlich in einem Korpus von eigentlich deutschen Äußerungen viele Laute vor, die man nicht so ohne weiteres als Einheiten des deutschen Phoneminventars betrachten möchte. Dazu gehören die Nasalvokale (z.B. Teint [tẽ], Balkon [balˈkõ], Parfum [paʀˈfœ̃]) bzw. der stimmhafte Frikativ [ʒ] (z.B. Genie, Journal, Garage) in französischen Fremdwörtern oder etwa die stimmhafte Affrikate [dʒ] in englischen bzw. italienischen Fremdwörtern (z.B. Jazz, Gin; Adagio). Soll man diese „fremden" Laute bei der Erstellung des deutschen Inventars berücksichtigen? Eine mögliche Lösung des Problems besteht darin, zwischen *zentralen* und *peripheren* Phonemen zu unterscheiden und die in Entlehnungen auftretenden fremdsprachlichen Laute als periphere Phänomene aus der Beschreibung des (deutschen) Phoneminventars auszuklammern.

Vokale	*Qualitätskontrast*	*Quantitätskontrast*	*Kontrastierende Vokale*
/iː/	liegen – lügen	Miete – Mitte	iː – yː, iː – ɪ
/ɪ/	Mitte – Mette	Kinn – Kien	ɪ – ɛ, ɪ – iː
/yː/	lügen – legen	fühlen – füllen	yː – eː, yː – ʏ
/ʏ/	Hülle – Hölle	Hütte – Hüte	ʏ – œ, ʏ – yː
/eː/	leben – laben	beten – betten	eː – aː, eː – ɛ
/ɛ/	Welle – Wolle	stellen – stehlen	ɛ – ɔ, ɛ – eː
/ɛː/*	Bären – Beeren	stählen – stellen	ɛː – eː, ɛː – ɛ
/øː/	Bögen – Bogen	Höhle – Hölle	øː – oː, øː – œ
/œ/	Höcker – Hocker	Höcker – Höker	œ – ɔ, œ – øː
/aː/	Hase – Hose	Staat – Stadt	aː – oː, aː – a
/a/	Art – Ort	Schall – Schal	a – ɔ, a – aː
/oː/	oben – eben	Ofen – offen	oː – eː, oː – ɔ
/ɔ/	stocken – stecken	Rotte – rote	ɔ – ɛ, ɔ – oː
/uː/	Brut – Brot	spuken – spucken	uː – oː, uː – ʊ
/ʊ/	Lust – Last	Bulle – Buhle	ʊ – a, ʊ – uː
/ə/*	Lehre – Lehrer	(*G*ebet – *g*ebet)	ə – ɐ, (ə – eː)
/ɐ/*	Fischer – Fische	—	ɐ – ə
/aɪ/*	Leid – Lied	Reim – Raum	aɪ – iː, aɪ – aʊ
/aʊ/*	Zaun – Zahn	tauschen – täuschen	aʊ – aː, aʊ – ɔɪ
/ɔɪ/*	heulen – holen	Eule – Eile	ɔɪ – oː, ɔɪ – aɪ

Abb. 4-3: Deutsche Vokalphoneme mit Minimalpaaren für Qualitäts- und Quantitätskontrast (Erläuterungen s. Text)

Ein weiteres allgemeines Problem betrifft die *Wahl des Phonemsymbols*. Wir haben weiter oben gesehen, dass im Deutschen beispielsweise [k̟] (vor palatalen Vokalen wie in <Kind>) und [k̠] (vor velaren Vokalen wie in <Kunde>) phonetische Varianten eines einzigen Phonems, nämlich des stimmlosen dorsalen Plosivs, sind, das wir mit dem Zeichen /k/ (zwischen schrägen Strichen) notieren. Das Phonemzeichen entspricht dem Transkriptionssymbol (ohne Diakritika) für eine bestimmte lautliche Realisierung, die als Repräsentant des betreffenden Phonems gilt. Nun ist aber bei den kombinatorischen Varianten [ç] ~ [x] (und ganz ähnlich bei den freien Varianten [r] ~ [ʀ]) der Unterschied zwischen den beiden Allophonen so groß, dass schon die phonetische Transkription zwei verschiedene Symbole vorsieht. Welches Zeichen soll nun für das entsprechende Phonem verwendet werden: /ç/ oder /x/ (bzw. /r/ oder /ʀ/)? Hier richtet sich die Wahl des Phonemsymbols nach verschiedenen Kriterien, die sich folgendermaßen zusammenfassen lassen: 1) Nach einem rein drucktechnisch-praktischen Kriterium wählt man das einfachere, geläufigere Zeichen, also z.B. /r/ und nicht /ʀ/. 2) Ein weiteres Kriterium ist die absolute Häufigkeit des Vorkommens einer Variante; für [ç] ~ [x] erweist sich allerdings keine der beiden Varianten als wesentlich häufiger und damit typischer. 3) Als dritte Möglichkeit ergibt sich die Wahl nach dem „Stellenwert" des betreffenden Phonems im Gesamtsystem der distinktiven Einheiten einer Sprache. Nach diesem Kriterium fällt im Deutschen die Wahl auf das Symbol /x/, wie wir später (s.u. 4.2.1) noch erläutern werden.

Eine phonologische Analyse erschöpft sich aber nicht in der Ermittlung des Phonem*inventars* einer Sprache, sondern zielt darüber hinaus auf eine systematische Anordnung dieses Lautbestandes in einem Phonem*system* ab. Dabei werden die Phoneme einer Sprache üblicherweise in Anlehnung an das IPA nach artikulatorischen Parametern angeordnet, sodass sich für das Deutsche die in den folgenden Abschnitten dargestellten Subsysteme ergeben.

4.2.1 Konsonanten

Ebenso wie das Phoneminventar einer Sprache von unterschiedlichen Interpretationsansätzen abhängig ist, so kann auch die systematische Anordnung der Phoneme je nach theoretischem Ansatz mehr oder minder verschieden ausfallen. Wir möchten daher betonen, dass das in Abb. 4-4 wiedergegebene System der deutschen Konsonantenphoneme nur *eine* mögliche Darstellung ist, die wir im Folgenden – zusammen mit den in Abb. 4-2 gekennzeichneten Problemfällen – kurz erläutern wollen.

Die Anzahl der Spalten für die *Artikulationsorte* ist geringer, als sie für eine exakte phonetische Beschreibung der Phonemrealisierungen notwendig wäre, weil in der Tabelle eben abstrakte

Phonologie

	labial	*dental*	*palatal*	*velar*	*glottal*
Plosive stl.	p	t		k	
sth.	b	d		g	
Frikative stl.	f	s	ʃ	x	h
sth.	v	z			
Nasale	m	n		ŋ	
Lateral		l			
Approximant			j		
Vibrant		r			

Abb. 4-4: Deutsches Konsonantensystem

Einheiten (Phoneme) eingetragen sind, bei denen es auf ihre distinktive (bedeutungsdifferenzierende) *Funktion* ankommt, und nicht auf ihre konkrete *artikulatorische* Realisierung. Wir können also die *bilabialen* Plosive [p, b], den *bilabialen* Nasal [m] und die *labiodentalen* Frikative [f, v] in einer Spalte 'labial' zusammenfassen, da es (im Deutschen!) keine labiodentalen Plosive oder Nasale und keine bilabialen Frikative in distinktiver Funktion gibt.

Ganz ähnlich verhält es sich beim *Phonem* /ʃ/, dessen Realisierung zwar artikulatorisch präziser als *palatoalveolar* zu beschreiben ist, das jedoch als bedeutungsdifferenzierende Einheit unabhängig von seiner genaueren Artikulation auf jeden Fall *zwischen* den weiter vorne gebildeten *dentalen* und den weiter hinten liegenden *velaren* Frikativ zu stellen ist.

Das *Phonem* /j/ wiederum ist als (palataler) Approximant eingetragen, obwohl seine konkrete Realisierung von halbvokalischem [j] bis zum frikativischen [ʝ] schwankt.[1]

Das *Phonem* /r/ hingegen ist keiner bestimmten Artikulationsstelle zugeordnet, da die Realisierungen dieses Phonems eine außergewöhnlich große Variationsbreite aufweisen. Jede spezifischere phonetische Einordnung, etwa unter dental (wegen [r]) oder unter eine eigens anzusetzende Spalte 'uvular' (wegen [ʀ]), würde eine Beziehung zu einer lautlichen Realität vorspiegeln, die so nicht besteht. Noch dazu treten neben den Allophonen [r] und [ʀ] für das Phonem /r/ auch weitere Realisierungsvarianten auf, die vom stimmhaften uvularen Frikativ [ʁ] bis zum Vokal [ɐ] reichen. So kann zum Beispiel in den Wörtern <rot>, <Herr>, <Wert> und <Wort> das Phonem /r/ mit den (individuellen oder regional bzw. sozial bedingten) freien Varianten [r], [ʀ] und [ʁ] realisiert werden, während die Vokalisierung [ɐ] (als kombinatorische Variante) nur in wortfinaler Position (z.B. [hɛɐ] <Herr>) und nach Langvokal (z.B. [veːɐt] <Wert>, [heːɐ] <Heer>) vorkommt.

Auch das *Phonem* /h/ stellt einen Grenzfall dar. Auf die komplementäre Verteilung von [h] und [ŋ], die wegen mangelnder phonetischer Ähnlichkeit trotzdem als Realisierungen *zweier*

[1] Beide Varianten kommen nur vor Vokalen vor, z.B. <Jagd>, <jeder>, <Joch>, <Juni>, <Boje>, <Kajüte>.

Phonologie

verschiedener Phoneme gelten, haben wir schon hingewiesen. Hier geht es nun vielmehr um die Zuordnung von /h/ zu den *konsonantischen* Phonemen. Da /h/ im Deutschen nur vor Vokalen auftritt und während seiner Realisierung bereits die spezifische Artikulationsstellung des nachfolgenden Vokals eingenommen wird, entstehen verschiedene koartikulatorisch bedingte /h/-Varianten, wie z.B. in <hin>, <her>, <Hand>, <Hort>, <Hund>. Aus phonetischer Sicht gelten diese /h/-Varianten als gehauchter Vokaleinsatz. Minimalpaare wie [haʊs]/[ʔaʊs] <Haus>/<aus>, [hʊnt]/[ʔʊnt] <Hund>/<und>, [halt]/[ʔalt] <halt>/<alt> scheinen zu belegen, dass die bedeutungsdifferenzierende Funktion in der Opposition von gehauchtem versus hartem (festen) *Vokaleinsatz* liegt. Dennoch wird /h/ in den Beschreibungen des deutschen Phonemsystems üblicherweise als *konsonantisches* Phonem angesetzt. Der Glottisverschlusslaut [ʔ] als Besonderheit von anlautenden Vokalen, der überdies nicht einmal regelmäßig realisiert wird, ist *ohne* distinktive Funktion und daher in Abb. 4-4 nicht vertreten.

Das *Phonem* /x/ steht für die bei der kombinatorischen Variation erörterten Allophone [x] nach Velarvokalen und [ç] nach Palatalvokalen. Da sich keine der beiden Varianten als wesentlich häufiger bzw. typischer erweist, wollten wir uns in diesem Fall bei der Wahl des geeigneten Phonemsymbols nach dem „Stellenwert" des Phonems im Gesamtsystem richten. In unserer Darstellung ergibt sich dieser Stellenwert aus dem Schnittpunkt der Zeile 'Frikativ stimmlos' und der Spalte 'velar', welcher durch ein Phonem /x/ aufgefüllt werden kann. Dadurch sind die deutschen Plosiv-, Frikativ- und Nasalphoneme gleichmäßig über die Artikulationsorte labial, dental und velar verteilt.

Die phonematische Wertung der *Affrikaten* ist ein bisher ungelöstes Problem der phonologischen Analyse des Deutschen. Phonetisch stellen Affrikaten eine besondere Form der Verschlusslösung dar, bei der ein Plosiv in einen homorganen Frikativ gelöst wird. Für das Deutsche werden einhellig die Verbindungen [pf] und [ts] als Affrikaten angenommen, von manchen Autoren auch die Verbindung [tʃ]. In der phonologischen Analyse erhebt sich nun die Frage, ob es sich bei solchen Lautverbindungen um jeweils *ein* Phonem handelt (*monophonematische* Wertung) oder um die Abfolge von *zwei* bereits im System vorhandenen Phonemen (*biphonematische* Wertung). Diese Frage diskutiert man seit jeher mit den unterschiedlichsten Argumenten, von denen wir exemplarisch je eine „Beweisführung" für die mono- und die biphonematische Wertung darstellen wollen.

Für die *monophonematische* Wertung, zumindest von /pf/, spricht der spiegelbildliche Aufbau deutscher Morpheme. Die im Anlaut auftretenden Verbindungen (*Cluster*) von Konsonanten sind nämlich im Auslaut nur in umgekehrter Reihenfolge zulässig, z.B. <*Kr*am>/<M*ar*k>, <*kl*ug/<Scha*lk*>, <*Sp*ott>/<hüb*sch*> ([-pʃ]). Zu /pf/ gibt es aber kein auslautendes „Spiegelbild" */fp/, da auch im Auslaut deutscher Morpheme nur die Folge /pf/ auftritt (z.B. <Topf>, <Kopf>). Für die Affrikaten /ts/ und /tʃ/ lässt sich allerdings aus der spiegelbildlichen Morphemstruktur kein eindeutiger Hinweis für eine mono- oder biphonematische Wertung ableiten, weil es im Auslaut jeweils beide Konsonantenabfolgen gibt, also [-ts] und [-st] (vgl. <Hatz>/<Hast>) sowie [-tʃ] und [-ʃt] (vgl. <Gischt>/<Kitsch>).

Argumente für die *biphonematische* Wertung aller drei Affrikaten liefert die Vertauschprobe (*Kommutationstest*). Diese zeigt, dass auch nur *ein* Teil (Element) der Lautverbindung gegen ein anderes Phon oder gegen Null austauschbar (*kommutierbar*) ist und distinktiv wirkt, wie die folgenden Minimalpaare belegen:

a) Kommutation des ersten Elements gegen ein anderes Phon: <Topf>/<Torf>, <Latz>/<Lachs>, <Putsch>/<Punsch>;

b) Kommutation des zweiten Elements gegen ein anderes Phon: <Pfahle>/<prahle>, <Zaum>/<Traum>, <Tscheche>/<Zeche>;

c) Kommutation eines Elements gegen Null: <Pfund>/<Fund>, <Pfosten>/<Posten>, <Zahl>/<Tal>, <Kitsch>/<Kitt>.

Neben solchen phonotaktischen Überlegungen sind noch zahlreiche andere Argumente ins Spiel gebracht worden, ohne dass sich eine zwingende Entscheidung für die eine oder die andere Wertung ergeben hätte. Wir haben in unsere Tabelle der deutschen Konsonantenphoneme (Abb. 4-4) keine Affrikaten aufgenommen, weil wir der biphonematischen Lösung den Vorzug geben, die sich noch dazu auf so genannte *externe Evidenz* stützen kann. Sowohl in sprachlichen Fehlleistungen von Aphasikern als auch in Versprechern lassen sich folgende Realisierungen beobachten: <A[fp]el> für <A[pf]el>, <Ne[st]> für <Ne[ts]>, wo die Bestandteile der Affrikate zu einer Folge „Frikativ+Plosiv" umgekehrt werden, und <Augu[ts]> für <Augu[st]>, <Bür[ts]e> für <Bür[st]e>, wo die Folge „Frikativ+Plosiv" als Affrikate wiedergegeben wird. Diese Beispiele deuten darauf hin, dass Affrikaten als Zusammensetzung aus zwei Einzelsegmenten empfunden werden und daher eine biphonematische Wertung gerechtfertigt scheint.

Ehe wir die Darstellung des Konsonantensystems abschließen, sei noch darauf hingewiesen, dass in Abb. 4-2 zu allen Phonemen – soweit möglich – Minimalpaare für die Positionen Anlaut, Inlaut und Auslaut angeführt werden. Dabei gibt es besonders im Auslaut relativ viele „Leerstellen", d.h. für bestimmte konsonantische Phoneme des Deutschen lassen sich in dieser Stellung keine Minimalpaare finden. Zu diesen Phonemen gehören – neben den beiden Formen des Vokal*ein*satzes ([h] und [ʔ]) und dem Halbvokal [j] – die *stimmhaften Obstruenten* des Deutschen, also die Plosive und Frikative /b/, /d/, /g/, /v/, /z/. Das auf An- und Inlaut beschränkte Vorkommen der stimmhaften Obstruenten beruht auf der so genannten *Auslautverhärtung*. Damit ist jene Lautentwicklung gemeint, in der ein ursprünglich

---

Als *externe Evidenz* werden Beobachtungen z.B. aus dem Spracherwerb oder aus dem Bereich der Sprachstörungen (Aphasie) bezeichnet, die Argumente für die Beurteilung von linguistischen Modellvorstellungen (wie hier z.B. der phonematischen Wertung der Affrikaten) liefern; die *interne Evidenz* hingegen bezieht ihre Argumente aus grammatikinternen Kriterien, wie etwa Ökonomie, Allgemeinheit oder Einfachheit von Beschreibungen (z.B. des Phoneminventars).

Phonologie

[1]Nur deshalb kann das Minimalpaar <Laut>/<Laub> dem Nachweis der Phoneme /t/ und /p/(!) dienen (vgl. Abb. 4-2).

[2]Dagegen steht orthographisch <s> sowohl für [s] als auch für [z], vgl. <Hau[s]>/<Häu[z]er>, <Gla[s]>/<Glä[z]er>, usw.

(d.h. in früheren Sprachstufen des Deutschen) stimmhafter Laut in finaler Position *stimmlos* geworden ist. Die heutige deutsche Orthographie spiegelt in den meisten Fällen noch die ältere Lautung wider, z.B. <des Laubes>, früher und heute gesprochen mit inlautendem [-b-], aber <das Laub>, früher mit auslautendem [-b] (daher die Schreibung <-b>), heute mit [-p] gesprochen[1]; ähnlich <des Rades> (mit [-d-]), aber <das Rad> (heute mit [-t] trotz Schreibung <-d>), <des Weges> (mit [-g-]), aber <der Weg> (heute mit [-k] trotz Schreibung <-g>)[2]. Die Auslautverhärtung ist also offenbar ein regelhafter Prozess des Deutschen, auf den wir weiter unten noch näher eingehen werden, wenn wir geeignete Techniken zur (formalisierten) Beschreibung solcher phonologischen Prozesse kennen gelernt haben.

4.2.2 Vokale

Ähnlich wie bei den konsonantischen Phonemen sind auch für die vokalischen Phoneme je nach Interpretation mehrere systematische Anordnungen denkbar. Damit ist auch das in Abb. 4-5 wiedergegebene Vokalsystem des Deutschen nur *eine* mögliche Darstellung, zu der die folgenden Erläuterungen zu geben sind.

Die Anordnung der Monophthonge erfolgt entsprechend der Einteilung des IPA nach der horizontalen Zungenlage (Artikulationsort) in 'vorne' (palatal), 'hinten' (velar) und 'zentral' einerseits, und nach der vertikalen Zungenlage (Öffnungsgrad) in 'hoch', 'mittel' und 'tief' andererseits. Ferner ergibt sich für die (nicht-tiefen) Palatalvokale die Differenzierung nach der Lippenstellung in 'ungerundete' und 'gerundete', während alle (nicht-tiefen) Velarvokale 'gerundet' sind. Die Diphthonge sind als eigene Gruppe von den Monophthongen (durch eine Doppellinie) abgesetzt; auf das Problem ihrer mono- oder biphonematischen Wertung werden wir weiter unten eingehen.

Für die tiefen Vokale /a/ und /a:/ wurde keine Zuordnung zu einem Artikulationsort vorgenommen, da die Realisierungen beider Phoneme eine zwischen den Kardinalvokalen [a] (palatal) und [ɑ] (velar) liegende, also quasi zentrale Qualität haben.

Monophthonge		*palatal*		*zentral*	*velar*
		unger.	*gerundet*		*gerundet*
hoch	*geschl.*	i:	y:		u:
	offen	ɪ	ʏ		ʊ
mittel	*geschl.*	e:	ø:	ə	o:
	offen	ɛ ɛ:	œ		ɔ
tief			a a:		
Diphthonge			aɪ ɔɪ aʊ		

Abb. 4-5: Deutsches Vokalsystem

Der *Zentralvokal* [ə] nimmt in zweifacher Hinsicht eine Sonderstellung ein. Erstens ist er in unserem Vokalsystem eigentlich „fehl am Platz", weil er der einzige Vokal ist, der nur in *unbetonten* Silben vorkommt (z.B. [gəˈleːgən] <gelegen>, [ˈbeːtətə]] <betete>, [gəˈbɪʁgə]] <Gebirge>). Daher ist auch das in Abb. 4-3 unter /ə/* für den Quantitätskontrast angeführte Beispiel in Klammer gesetzt, weil die kontrastierenden Silben sich nicht nur durch die Vokalquantität, sondern auch durch die Akzentverhältnisse unterscheiden: [gəˈbeːt] <Gebet> vs. [ˈgeːbət] <gebet>. Zweitens kommen nur wenige andere Vokale in jenen Positionen vor, in denen auch [ə] auftritt, wie z.B. in [ˈhɛldən] <Helden> vs. [ˈhɛldɪn] <Heldin> (ebenso <Freunden>/<Freundin>, <Wirten>/<Wirtin>, usw.). Durch Kommutation von [ə] gegen Null lässt sich aber seine distinktive Funktion mit zahlreichen Minimalpaaren belegen: <Bote> [ˈboːtə] / <Boot> [boːt], <Kohle>/<Kohl>, <Kanne>/<kann>, <Rute>/<ruht>, <Be(e)te>/<Beet>, usw.

Eine Opposition ergibt sich auch zwischen den Vokalen [ə] und [ɐ], wie die folgende Gegenüberstellung zeigt:

<Wette> [ˈvɛtə]   – <Wetter> [ˈvɛtɐ]~[ˈvɛtəʁ]
<manche> [ˈmançə]   – <mancher> [ˈmançɐ]~[ˈmançəʁ]
<Lehre> [ˈleːʁə]   – <Lehrer> [ˈleːʁɐ]~[ˈleːʁəʁ]
<wenige> [ˈveːnɪgə] – <weniger> [ˈveːnɪgɐ]~[ˈveːnɪgəʁ]

Da der Reduktionsvokal [ɐ] aber lediglich die reduzierte Form einer (unbetonten) Segmentfolge /ər/ ist, wird /ɐ/ nicht als eigenes Phonem ins deutsche Vokalsystem aufgenommen.

Abgesehen vom unbetonten Reduktionsvokal /ə/ kommen die *Monophthonge* des Deutschen sowohl in betonten als auch in unbetonten Silben vor.[1] Nun lässt sich für die *betonten Vokale* ein Zusammenhang zwischen Qualität und Quantität feststellen: in betonter Silbe sind nämlich *geschlossene* Vokale *lang* ([iː], [yː], [uː], usw.), und *offene* Vokale *kurz* ([ɪ], [ʏ], [ʊ], usw.). Lediglich die Einheiten /ɛː/, /a/ und /aː/ bilden Ausnahmen von dieser Parallelität: /ɛː/ ist ein offener, aber dennoch *langer* Vokal, und die beiden tiefen Vokale /a/ bzw. /aː/ unterscheiden sich lediglich durch die Quantität bei gleicher Qualität. Bei den übrigen Vokalen geht mit dem Quantitätskontrast immer auch ein Qualitätskontrast einher. Wir haben auf diesen Zusammenhang bereits bei der Diskussion der suprasegmentalen Eigenschaft „Quantität" hingewiesen.

Hier erhebt sich nun die Frage, welche der beiden Unterschiede, nämlich Qualität oder Quantität, tatsächlich distinktiv ist und welche die von diesem distinktiven Unterschied abhängige (und damit redundante) Eigenschaft ist. Auch diese Frage ist je nach Interpretation verschieden beantwortet worden. Die Annahme der *Quantität* als distinktive Eigenschaft – der wir uns hier anschließen – lässt sich vor allem durch zwei Argumente stützen.

[1] Die geschlossenen Hoch- und Mittelzungenvokale kommen in unbetonter Stellung allerdings nur als *Kurz*vokale vor; vgl. z.B. die unbetonten Silben in <Kritik> [kriˈtiːk], <Medizin> [mediˈtsiːn], <Logopäde> [logoˈpɛːdə].

Erstens ist für die Opposition von /a/ und /a:/ (z.B. <Stadt>/<Staat>) die unterschiedliche Quantität das ausschlaggebende Kriterium, während die Qualität in den Realisierungen beider Phoneme gleich bleibt.

Zweitens ist für /ɛ:/ die Annahme einer distinktiven Quantität zwingend, um es von dem qualitativ gleichwertigen kurzen /ɛ/ zu unterscheiden. Denn die Minimalpaare <stellen>/<stählen>, <(sich) betten>/<bäten> beruhen ausschließlich auf dem Längenunterschied (Quantitätskontrast) von /ɛ/ vs. /ɛ:/. Einschränkend anzumerken ist aber noch, dass /ɛ:/ von vielen Sprechern (vor allem im norddeutschen Raum) durch /e:/ ersetzt wird, wodurch potenzielle Minimalpaare für /e:/ vs. /ɛ:/, wie z.B. <Beeren/<Bären>, <Ehre>/<Ähre>, <Gewehr>/ <Gewähr>, usw. homophon werden.

Die bisher beschriebene Relation von Quantität und Qualität (lang=geschlossen; kurz=offen) gilt allerdings nur in betonten Silben. In *unbetonten* Silben hingegen kommen außer kurzen offenen Vokalen auch *kurze geschlossene* Vokale vor, wie die folgenden Beispiele zeigen:

['kri:tɪʃ] <kritisch>   –   [kri'ti:k] <Kritik>
['mø:bəl] <Möbel>   –   [mø'bli:rən] <möblieren>
['do:zɪs] <Dosis>   –   [do'zi:rən] <dosieren>
['le:bən] <leben>   –   [le'bɛndɪç] <lebendig>

In der ersten Silbe der angeführten Wortpaare sind jeweils lange und kurze Vokale mit gleicher (geschlossener) Qualität in komplementärer Distribution: Die geschlossenen Langvokale stehen in betonter Silbe (linke Kolonne), die geschlossenen Kurzvokale in unbetonter Silbe (rechte Kolonne). Offenbar haben die geschlossenen Vokale zwei kombinatorische Varianten, deren Verteilung von der Akzentuierung der Silbe abhängig ist. Sie können daher als /i/, /u/, /ø/, usw. (im Gegensatz zu den offenen Vokalen /ɪ/, /ʊ/, /œ/, usw.) notiert werden, und eine phonetische Realisierungsregel steuert die Wahl des „richtigen" Allophons, nämlich langes [i:] in betonter, kurzes [i] in unbetonter Silbe. Nun kommen aber in unbetonten Silben außer geschlossenen auch *offene* Kurzvokale vor, wie in den ersten Silben der folgenden Wörter: [dɪ'fu:s] <diffus>, [mʏsteri'ø:s] <mysteriös>, [dɛ'se:ʁ] <Dessert>, [skʊ'ri:l] <skurril>. Aus all diesen Belegen geht hervor, dass in unbetonten Silben zwar der Gegensatz 'lang-kurz' (also der Quantitätsunterschied) aufgehoben ist, nicht aber der Gegensatz 'geschlossen-offen' (der Qualitätsunterschied). Es ist u.a. diese Tatsache, mit der sich begründen lässt, dass bei den deutschen Vokalen vielleicht doch eher die *Qualität* als distinktiv, die Quantität hingegen als von Qualität und Akzent abhängig zu betrachten ist. Dem ist aber entgegenzuhalten, dass es sich bei den angeführten Belegen fast ausschließlich um Fremdwörter handelt. Überdies gilt auch die qualitative Lösung nicht ausnahmslos, denn sowohl bei /a:/ vs. /a/, als auch bei /ɛ:/ vs. /ɛ/ ist eben nicht die Qualität, sondern die Quantität distinktiv.

Bei der phonematischen Wertung der *Diphthonge* tauchen ähnliche Probleme – und Lösungsvorschläge – auf wie bei den Affrikaten. Hier wie dort wird die mono- oder biphonematische Wertung mit mehr oder minder überzeugenden Argumenten begründet bzw. verworfen. Wir werden im Folgenden daher wiederum nur exemplarisch die Diskussion demonstrieren.

Phonetisch entstehen Diphthonge aus einer vokalischen Gleitbewegung von einem Ausgangs- zu einem Zielvokal innerhalb *einer* Silbe. Für das Deutsche sind drei Diphthonge anzusetzen,[1] deren distinktive Funktion in Abb. 4-3 durch Minimalpaare belegt ist.

Zur phonematischen Wertung der Diphthonge werden u.a. distributionelle Kriterien herangezogen. So zeigen Paare wie [graɪs] <Greis>/[graʊs] <Graus>, [ˈɔɪlə] <Eule>/[ˈaɪlə] <Eile>, usw., dass nicht der Diphthong als Ganzes, sondern schon der Austausch nur einer Komponente distinktiv wirkt[2], was für den *biphonematischen* Status der Diphthonge spricht. Andererseits müssten bei biphonematischer Wertung die Einzelkomponenten bereits im Vokalsystem vorhanden sein. Das kann zwar für den ersten Bestandteil der deutschen Diphthonge bejaht werden (/a/ bzw. /ɔ/), für den zweiten Bestandteil ist das jedoch schon problematischer, denn dessen Realisationen weisen eine beträchtliche Variabilität auf. Der Zielvokal in /aɪ/ schwankt von [ɪ] über [e] bis [ɛ], jener in /aʊ/ reicht von [ʊ] über [o] bis [ɔ], und der Zielvokal von /ɔɪ/ variiert sogar zwischen [ɪ], [e], [ʏ], [ø] und [œ]. Nicht zuletzt mit dieser Streuung des zweiten Diphthongbestandteils und der damit verbundenen Schwierigkeit, ihn zu einem bereits im System vorhandenen Vokalphonem zuzuordnen, wird die *monophonematische* Wertung begründet.

Mit der Aufnahme der Diphthonge in die Tabelle der deutschen Vokalphoneme (Abb. 4-5) haben auch wir der monophonematischen Wertung den Vorzug gegeben. Konsequenterweise müssten diese Diphthonge daher mit jeweils *einem* Phonemsymbol dargestellt werden oder zumindest – wie das üblicherweise geschieht – durch eine besondere Schreibweise (z.B. [a̯ʊ, aʊ̯, aᵘ], usw.) als phonematische Einheiten gekennzeichnet sein. Zur Vereinfachung der Notation kann man darauf allerdings verzichten, solange aus der (phonologischen) Transkription klar hervorgeht, ob eine Vokalfolge zu *einer* Silbe gehört, also einen Diphthong repräsentiert, oder sich auf *zwei* Silben verteilt und daher für zwei Monophthonge steht. In den Wörtern <weit> /vaɪt/ bzw. <neu> /nɔɪ/ gehören die Vokalfolgen eindeutig zu einer Silbe und stehen daher für Diphthonge. In den Wörtern <naiv> /naˈiːv/ bzw. <Heroin> /heroˈiːn/ hingegen verteilen sich die Vokalfolgen auf zwei Silben, was sowohl aus dem Akzentzeichen als auch aus der Quantität des zweiten Vokals hervorgeht; und in Wörtern wie <heroisch> /heˈroːɪʃ/, <algebraisch>

[1] Der seltene Diphthong [ʊɪ] (in Ausrufen wie <pfui>, <hui>), sowie die aus r-Vokalisierungen entstehenden (phonetischen) Diphthonge (z.B. [ɛɐ] in [hɛɐ] <Herr>) bleiben hier unberücksichtigt.

[2] Das gilt auch für die Kommutation der zweiten Komponente mit konsonantischen Phonemen, z.B.: [ˈbɔɪtə] <Beute> / [ˈbɔʁtə] <Borte>, [ˈkaʊtə] <kaute> / [ˈkantə] <kannte>.

/algeˈbraːɪʃ/ kann man an der Quantität des ersten Elements der Vokalfolge erkennen, dass sie keinen Diphthong darstellt und daher auf zwei Silben verteilt ist.

4.3 Merkmalphonologie
4.3.1 Vorbemerkungen

Mit den Wörtern <Pein> vs. <nein>, <rein>, <dein>, <sein>, <Schein>, <kein>, <fein>, <mein>, <Bein> können wir durch Minimalpaarbildung und Kommutation des anlautenden Konsonanten die uns bereits bekannten deutschen Phoneme /p/, /n/, /r/, /d/, /z/, /ʃ/, /k/, /f/, /m/, /b/ „nachweisen". Alle diese Einheiten haben nämlich distinktive Funktion. Trotzdem scheint der Unterschied zwischen z.B. /p/ und /n/ irgendwie anders geartet zu sein, als der zwischen /p/ und /b/. In Abb. 4-6 vergleichen wir die Parameter Artikulationsorgan, -ort, -art und Stimmtonbeteiligung der Realisierung von /p/ (stimmloser bilabialer Plosiv) mit jenen der übrigen zu /p/ in Opposition stehenden Phoneme; dabei wird Übereinstimmung durch x gekennzeichnet und die Anzahl der nicht übereinstimmenden Parameter in der letzten Spalte („ungleich") angegeben. Auf den ersten Blick ist damit klar, worin die Andersartigkeit der Opposition /p/:/n/ gegenüber der Opposition /p/:/b/ besteht: Während /p/ und /n/ in keiner der angeführten artikulatorischen Eigenschaften übereinstimmen, unterscheiden sich /p/ und /b/ lediglich durch eine Eigenschaft, nämlich durch Stimmtonbeteiligung.

Phoneme als minimale bedeutungsdifferenzierende Einheiten einer Sprache können zwar nicht in noch kleinere *aufeinanderfolgende* Segmente unterteilt werden, sie bestehen aber aus mehreren *simultan* (gleichzeitig) auftretenden Lauteigenschaften, die in ihrer Gesamtheit gewissermaßen als *Bündel* ein Phonem charakterisieren. Diese (zur Bedeutungsdifferenzierung genütz-

	Art.Organ	Art.-Ort	Art.-Art	Sth./stl.	*ungleich*
p/n	-	-	-	-	4
p/r	-	-	-	-	4
p/z	-	-	-	-	4
p/d	-	-	x	-	3
p/ʃ	-	-	-	x	3
p/k	-	-	x	x	2
p/f	x	-	-	x	2
p/m	x	x	-	-	2
p/b	x	x	x	-	1

Abb. 4-6: Artikulatorische Eigenschaften von Phonemrealisationen (Erläuterung s. Text)

ten) Lauteigenschaften werden *distinktive Merkmale* genannt. Die Phoneme einer Sprache können zwar bestimmte distinktive Merkmale mit anderen Phonemen teilen (vgl. die mit x markierten Eigenschaften in Abb. 4-6), jedes Phonem muss sich aber in mindestens *einem* Merkmal von allen übrigen Phonemen unterscheiden. Im Minimalpaar <Pein>/<Bein> ist die Stimmhaftigkeit jenes (einzige) Merkmal, das bedeutungsdifferenzierend wirkt, beim Minimalpaar <Bein>/<mein>, wo im jeweils ersten Segment sowohl Artikulationsort und -organ als auch Stimmhaftigkeit übereinstimmen, ist das distinktive Merkmal die (unterschiedliche) Artikulations*art*.

4.3.2 Distinktive Merkmale

Eine erste Einteilung der distinktiven Merkmale ergibt sich durch die Unterscheidung von suprasegmentalen und segmentalen Merkmalen.

Die *suprasegmentalen* (prosodischen) Merkmale beziehen sich auf jene Eigenschaften, die sich über mehr als ein Segment erstrecken und die nur in Relation zu anderen lautlichen Einheiten einer Sprache definierbar sind (vgl. dazu Kap. 3).

Die *segmentalen* Merkmale erfassen jene Eigenschaften, die den Segmenten unabhängig von anderen lautlichen Einheiten einer Sprache zukommen, wie z.B. Artikulationsort und -art sowie Stimmton. Diese Eigenschaften haften also den einzelnen Segmenten an und werden daher auch *inhärente* Merkmale genannt.

lat. *inhaerére* – anhaften

Die segmentalen Merkmale, die wir im Folgenden beschreiben wollen, lassen sich wiederum in drei Gruppen unterteilen: Oberklassenmerkmale, Artikulationsortsmerkmale und Artikulationsartmerkmale.

4.3.2.1 Mit den *Oberklassenmerkmalen* werden die Phoneme einer Sprache in allgemeine Lautklassen zusammengefasst. Zu diesen Merkmalen gehören:

konsonantisch [±kons][1]
sonorant [±son].

Konsonantisch sind jene Laute, deren Realisierung mit einer Engebildung oder einem vollständigen zentralen Verschluss oberhalb der Glottis einhergeht. Demnach sind Verschlusslaute, Reibelaute und Affrikaten sowie Nasale und Liquide [+kons], Vokale hingegen [–kons].

Sonorant bezieht sich auf die Resonanzeigenschaften eines Lautes, die sich aus der Möglichkeit zur so genannten spontanen Stimmbildung ergeben. Diese spontane Stimmbildung schlägt sich akustisch-auditiv als Klang nieder und liegt vor bei Vokalen, Nasalen und Liquiden, die folglich [+son] sind, während die geräuschhaften Verschluss- und Reibelaute sowie Affrikaten [–son] sind. Es gibt zwar auch stimm*hafte* Plosive, Frikative

[1] Die Merkmale werden üblicherweise in der angegebenen abgekürzten Form zwischen eckigen Klammern notiert, wobei das Vorhandensein des Merkmals mit „+", das Fehlen mit „–" angezeigt wird.

Phonologie

	Vokale	Sonoranten	Obstruenten	Laryngale
kons	–	+	+	–
son	+	+	–	–

Abb. 4-7: Matrix der Oberklassenmerkmale

und Affrikaten, doch handelt es sich dabei um keine „spontane Stimmbildung" im Sinne der Definition des Merkmals 'sonorant'. Da das Artikulationsgeräusch der nicht-sonoranten Laute durch eine entsprechende Behinderung (Obstruktion) des Luftstroms entsteht, werden diese Laute auch Obstruenten genannt und mit dem Merkmal *'obstruent'* ([±obstr]) als [+obstr] gekennzeichnet. Dieses Merkmal kann daher alternativ zum Merkmal 'sonorant' verwendet werden; dabei bedeutet [+obstr] gleich [–son] und [–obstr] gleich [+son].

Mit den beiden Oberklassenmerkmalen lassen sich also Vokale, Sonoranten (d.h. Nasale und Liquide) sowie die Obstruenten (Plosive, Frikative, Affrikaten) differenzieren. Diese Differenzierung kann man als Merkmalmatrix darstellen.

In einer *Merkmalmatrix* sind von oben nach unten in den Zeilen die Merkmale angegeben und von links nach rechts in den Spalten die Laute bzw. Lautklassen, deren spezifische Merkmalausprägungen durch '+' und '–' gekennzeichnet werden. Aus obiger Matrix ist z.B. ersichtlich, dass die Sonoranten mit den Obstruenten das Merkmal [+kons] (d.h. Enge oder Verschluss oberhalb der Glottis) teilen und mit den Vokalen das Merkmal [+son] (d.h. spontane Stimmbildung) gemeinsam haben.

Artikulationsortmerkmale

IPA	Merkmale	
bilabial	+anterior	
labiodental		
dental		
alveolar		+koronal
palatoalveolar		+kor, +hoch
palatal		+hoch
velar	+hinten	
uvular		

4.3.2.2 Als *Artikulationsortsmerkmale*, die im Wesentlichen durch die unterschiedlichen Stellungen von Zungenrücken bzw. Zungenkranz definiert sind, gelten Folgende:
- hoch [±hoch]
- tief [±tief]
- hinten [±hint]
- koronal [±kor]
- anterior [±ant]

Hoch bezieht sich auf die Position der Zungenmasse (d.h. des Zungenrückens). Mit [+hoch] sind jene Laute charakterisiert, bei denen die Zungenmasse *über* die *neutrale Stellung* (d.i. etwa die Zungenhöhe von [e]) gehoben wird. Dazu gehören einerseits die Hochzungenvokale, andererseits die palato-alveolaren, palatalen und velaren Konsonanten. Als [–hoch] gelten demnach alle Segmente, bei deren Artikulation die Zungenmasse in der Höhe der neutralen Stellung oder tiefer liegt. Dazu zählen Mittel- und Tiefzungenvokale, sowie uvulare und labiale, aber auch apikale Konsonanten; bei Letzteren ist wohl die Zungenspitze (als Teil des Zungenkranzes) gehoben, nicht aber der Zungenrücken, auf dessen Position es bei der Definition von [±hoch] ankommt.

Tief bezieht sich ebenfalls auf die Position des Zungenrückens, wobei als [+tief] nur jene Segmente gelten, bei denen sich die Zungenmasse *unter* die neutrale Stellung senkt. Dies trifft z.B. auf die Tiefzungenvokale zu.

Hinten ist das dritte auf die Zungenmasse bezogene Merkmal und unterscheidet Uvulare und Velare mit [+hint] von den weiter vorn gebildeten Lauten, also von Palatalen, Alveolaren, Dentalen sowie Labialen, die alle [–hint] sind. Diese Differenzierung gilt sinngemäß auch für velare ([+hint]) und palatale ([–hint]) Vokale.

Koronal erfasst die Position des Zungenkranzes (Corona), wobei mit [+kor] alle mit angehobenem Zungenkranz gebildeten Laute charakterisiert sind, also die dentalen, alveolaren und palato-alveolaren Konsonanten.

Anterior bezieht sich insofern auf den Artikulationsort, als mit [+ant] alle *vor* der palato-alveolaren Region gebildeten Laute erfasst sind. Labiale, Dentale und Alveolare sind demnach [+ant], die palato-alveolaren Frikative [ʃ, ʒ] und alle weiter hinten artikulierten Konsonanten hingegen [–ant].

4.3.2.3   Zu den *Artikulationsartmerkmalen* können die folgenden Merkmale gezählt werden:
>kontinuierlich [±kont]
>nasal [±nas]
>lateral [±lat]
>stimmhaft [±sth].

Dabei beziehen sich jedoch nur die ersten drei Merkmale tatsächlich auf die Artikulationsart, während das Merkmal 'stimmhaft' eigentlich dem Bereich der Phonation zuzurechnen ist.

Kontinuierlich bzw. gleich bedeutend *dauernd* ([±dnd]) kennzeichnet den Luftstrom bei der Artikulation: Wird dieser im Mundraum blockiert (wie bei Plosiven und Nasalkonsonanten), sind die entsprechenden Segmente [–kont] bzw. [–dnd], kann die Luft hingegen gleichmäßig ausströmen (wie bei Frikativen und Liquiden), sind die Segmente [+kont] bzw. [+dnd].[1]

Nasal bezieht sich auf den durch die Velumstellung bedingten Artikulationsmodus. Laute, die mit gesenktem Velum artikuliert werden (Nasalkonsonanten und nasalierte Vokale) sind [+nas], die mit gehobenem Velum artikulierten Segmente sind [–nas].

Lateral ist das Merkmal, mit dem der Weg der durch den Mundraum strömenden Luft erfasst wird. Kann die Luft seitlich an den Zungenrändern vorbei entweichen, ist das Segment [+lat], ansonsten [–lat].

Stimmhaft ist als Merkmal quasi selbsterklärend und wird vor allem zur Differenzierung von Obstruenten gebraucht, welche bei gleichzeitiger Stimmbildung als [+sth], bei fehlendem Stimmton als [–sth] charakterisiert sind.

---

[1] Nach anderer Auffassung soll nicht die Blockade im *Mundraum*, sondern allgemein die Blockade im Ansatzrohr (zu dem ja auch der Nasenraum gehört) entscheidend für die Merkmalszuordnung sein; danach wären auch Nasalkonsonanten, bei denen die Luft wegen des gesenkten Velums gleichmäßig durch die Nase ausströmen kann, als [+kont] zu charakterisieren.

Damit sind die wichtigsten Merkmale definiert, mit deren Hilfe im nächsten Abschnitt eine Merkmalmatrix des Deutschen erstellt wird. Dabei werden (notwendigerweise) noch einige weitere Merkmale, sowie die Diskussion bestimmter Merkmalszuordnungen einfließen.

4.3.3 Merkmalmatrix des Deutschen

Aus Gründen der Übersichtlichkeit stellen wir das Konsonantensystem und das Vokalsystem des Deutschen jeweils getrennt dar. Diese Aufgliederung ist schon deshalb gerechtfertigt, weil mit den Oberklassenmerkmalen einerseits die Klasse der Vokale durch [–kons, +son] eindeutig von den übrigen Phonemen abgrenzbar ist, und andererseits die zur Klasse der Konsonanten gehörenden Segmente, also Obstruenten und Sonoranten, durch das Merkmal [+kons] charakterisiert sind (s. Abb. 4-7).

Einzig das Phonem /h/, das in Abb. 4-4 als glottales Konsonantenphonem eingeordnet wurde, bildet hier eine Ausnahme. Aus der merkmalphonologischen Beschreibung des /h/ wird ersichtlich, dass es als Element einer besonderen Lautklasse zu betrachten ist. Diese Lautklasse, in Abb. 4-7 als 'Laryngale' benannt, hat die Oberklassenmerkmale [–kons, –son]. Das ergibt sich zwangsläufig aus der Definition der Merkmale 'konsonantisch' und 'sonorant': Der Laryngal [h] ist [–kons], weil bei seiner Artikulation keine Enge- oder Verschlussbildung *oberhalb* der Glottis erfolgt, und er ist [–son], weil schon physiologisch bei geöffneter Glottis keine spontane Stimmbildung erfolgen kann. Da somit /h/ eindeutig vom übrigen deutschen Konsonanteninventar abgegrenzt ist, wird es auch nicht in die folgende Merkmalmatrix aufgenommen.[1]

Wie bereits erwähnt, haben *alle* in Abb. 4-8 eingetragenen Phoneme das Oberklassenmerkmal [+kons], sodass dieses Merkmal nicht mehr in der Matrix aufscheint. Durch das Merkmal [+son] werden die rechts vom Doppelstrich stehenden Sonoranten, d.h. die Nasale und Liquide, von den links stehenden Obstruenten unterschieden.

Danach folgen die Ortsmerkmale ([±hint], [±hoch], [±ant], [±kor]), nach denen die Phoneme entsprechend der Position von Zungenrücken bzw. Zungenkranz spezifiziert sind. Anstelle des Merkmals [±ant] wird in manchen Analysen des Deutschen ein Merkmal *labial* [±lab] verwendet. Als [+lab] gelten jene Laute, an deren Bildung die Lippen aktiv beteiligt sind; daraus ergibt sich die Merkmalbelegung [+lab] für /p, b, f, v, m/ und [–lab] für alle übrigen Segmente. Ein Vorteil des Merkmals 'labial' liegt darin, dass es zur Klassifikation von Konsonanten *und* Vokalen geeignet ist: Auch gerundete Vokale erfordern eine aktive Lippenbeteiligung und sind daher [+lab]; s.u. die Vokalmatrix).

---

[1] Bei einer vollständigen (und damit redundanten) Merkmalspezifizierung würde /h/ mit Ausnahme von [+kont] für alle übrigen Merkmale den Wert '–' haben.

Phonologie

	p	b	f	v	t	d	s	z	ʃ	ɟ	k	g	x	m	n	ŋ	l	r
son	−	−	−	−	−	−	−	−	−	−	−	−	−	+	+	+	+	+
hint	−	−	−	−	−	−	−	−	−	−	+	+	+	−	−	+	−	−
hoch	−	−	−	−	−	−	−	−	+	+	+	+	+	−	−	+	−	−
ant	+	+	+	+	+	+	+	+	−	−	−	−	−	+	+	−	+	+
kor	−	−	−	−	+	+	+	+	+	+	−	−	−	−	+	−	+	+
kont	−	−	+	+	−	−	+	+	+	+	−	−	+	−	−	−	+	+
lat	−	−	−	−	−	−	−	−	−	−	−	−	−	−	−	−	+	−
nas	−	−	−	−	−	−	−	−	−	−	−	−	−	+	+	+	−	−
sth	−	+	−	+	−	+	−	+	−	+	−	+	−	+	+	+	+	+

Abb. 4-8: Merkmalmatrix der deutschen Konsonanten

Schließlich folgen die Merkmale [±kont], [±lat], [±nas] und [±sth] zur Klassifizierung der Phoneme nach Artikulationsmodus und Stimmtonbeteiligung.

In der Matrix der deutschen Vokale kann auf die Angabe *beider* Oberklassenmerkmale verzichtet werden, da für alle Vokale die Spezifizierung [−kons, +son] gilt.

Die aufgelisteten Merkmale umfassen zunächst die drei Ortsmerkmale [±hint], [±hoch] und [±tief]; für [±hint] wird manchmal, besonders zur Beschreibung von Vokalen, das **komplementäre** Merkmal [±vorn] verwendet. Nach ihrer Definition entspricht die Belegung dieser Merkmale den artikulatorischen Parametern im Vokaltrapez.

> Komplementär bedeutet hier, dass [+vorn] gleich [−hint] ist, und [−vorn] gleich [+hint].

Danach folgt das Merkmal [±rund], welches in manchen Analysen durch das Merkmal [±lab] ersetzt wird. Als [+rund] bzw. [+lab] werden gerundete Vokale von ungerundeten abgegrenzt. Dabei fällt auf, dass – mit Ausnahme von [ə] – alle Vokale mit der Merkmalbelegung [−tief, +hint], also [uː, ʊ, oː, ɔ], gleichzeitig auch [+rund] sind, und die beiden Vokale [aː] und [a] mit der Spezifikation [+tief] gleichzeitig auch das Merkmal

	iː	ɪ	eː	ɛ	ɛː	yː	ʏ	øː	œ	aː	a	uː	ʊ	oː	ɔ	ə
hint	−	−	−	−	−	−	−	−	−	+	+	+	+	+	+	+
hoch	+	+	−	−	−	+	+	−	−	−	−	+	+	−	−	−
tief	−	−	−	−	−	−	−	−	−	+	+	−	−	−	−	−
rund	−	−	−	−	−	+	+	+	+	−	−	+	+	+	+	−
gesp	+	−	+	−	+	+	−	+	−	+	−	+	−	+	−	−
lang	+	−	+	−	+	+	−	+	−	+	−	+	−	+	−	−

Abb. 4-9: Merkmalmatrix der deutschen Vokale

[–rund] haben. Das Merkmal [±rund] dient bei betonten Vokalen also lediglich zur Differenzierung von Vokalen mit dem Merkmal [–hint], also von (gerundeten und ungerundeten) Palatalvokalen.

Die beiden letzten Merkmale spiegeln mit ihrer Belegung den schon mehrmals erwähnten, gleichzeitigen Wechsel von Vokalqualität und -quantität wider. Das Merkmal *gespannt* ([±gesp]) bezieht sich auf den bereits beschriebenen Spannungsparameter: Mit [+gesp] wird eine stärkere Anspannung vor allem der Zungenmuskulatur und – damit verbunden – eine stärkere Abweichung der Zunge aus ihrer neutralen Lage charakterisiert, während als [–gesp] Segmente mit einer geringeren Muskelspannung und gleichzeitig stärker zentralisierten Zungenlage gelten. Daher sind relativ geschlossenere Vokalqualitäten, wie z.B. [i, e, u, o] mit [+gesp], relativ offenere Qualitäten, wie z.B. [ɪ, ɛ, ʊ, ɔ] mit [–gesp] spezifiziert.

Das Merkmal *lang* [±lang] ist ein suprasegmentales (prosodisches) Merkmal, mit dem im Deutschen Lang- und Kurzvokale differenziert werden.

Wegen des gleichzeitigen Wechsels von Qualität und Quantität deutscher Vokale in betonter Silbe sind die geschlosseneren Vokale [+gesp, +lang], die offeneren Vokale [–gesp, –lang]. Davon gibt es zwei Ausnahmen: Zum einen wird die distinktive Funktion der Opposition [ɛ] vs. [ɛː] (<Wellen>/<wählen>) nicht von der Vokal*qualität* (beide Segmente sind [–gesp]), sondern nur von der *Quantität* getragen, sodass sich [ɛ] und [ɛː] nur durch das Merkmal [±lang] unterscheiden. Zum anderen beruht die Opposition der beiden mit [+tief] spezifizierten Vokale [a] und [aː] (<Stadt>/<Staat>) bei gleicher Qualität lediglich auf der unterschiedlichen Quantität. Dennoch ist in unserer Matrix für die tiefen Vokale auch das Gespanntheitsmerkmal spezifiziert. Das heißt aber trotzdem nicht, dass sich die beiden tiefen Vokale durch den Parameter 'offen-geschlossen' unterscheiden; die Merkmalzuordnung [–gesp, –lang] für [a] und [+gesp, +lang] für [aː] berücksichtigt vielmehr den bisher nicht erwähnten Umstand, dass gespannte Vokale normalerweise eine längere (inhärente) Dauer haben als ungespannte Vokale.

Zu erwähnen ist noch, dass die beiden tiefen Vokale das Merkmal [+hint] tragen, obwohl sie tatsächlich eine zwischen palatal und velar liegende Qualität haben. Da sie aber als einzige vokalische Segmente mit dem Merkmal [+tief] schon ausreichend von allen übrigen Vokalen differenziert sind, ist für sie die Spezifizierung des Merkmals 'hinten' eigentlich unerheblich. Aus dem Einfluss der tiefen Vokale auf die Wahl der kombinatorischen Varianten des Phonems /x/ lässt sich jedoch ihre Klassifizierung als [+hint] rechtfertigen, da bekanntlich nach /a(ː)/ nur die hintere Variante des Phonems /x/ auftritt. Ausdrücklich sei daher hier nochmals darauf hingewiesen, dass eine phonologische Analyse nur auf die distinktive Funktion der lautlichen Einheiten und nicht auf deren detaillierte (artikulatorisch-) phonetische Beschreibung abzielt.

Das gilt auch für die Merkmalbelegungen des nur in unbetonten Silben vorkommenden [ə], welches ebenfalls das Merkmal [+hint] trägt, obwohl es artikulatorisch-phonetisch ein Zentralvokal ist. Da alle übrigen nicht-tiefen Vokale des Deutschen mit dem Merkmal [+hint] auch gleichzeitig [+rund] sind, ist die fehlende Rundung (also [–rund]) für [ə] das einzige distinktive Merkmal, das es von [ɔ] unterscheidet.

Zum Abschluss unserer Darstellung der phonologischen Merkmalmatrix des Deutschen wollen wir noch kurz begründen, warum hier weder Affrikaten noch Diphthonge als phonemische Einheiten mit entsprechenden Merkmalspezifizierungen angeführt sind.

Bei der Diskussion der deutschen Konsonantenphoneme haben wir uns der *bi*phonematischen Wertung der *Affrikaten* angeschlossen. Konsequenterweise fehlen sie daher sowohl in der Konsonantentabelle (Abb. 4-4) als auch in der konsonantischen Matrix (Abb. 4-8). Die Merkmalmatrix für eine Affrikate ergibt sich bei biphonematischer Wertung nämlich aus den jeweiligen Eintragungen für jene Segmente, aus denen sie zusammengesetzt ist.

Die *Diphthonge* hingegen haben wir als *mono*phonematische Einheiten wohl in die Vokaltabelle (Abb. 4-5) aufgenommen, nicht aber in die vokalische Matrix (Abb. 4-9). Dies liegt nicht zuletzt darin begründet, dass eine merkmalphonologische Beschreibung von Diphthongen auf größte, um nicht zu sagen unüberwindliche, Schwierigkeiten stößt. Daher existieren auch kaum Untersuchungen, die Lautverbindungen monophonematisch werten und gleichzeitig mit phonologischen Merkmalen zu beschreiben versuchen. Unsere Vorgangsweise, Diphthonge als monophonematische Einheiten anzunehmen und auf den Versuch ihrer merkmalphonologischen Beschreibung zu verzichten, stellt natürlich eine Inkonsequenz dar, die wir aber gerne in Kauf nehmen. Denn erstens gibt es eben auch – wie oben in 4.2.2 angedeutet – gute Gründe, die für eine biphonematische Wertung von Diphthongen sprechen, und zweitens halten wir (auch in einer Einführung) wenig davon, den Blickwinkel scheuklappenartig auf nur eine mögliche Perspektive einzuengen. Dass wir mit diesem Credo nicht allein stehen, zeigt folgendes Zitat:

„Der Anspruch auf die ausschließliche Geltung einer Analyse erscheint uns im Hinblick auf die Realität verdächtiger zu sein als das Akzeptieren mehrerer möglicher Lösungen, die die Realität von verschiedenen Seiten her beleuchten."[1]

[1] Heike, 1969:27.

Phonologie

4.4 Prozessphonologie

Mit der Ermittlung und systematischen Anordnung der Phoneme sowie mit deren Beschreibung durch distinktive Merkmale ist der Aufgabenbereich der Phonologie keineswegs erschöpft. Eine Analyse der lautlichen Phänomene einer Sprache umfasst auch jene systematischen Beziehungen zwischen lautsprachlichen Formen, die auf regelhafte Veränderungen, so genannte *phonologische Prozesse*, zurückzuführen sind.

In diesem Abschnitt wollen wir daher Wesen und Wirkung phonologischer Prozesse anhand eines Beispiels demonstrieren (4.4.1) und die entsprechenden Notationskonventionen (4.4.2) erläutern. Schließlich geben wir noch eine nach ihrer Wirkung auf Silbenstruktur (s.u. 4.4.3) und auf Segmente (s.u. 4.4.4) geordnete Typologie phonologischer Prozesse, wie sie sowohl bei der Bildung von wohlgeformten (d.h. korrekten) lautsprachlichen Äußerungen auftreten, als auch bei den durch Sprachstörungen verursachten abweichenden Realisierungen zu beobachten sind.

4.4.1 Phonologische Prozesse

Betrachten wir zunächst einmal die folgenden Wörter bzw. Wortformen:

(B-1)

a) <Hund>   [hʊnt]   b) <Hunde>   [ˈhʊndə]
   <Wind>   [vɪnt]   <Winde>   [ˈvɪndə]
   <Lied>   [liːt]   <Lieder> [ˈliːdər]
   <Kind>   [kɪnt]   <Kinder> [ˈkɪndər]

c) <kindisch> [ˈkɪndɪʃ]   d) <kindlich> [ˈkɪntlɪç]
   <windig>   [ˈvɪndɪç]   <Liedchen> [ˈliːtçən]

Die unter a) aufgeführten Formen enden alle auf den stimmlosen apiko-alveolaren Verschlusslaut [t]. Folgt diesem Verschlusslaut jedoch eine Endung (ein *Suffix*) wie unter b) und c), wird er stimmhaft, also mit [d] realisiert. Vor anderen Suffixen wie unter d) tritt wiederum stimmloses [t] auf.

Aus diesen Beispielen erkennen wir, dass es im Deutschen offenbar Wörter (*lexikalische Morpheme*) gibt, die zwei unterschiedliche lautliche Formen (*Allomorphe*) haben: [hʊnt]/[hʊnd], [vɪnt]/[vɪnd], usw. Steht das Morphem allein, d.h. ohne Endung, wird das auf [t] auslautende Allomorph verwendet. Folgt dem Morphem ein Suffix, das mit Vokal beginnt, wird das auf [d] endende Allomorph gewählt, beginnt das Suffix hingegen mit einem Konsonanten, muss wiederum das [t]-Allomorph stehen. Ein kompetenter Sprecher des Deutschen wählt (wenn auch nicht bewusst) von den beiden Allomorphen eines solchen Morphems immer das jeweils richtige aus.

Wir können uns daher fragen, wie der kompetente Sprecher solche in unterschiedlichen lautlichen Formen auftretende Morpheme in seinem Gehirn gespeichert hat, d.h. wie das im Gedächtnis des Sprechers gespeicherte „Wörterbuch", das *mentale Lexikon*, aussieht.

Prinzipiell gibt es zwei Möglichkeiten. Erstens können beide Allomorphe „eingetragen" sein, d.h. dass das mentale Lexikon z.B. für das Wort mit der Bedeutung „Luftbewegung" *zwei Einträge*, nämlich [vɪnt] (für <Wind>) und [vɪnd] (für <Winde>, <windig>) aufweist, die je nach Bedarf abgerufen werden. Zweitens könnte aber das Morphem mit nur *einem Eintrag* im mentalen Lexikon repräsentiert sein. Dieser Eintrag heißt dann *zugrunde liegende Form* (oder auch phonologische Repräsentation), aus der die korrekten phonetischen *Oberflächenformen* (phonetische Repräsentation) durch einen *phonologischen Prozess* abgeleitet werden. So könnte man beispielsweise für das Morphem mit der Bedeutung „menschliches Wesen zwischen Geburt und Geschlechtsreife" eine zugrunde liegende Form /kɪnt/[1] annehmen. Dann entspräche die phonetische Oberfläche des Allomorphs [kɪnt] bereits der zugrunde liegenden Form, während die phonetische Oberfläche des zweiten Allomorphs [kɪnd] durch einen phonologischen Prozess entsteht, der durch eine *phonologische Regel* erfassbar ist.

Eine solche Regel könnte die folgende Form haben (der Pfeil → ist zu lesen als „wird zu"):

(R-1)   /t/ → [d], wenn ein Vokal folgt.

Diese Regel erzeugt für alle Wörter bzw. Wortformen in (B-1) die richtige phonetische Oberfläche: für a) und d) die den zugrunde liegenden Formen entsprechenden Allomorphe auf [-t] (d.h. die Regel kommt nicht zur Anwendung, weil dem /t/ kein Vokal folgt), sowie für b) und c) die vor Vokal auftretenden Allomorphe auf [-d].

(B-2)

a) <Welt>   [vɛlt]   b) <Welten>   [ˈvɛltən]
   <Komet> [koˈmeːt]   <Kometen> [koˈmeːtən]
   <Beet>   [beːt]   <Beete>   [ˈbeːtə]
   <Gewalt> [gəˈvalt]   <gewaltig> [gəˈvaltɪç]

Wenden wir die Regel (R-1) auch auf die Wörter in (B-2) an, würden falsche Oberflächenformen, wie etwa *<Wel[d]en>, *gewal[d]ig>, usw., entstehen. Allerdings haben wir (R-1) nur deshalb eingeführt, um die vor Vokalen auftretenden

[1] Einträge im mentalen Lexikon werden wie Phoneme zwischen Schrägstrichen notiert.

Repräsentationsebenen

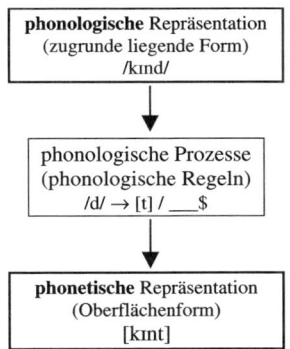

Phonologie

phonetischen Oberflächenformen [kɪnd-], [vɪnd-], usw. aus den (möglicherweise) zugrunde liegenden Repräsentationen /kɪnt/, /vɪnt/, usw. abzuleiten. Nun ist es aber durchaus denkbar, dass die lexikalischen Morpheme in (B-1) zugrunde liegende Formen auf /-d/ haben, und die [t]-Allomorphe durch folgende phonologische Regel erzeugt werden:

(R-2)   /d/ → [t], wenn   a) kein Suffix folgt oder
b) ein konsonantisch anlautendes Suffix folgt.

Diese Regel beschreibt einen phonologischen Prozess, der als *Desonorisierung* (ein stimmhafter Laut wird stimmlos) bezeichnet wird und als *Auslautverhärtung* bereits angesprochen wurde. Mit dieser Regel gelangen wir für *alle* bisherigen Beispiele in (B-1) und (B-2) zu korrekten phonetischen Oberflächenformen.[1]

Die Regel (R-2) gilt sinngemäß auch für zugrunde liegendes /b, g, v, z/, wie die folgenden Wörter mit ihren unterschiedlichen Oberflächenformen zeigen.

(B-3)

a) <Dieb> [di:p]   b) <Diebe>   ['di:bə]
                          <Diebin>   ['di:bɪn]
   <Tag>   [ta:k]   <Tage>   ['ta:gə]
                          <Tagung>   ['ta:gʊŋ]
   <Haus> [haʊs]   <(zu) Hause> ['haʊzə]
                     aber: <häuslich> ['hɔɪslɪç]

Um nicht nur den systematischen Wechsel (die *Alternation*) zwischen den Oberflächenformen in (B-1), sondern auch jenen in (B-3) zu erfassen, müssen wir die Regel (R-2) zu (R-2') erweitern.

(R-2')   /d/ → [t]
         /b/ → [p]
         /g/ → [k] , wenn   a) kein Suffix folgt oder
         /v/ → [f]   b) ein konsonantisch anlautendes Suffix folgt.
         /z/ → [s]

Durch eine solche *Segmentschreibweise* wird die Darstellung einer Regel, die für mehrere Segmente gilt, komplizierter und unübersichtlicher. Daher bedient man sich zur Notation phonologischer Regeln bestimmter Konventionen, die wir im nächsten Abschnitt erläutern wollen. Dabei werden wir sehen, dass die Formulierung einer für mehrere Segmente gültigen Regel durch die so genannte *Merkmalschreibweise* einfacher wird und entsprechende Verallgemeinerungen (*Generalisierungen*) erlaubt.

---

[1] Für die Wörter in (B-2) kommt (R-2) gar nicht zur Anwendung, da sie kein zugrunde liegendes /d/ enthalten; folglich können auch keine „falschen" Formen entstehen.

Phonologie

Zuvor aber versuchen wir noch eine zusammenfassende Definition des Begriffs „phonologischer Prozess":

> **Phonologische Prozesse sind systematische Veränderungen der distinktiven phonologischen Einheiten (d.h. Phoneme bzw. Segmente) einer Sprache, durch welche sich die phonetischen Oberflächenformen verwandter Wörter bzw. lexikalischer Morpheme aufeinander beziehen lassen.**

Diese Veränderungen können durch phonologische Regeln erfasst werden, die der Sprecher einer Sprache intuitiv beherrscht und immer dann spontan anwendet, wenn die Bedingungen für ihre Anwendung erfüllt sind.

4.4.2 Notation phonologischer Regeln

Die allgemeinste Form einer phonologischen Regel sieht folgendermaßen aus:

(R-3) $A \rightarrow B \:/\: X \underline{} Y$

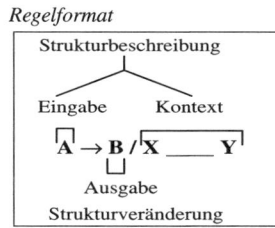

Sie ist zu lesen als «A wird zu B, wenn es nach X und vor Y (oder einfacher: wenn es zwischen X und Y) steht». Der Schrägstrich / bedeutet «im Kontext von» oder etwa «wenn A steht», der waagrechte Strich ___ zeigt den Platz des zu verändernden Segments, hier also «zwischen X und Y», an. «A» ist das Segment, das verändert wird, es bildet die *Regeleingabe*. «B» ist das Segment, das als Ergebnis des Prozesses entsteht, es bildet die *Regelausgabe*. «X» und «Y» schließlich bilden die *Kontextbeschreibung*, d.h. die für die Anwendung der Regel relevante kontextuelle Bedingung. Durch die Position des waagrechten Striches, der als Platzhalter für die Regeleingabe (also für «A») fungiert, wird angezeigt, ob ein Kontext der Regeleingabe vorangeht («X») bzw. folgt («Y»).

Regeleingabe und Kontext bilden zusammen die *Strukturbeschreibung* einer Regel, die erfüllt sein muss, damit die Regel angewendet werden kann; die Regelausgabe bildet die *Strukturveränderung*, die aus der Regelanwendung entsteht.

Die Kontextbeschreibung muss natürlich nur insoweit gegeben werden, als die Anwendung einer Regel von einem bestimmten Kontext abhängig ist. Ist beispielsweise die Veränderung A → B nur vom folgenden Segment abhängig, hat die entsprechende Regel die Form von (R-4a); ist nur das vorangehende Segment ausschlaggebend, gilt (R-4b); und würde schließlich jedes «A» völlig unabhängig vom Kontext zu «B», wird die Kontextbeschreibung vollends überflüssig und nur mehr (R-4c) notiert.

Phonologie

(R-4)   a)   A → B / ___Y
               b)   A → B / X___
               c)   A → B

Kontext

- **kontextsensitive Regel**
  auslösender Kontext steht
  - *danach*:   **A → B / ___Y**
  - *davor*:   **A → B / X___**
- **kontextfreie Regel**
  - *keine Bedingung*: **A → B**

Dementsprechend unterscheidet man zwischen *kontextsensitiven* (kontextabhängigen) Regeln, wie (R-3) und (R-4a,b), und *kontextfreien* Regeln (R-4c). Die meisten phonologischen Regeln sind kontextsensitiv, was eben durch die allgemeine Regelform (R-3) ausgedrückt wird.

Hängen die Bedingungen für eine Regelanwendung von einer bestimmten *Domäne* (z.B. Silbe, Morphem, Wort) ab, innerhalb welcher phonologische Prozesse stattfinden, dann müssen in die Kontextbeschreibungen diese Domänen bzw. ihre Grenzen mittels so genannter *Grenzsymbole* aufgenommen werden. Üblicherweise verwendet man die folgenden Grenzsymbole:

     $ Silbengrenze
     +   Morphemgrenze
     #   Wortgrenze

Entsprechend den bisher dargestellten Konventionen können wir nun die Desonorisierungsregel (R-2) in Segmentschreibweise wie folgt notieren (C = Konsonant):

(R-5) $/d/ \rightarrow [t] / \_\_\_ \left\{ \begin{array}{c} \# \\ + C \end{array} \right\}$

Dabei umfassen die geschwungenen Klammern { } die beiden alternativen Kontexte von (R-2), nämlich a) wenn kein Suffix folgt, d.h. wenn nach dem Segment /d/ eine Wortgrenze (#) steht; oder b) wenn ein konsonantisch anlautendes Suffix folgt, d.h. wenn nach dem /d/ eine Morphemgrenze (+) *und* ein Konsonant folgen.

An den Beispielen in (B-3) haben wir gesehen, dass dieser Desonorisierungsprozess nicht nur zugrunde liegendes /d/ sondern auch /b, g, v, z/ erfasst, also alle (auslautenden) stimmhaften Obstruenten des Deutschen. Diese können wir als Lautklasse mit dem Merkmal [–son] von allen übrigen Segmenten des Deutschen abgrenzen und damit die Regel (R-2') in Merkmalsschreibweise folgendermaßen vereinfachen:

(R-6) $[–son] \rightarrow [–sth] / \_\_\_ \left\{ \begin{array}{c} \# \\ + [+kons] \end{array} \right\}$

Auf das Merkmal [+sth] für die Regeleingabe (d.h. für die zugrunde liegenden stimmhaften Segmente) können wir verzichten, da die Regelausgabe zeigt, dass sich gerade dieses Merkmal ändert, d.h. negativ spezifiziert wird, während auf Segmente, die bereits bei der Eingabe das Merkmal [–sth] haben (vgl. B-2), die

Anwendung der Regel ohnehin „wirkungslos" ist, denn sie bleiben auch in der Ausgabe stimmlos.

Einen letzten Schritt zur Vereinfachung der Desonorisierungsregel können wir noch durch Einbeziehung der Silbengrenze machen. Wenn dem zugrunde liegenden (stimmhaften) Segment ein vokalisch anlautendes Suffix folgt, gerät dieses Segment an den Silbenanfang, folgt hingegen ein konsonantisch anlautendes Suffix, bleibt das Segment in silbenfinaler Position. Wir wollen dies in (B-4) durch Kennzeichnung der Silbengrenzen in ansonsten orthographisch notierten Beispielen veranschaulichen.

(B-4)   a) <Kin$der>   b) <Kind$heit>
                   <win$dig>   <bild$haft>
                   <Ta$ge>   <täg$lich>
                   <(zu) Hän$den>   <hand$lich>

Inzwischen wissen wir, dass die Desonorisierung des (im lexikalischen Morphemauslaut) zugrunde liegenden stimmhaften Segments nur bei den Wörtern in (B-4b) stattfindet, also genau dann, wenn dieses Segment *vor* einer Silbengrenze steht. Diese Stellung ergibt sich aus der einen Kontextbedingung in (R-6) „vor Morphemgrenze mit folgendem Konsonanten". Die zweite Kontextbedingung lautet „vor Wortgrenze", die zugleich auch immer Silbengrenze ist. Wir können daher die beiden alternativen Kontextbedingungen von (R-6) zusammenfassen und gelangen so zur endgültigen, gleichermaßen einfachen wie generellen Form der *Auslautverhärtungsregel* des Deutschen:

(R-7)   [–son] → [–sth] / ___$

Diese Regel besagt nichts anderes, als dass im Deutschen *alle Obstruenten in silbenfinaler Position stimmlos* sind.

Eine Konsequenz des mit Regel (R-7) ausgedrückten Prozesses sind „zweideutige" Oberflächenformen wie z.B. [bʊnt], [ra:t]. Sie sind einmal unveränderte phonetische Repräsentationen von zugrunde liegendem /bʊnt/ <bunt> („mehrfarbig") bzw /ra:t/ <(der) Rat> („Empfehlung"), und einmal durch Desonorisierung vor Silbengrenze, also durch (R-7) entstandene Formen aus /bʊnd/ <Bund> („sozialer Zusammenschluss") bzw. /ra:d/ <(das) Rad> („Fahrrad"). Mit vokalisch anlautenden Flexionssuffixen werden diese lexikalischen Morpheme wieder „eindeutig": z.B. <bun[t] es (Bild)> vs. <Bun[d]es(land)> bzw. <(des) Ra[t]es> vs. <(des) Ra[d]es>. Die Auslautverhärtung führt also dazu, dass die unflektierten Formen dieser Morpheme *homophon* (gleich lautend) und daher „zweideutig" werden.[1]

Nach diesen allgemeinen Ausführungen zur Notation phonologischer Regeln anhand der deutschen Auslautverhärtung wollen wir in den beiden folgenden Abschnitten verschiedene Typen von phonologischen Prozessen und Regeln erläutern.

Auslautverhärtung

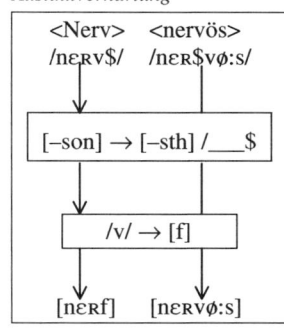

[1] Die Orthographie des Neuhochdeutschen entspricht in diesen Fällen den zugrunde liegenden Formen und ist damit auch dort „eindeutig", wo die phonetischen Oberflächen homophon sind: z.B. <(das) Rad> vs. <(der) Rat>. Man nennt diese Schreibung daher *morphophonologisch*, weil bereits aus der Orthographie der unflektierten Morpheme <Rad> bzw. <Rat> hervorgeht, welche (phonetische) Form in den suffigierten Ableitungen auftritt: <(des) Ra[d]es> („Fahrrad") bzw. <(des) Ra[t]es> („Empfehlung"). Im Mittelhochdeutschen wurde hingegen noch geschrieben: <(das) rat, (des) rades>; ebenso <(der) tac, (des) tages>, wobei *c* für [k] steht.

4.4.3 Silbenstrukturverändernde Prozesse

Silbenstrukturverändernde Prozesse

- **Epenthese** (Insertion)
  (Einfügung eines Segments)
- **Tilgung** (Elision)
  (Ausfall eines Segments)
- **Metathese** (Transposition)
  (Umstellung von Segmenten)

Ein phonologischer Prozess, bei dem beispielsweise aus der standardsprachlichen (stdspr.) Form /ˈgeːən/ <gehen> durch den Ausfall des unbetonten [ə] die umgangssprachliche (ugs.) Form [geːn] <geh'n> entsteht, macht aus einem ursprünglich zweisilbigen Wort (CV$VC) ein einsilbiges Wort (CVC). Ebenfalls umgangssprachlich ist etwa die Form [gants] für <Gans>, wo durch Einschub von [t] aus einer CVCC-Silbe eine CVCCC-Silbe entsteht (die dann übrigens mit [gants] für <ganz> homophon ist). Solche Prozesse, die sich auf die Form der Silbe auswirken, fassen wir als *silbenstrukturverändernde Prozesse* zusammen.

Die Veränderung einer Silbenstruktur kann u.a. resultieren a) aus der Hinzufügung von Segmenten (Epenthese), b) aus dem Ausfall von Segmenten (Tilgung) und c) aus der Umstellung von Segmenten (Metathese).

4.4.3.1 *Epenthese.* Von Epenthese spricht man, wenn ein Segment in eine Lautkette eingeschoben oder an diese angefügt wird. Die allgemeine Regel für diesen Prozess, der auch *Insertion* genannt wird, hat folgende Form:

(R-8) $\emptyset \rightarrow X / Y\_\_\_Z$

In dieser Insertionsregel symbolisiert Ø eine leere Menge, d.h. dass zwischen «Y» und «Z» zunächst *kein* Segment steht; durch einen phonologischen Prozess wird dann an diese Stelle das Segment «X» eingeschoben.

Das Ergebnis eines solchen epenthetischen Prozesses findet sich im Standarddeutschen als Relikt historischer Entwicklungen: <eigentlich>, <hoffentlich>, <öffentlich>, wo zwischen morphemauslautendem [n] und folgendem Suffix *-lich* ein [t] eingeschoben wurde (das auch orthographisch repräsentiert wird).

Weitere Beispiele für Epenthesen sind ugs. Formen, bei denen zwischen Nasalkonsonanten und [s] ein stimmloser Verschlusslaut eingefügt wird.

(B-5)

	a) orthogr.	b) stdspr.	c) ugs.
	<kommst>	[kɔmst]	[kɔmpst]
	<Gams>[1]	[gams]	[gamps]
	<kennst>	[kɛnst]	[kɛntst]
	<Gans>	[gans]	[gants]
	<bringst>[2]	[brɪŋst]	[brɪŋkst]
	<Angst>	[aŋst]	[aŋkst]

Dabei findet die Epenthese nach dem Nasalkonsonanten dann statt, wenn entweder eine Morphemgrenze *und* ein [s] folgen (<komm+st, kenn+st, bring+st>), oder wenn nur ein [s],

---

[1] Jägersprache für <Gämse>

[2] Die Schreibung <ng> repräsentiert bekanntlich den Laut [ŋ], so dass die Form [brɪŋkst] tatsächlich erst durch Epenthese von [k] entsteht. Damit reimt <(du) bringst> (Infinitiv: [brɪŋən]) auf Formen wie z.B. <(du) trinkst> (Infinitiv: [trɪŋkən]), <(du) winkst> (Infinitiv: [vɪŋkən]), in denen [k] nicht epenthetisch ist, sondern zum Wortstamm (vgl. die Infinitive) gehört.

Phonologie

d.h. ohne vorangehende Morphemgrenze folgt (<Gams, Gans, Angst>). Dieser Prozess kann durch die drei Teilregeln in (R-9) ausgedrückt werden, aus denen auch hervorgeht, dass die Artikulationsstelle des epenthetischen Plosivs vom vorausgehenden Nasal abhängt:

(R-9)   a) $\emptyset \rightarrow [p] \ / \ [m]\_\_\_(+)[s]$

            b) $\emptyset \rightarrow [t] \ / \ [n]\_\_\_(+)[s]$

            c) $\emptyset \rightarrow [k] \ / \ [ŋ]\_\_\_(+)[s]$

Das in runde Klammern gesetzte Grenzsymbol (+) zeigt den *optionalen* Kontext an, d.h. die Morphemgrenze kann, muss aber nicht Bestandteil jenes Kontexts sein, der die Regelanwendung bedingt.

Wir haben es also, ähnlich wie bei der Auslautverhärtung, mit einem Prozess zu tun, der mehrere Segmente erfasst. Die Regelausgabe zeigt labiales [p] nach labialem [m], alveolares [t] nach alveolarem [n] und velares [k] nach velarem [ŋ]. Der epenthetische Plosiv und der vorausgehende Nasal müssen also für die Artikulationsortsmerkmale (das sind die Merkmale [±ant] und [±kor]) jeweils die gleichen Merkmalswerte bei 'anterior' bzw. 'koronal' aufweisen. Eine weitere Notationskonvention, die so genannte Alpha-Variable (bzw. dann auch die Beta-Variable), erlaubt es uns daher, die drei Teilregeln von (R-9) zusammenzufassen.

(R-10)

$$\emptyset \rightarrow \begin{bmatrix} -son \\ -kont \\ -sth \\ \alpha \ ant \\ \beta \ kor \end{bmatrix} / \begin{bmatrix} N \\ \alpha \ ant \\ \beta \ kor \end{bmatrix} \_\_\_(+)[s]$$

Die hier eingesetzte Alpha-Variable kann die Werte '+' oder '–' annehmen; [α ant] drückt daher entweder [+ant] oder [–ant] aus. Wesentlich ist nur, dass ein einmal angenommener Wert von α für alle weiteren in der gleichen Regel auftretenden α immer *gleich* bleiben muss. Dasselbe gilt sinngemäß für die Beta-Variable beim Merkmal 'koronal'.

Die Regel (R-10) besagt daher nichts anderes, als dass der eingeschobene stimmlose Verschlusslaut ([–son, –kont, –sth]) mit dem Nasal hinsichtlich der Merkmalswerte für 'anterior' und 'koronal' übereinstimmt. Wenn wir beispielsweise für α den Wert '+' und für β den Wert '–' annehmen, ist nach (R-10) ein stimmloser Plosiv mit den Merkmalen [+ant, –kor] (also [p]) nach einem Nasal mit den Merkmalen [+ant, –kor] (also nach [m]) einzufügen. Die Werte '+' für α und '–' für β decken also die erste Teilregel in (R-9) ab; die übrigen Teilregeln werden durch entsprechend veränderte Merkmalswerte abgedeckt.

Phonologie

Eine weitaus wichtigere Rolle als Epenthesen spielen im Deutschen Segmenttilgungen, die wir im folgenden Abschnitt behandeln werden.

4.4.3.2 *Tilgung*. Unter Tilgung versteht man den Ausfall eines Segments. Die allgemeine Regel für diesen Prozess, der auch *Elision* genannt wird, hat die Form

(R-11) $\qquad X \rightarrow \emptyset\,/\,Y\_\_Z$

und ist zu lesen als: Ein Segment «X» fällt aus (oder: wird getilgt), wenn es zwischen «Y» und «Z» steht. In der Tilgungsregel sind also Regeleingabe («X») und -ausgabe («Ø») spiegelbildlich zur Insertionsregel angeordnet.

Eher vereinzelt und regional bzw. **idiolektal** bedingt, kommt es vor allem im Nord- und Mitteldeutschen bei häufigen Wörtern wie <sonst>, <nicht> zu einem Ausfall des auslautenden /t/.[1]

Allgemeinerer und systematischer Natur hingegen ist die umgangssprachlich und bei höherem Sprechtempo anzutreffende Tilgung des (unbetonten) Vokals [ə]. In Verschriftlichungen solcher ugs. Formen wird diese *Schwa-Tilgung* meist durch Apostroph angezeigt.

(B-6)		stdspr.		ugs.	
a)	<stehen>	[ˈʃteːən]	–	<steh'n>	[ʃteːn]
	<fallen>	[ˈfalən]	–	<fall'n>	[faln]
	<fahren>	[ˈfaːrən]	–	<fahr'n>	[faːrn]
b)	<tappen>	[ˈtapən]	–	<tapp'n>	[ˈtapm̩]
	<raten>	[ˈraːtən]	–	<rat'n>	[ˈraːtn̩]
	<stecken>	[ˈʃtɛkən]	–	<steck'n>	[ˈʃtɛkŋ̍]
c)	<haben>	[ˈhaːbən]	–	<hab'n>	[ˈhaːbm̩]
	<laden>	[ˈlaːdən]	–	<lad'n>	[ˈlaːdn̩]
	<legen>	[ˈleːgən]	–	<leg'n>	[ˈleːgŋ̍]
d)	<Himmel>	[ˈhɪməl]	–	<Himm'l>	[ˈhɪml̩]
	<Adel>	[ˈaːdəl]	–	<Ad'l>	[ˈaːdl̩]
	<Atem>	[ˈaːtəm]	–	<At'm>	[ˈaːtm̩]

Die Schwa-Tilgung führt in allen genannten ugs. Beispielen zu einer Veränderung der Silbenstruktur gegenüber jener der standardsprachlichen Formen. So entstehen in (B-6a) durch den [ə]-Ausfall einsilbige Wörter. In den übrigen Fällen (B-6b bis d) haben wir ugs. zweisilbige Formen, bei denen der auslautende Sonorant silbisch wird. Ein weiterer phonologischer Prozess (Assimilation) kann dazu führen, dass die Wörter in (B-6c) einsilbig werden, z.B. ugs. [haːm] <haben>.

Idiolekt bezeichnet die spezifische Sprechweise eines einzelnen Sprechers.

[1] Als dialektale Eigenart ist im alemannischen Sprachraum die Tilgung von auslautendem /n/, besonders bei der Infinitivendung <-en>, aber auch bei anderen auf <-en> ausgehenden Wortformen zu beobachten: „Raffe, schaffe, Hüsle baue."

In allen angeführten Fällen ist die Schwa-Tilgung *fakultativ,* d.h. möglich (wie etwa bei schnellerem Sprechen), aber nicht zwingend. Daneben gibt es aber auch *obligatorische* Tilgungen, d.h. zwingende Tilgungen, die sich daher schon in standardsprachlichen Formen manifestieren: z.B. <Atmung>, <atmen> (aus: <Atem>+ <-ung> bzw. <-en>), <himmlisch> (<Himmel>+ <-isch>), usw.[1] Gerade solche obligatorischen Tilgungen legen nahe, im mentalen Lexikon Formen wie z.B. /atm/, /hɪml/ (ohne Schwa) anzunehmen und für <Atem, Himmel> das [ə] erst durch eine Epentheseregel einzufügen.

[1] Zu <Adel> gibt es stdspr. sowohl <adlig> mit [ə]-Tilgung als auch <adelig> ohne Tilgung.

Die in (B-7) belegte ugs. Schwa-Tilgung im absoluten Auslaut führt nicht nur dazu, dass aus zweisilbigen Wörtern einsilbige entstehen, sondern hat mitunter auch Auswirkungen auf den vor dem getilgten Schwa stehenden Konsonanten. Wenn dieser nämlich ein Obstruent ist, der ja durch die [ə]-Tilgung in den Auslaut gerät, unterliegt er der Auslautverhärtung.

(B-7)   stdspr.   –   ugs.
    <stehe>   [ˈʃteːə]   –   <steh'>   [ʃteː]
    <komme>   [ˈkɔmə]   –   <komm'>   [kɔm]
    <kaufe>   [ˈkaʊfə]   –   <kauf'>   [kaʊf]
    <habe>   [ˈhaːbə]   –   <hab'>   [haːp]
    <Nase>   [ˈnaːzə]   –   <Nas'>   [naːs]

Formen wie [naːs] (aus /naːzə/) und [haːp] (aus /haːbə/) entstehen damit durch zwei aufeinander folgende Prozesse. Zunächst kommt es zu der in (R-12) formalisierten Schwa-Tilgung.

(R-12)   [ə] → Ø / (+)___#

Die aus Abb. 4-9 zu entnehmenden Merkmale des Schwa haben wir hier einfach mit [ə] abgekürzt. In der Kontextbeschreibung ist die dem Schwa vorangehende Morphemgrenze in runde Klammern gesetzt, da diese vorhanden sein kann (wie z.B. in <(ich) hab+e>) oder auch nicht (wie z.B. in <Nase>).

Nach der Schwa-Tilgung durchlaufen die nunmehr im Auslaut stehenden Obstruenten noch die Desonorisierungsregel (R-7), die schließlich zu den Formen [naːs], [haːp], usw. führt.

4.4.3.3 *Metathese.* Unter Metathese versteht man die Umstellung von Segmenten, wie z.B. in <Wespe> gegenüber (österr.) dialektalem <Wepse>. Dieser Prozess, der auch *Transposition* heißt, wird dadurch formalisiert, dass man zunächst eine Strukturbeschreibung (SB) der Ausgangsstruktur gibt und die betroffenen Segmente nummeriert. In der Strukturveränderung (SV) wird dann die durch Metathese entstehende Struktur mit Hilfe der entsprechend umgereihten Nummern angezeigt.

Phonologie

(R-13)   SB: $\begin{bmatrix} + \text{kons} \\ - \text{son} \\ + \text{ant} \\ + \text{kor} \\ + \text{kont} \\ - \text{sth} \end{bmatrix}$ $\begin{bmatrix} + \text{kons} \\ - \text{son} \\ + \text{ant} \\ - \text{kor} \\ - \text{kont} \\ - \text{sth} \end{bmatrix}$
                 1   2

SV: 1 2 → 2 1

Die Regel (R-13) erfasst die Umstellung von /s/ (Segment 1) und /p/ (Segment 2) zur Segmentfolge /ps/, wie sie z.B. in stdspr. <Wespe> zu dialektalem <Wepse> vorzuliegen scheint. Wir sagen hier bewusst „scheint", da die dialektale Form tatsächlich die ursprünglichere ist (vgl. altenglisch <wæpse>), während stdspr. <Wespe> (und neuenglisch <wasp>) durch einen Metatheseprozess entstanden ist.

Im heutigen Deutsch kommen Metathesen praktisch überhaupt nicht vor, in poetischer Sprache kann man aber die Formen <Born> und <Bronnen> (für <Brunnen>) nebeneinander finden.

Weiterhin haben wir in der Diskussion der Affrikaten einige Fehlleistungen von Aphasikern angeführt, die ebenfalls auf Metathese-Prozessen beruhen, wie z.B. <A[fp]el> für <A[pf]el>, usw. (vgl. 4.2.1).

4.4.4   Segmentverändernde Prozesse

Im Gegensatz zu den silbenstrukturverändernden Prozessen, durch die ganze Segmente eingefügt, getilgt oder umgestellt werden, geht es in diesem Abschnitt um Prozesse, bei denen Segmente sich lediglich in ihren Merkmalen ändern. Wenn beispielsweise in der Zusammensetzung von <ein> und <Bahn> zum Wort <Einbahn> die Lautung [ˈaɪmbaːn] (statt [ˈaɪnbaːn]) auftritt, ändert sich zwar nicht die Silbenstruktur der einzelnen Wortbestandteile, wohl aber wird der alveolare Nasal von <ein> an die bilabiale Artikulation des folgenden /b/ in <Bahn> angeglichen.

Die beiden Haupttypen segmentverändernder Prozesse sind die Assimilation und die Dissimilation.

4.4.4.1   *Assimilation.* Unter Assimilation versteht man die Angleichung eines Segments an ein anderes. Diese Angleichung kann sich auf ein oder mehrere Merkmale erstrecken (*partielle A.*) oder alle Merkmale umfassen (*totale A.*). Das Wort „Assimilation" selbst ist bereits ein Beispiel für eine totale Assimilation des /d/ in lat. <ad> („zu, an") an das folgende /s/ in lat. <similis> („ähnlich"). Durch Assimilationsprozesse werden artikulatorische Einstellungen für ein bestimmtes Segment entweder im vorangehenden Segment vorweggenommen (*regressive A.*), wie z.B. im Wort „A**ss**imilation", oder diese Einstellungen werden im folgenden Segment fortgesetzt (*progressive A.*), wie z.B. bei den auslautenden Nasalen der ugs. Formen in (B-6b) und (B-6c). Assimilationsprozesse sind sprachspezifisch geregelte Effekte der *Koartikulation*. Diese resultiert aus den kontinuierlichen Bewegungsabläufen der Artikulationswerkzeuge, die zu überlappenden Lautrealisationen führen. So wird z.B. im Deutschen der velare Plosiv /k/ vor vorderen Vokalen weiter vorne (prävelar wie in <Kind>) gebildet, vor hinteren Vokalen weiter hinten (postvelar wie in <Kunst>). Auch Sekundärartikulationen können auf Koartikulation beruhen, wie etwa die Labialisierung des Frikativs als vorweggenommene Lippenrundung in <Schuh> [ʃʷuː]. Durch die besondere Funktionsweise der Artikulationswerkzeuge bedingt, ist Koartikulation grundsätzlich ein universelles Phänomen. Sprachspezifisch geregelt sind koartikulatorische Effekte insofern, als sie – trotz ihres universellen Charakters – nicht in allen Sprachen in gleicher Weise auftreten. Dies zeigen z.B. die ebenfalls koartikulatorisch motivierten Realisierungsregeln für den stimmlosen, tektalen Frikativ /x/ des Deutschen und des Neugriechischen. Im Deutschen richtet sich entsprechend diesen Regeln die Verteilung nach dem *vorangehenden* Vokal: auf palatale Vokale folgt der palatale Frikativ [ç] (z.B. [zɪçt] <Sicht>), auf velare Vokale der velare Frikativ [x] (z.B. [zʊxt] <Sucht>). Im Neugriechischen hingegen, wo [ç] und [x] ebenfalls kombinatorische Varianten eines Phonems sind, richtet sich die Verteilung nach dem *folgenden* Vokal, sodass velares [x] *vor* velaren und palatales [ç] *vor* palatalen Vokalen zu realisieren ist (vgl. [ˈɛxɔ] "ich habe", [ˈɔçi] "nein"): der koartikulatorische Effekt wirkt hier also in die – verglichen zum Deutschen – entgegengesetzte Richtung.

Das allgemeine Regelformat für Assimilationsprozesse verwendet wieder die Alpha-Variable (s. R-10):

(R-14)   X → [αM] / [αM]

Dabei steht „M" für ein bestimmtes Merkmal, das durch die Alpha-Variable entweder den Merkmalswert '+' oder '–' aufweist. Die allgemeine Regel (R-14) sagt noch nichts darüber aus, ob der relevante Kontext *vor* oder *nach* dem zu assimilierenden Segment „X" steht; sie umfasst daher sowohl die regressive als auch die progressive Assimilation.

(R-15)   *Regressive Assimilation*

          X → [αM] / ___ [αM]

Assimilation (Angleichung)

- **partielle A.**
  (teilweise A.)
- **totale A.**
  (vollständige A.)
- **regressive A.**
  (A. an folgendes Segment)
- **progressive A.**
  (A. an vorderes Segment)
- **Kontaktassimilation**
  (A. benachbarter Segmente)
- **Fernassimilation**
  (A. entfernterer Segmente)

Phonologie

Im Deutschen werden beispielsweise stimmhafte Obstruenten stimmlos, wenn sie *vor* einem stimmlosen Obstruenten stehen. Daher sind z.B. in <(ihr) habt> [-pt], <legt> [-kt], <reist> [-st], die vor dem Endungs-/t/ stehenden Obstruenten durchweg stimmlos, während dieselben vor vokalisch anlautenden Suffixen stimmhaft sind (<ha[b]en>, <le[g]en>, <rei[z]en>). Die entsprechende Regel ist in (R-16) formuliert.

(R-16)   [–son] → [–sth] / ___ [–sth]

In der Regeleingabe sind mit [–son] alle Obstruenten erfasst, die – wenn sie nicht schon stimmlos sind (z.B. <grei*ft*>, <ha*kt*>, <(des) Ra*ts*>) – das Merkmal [–sth] erhalten, sobald sie vor einem stimmlosen Obstruenten stehen. Bei der Kontextbeschreibung kann auf eine genauere Spezifizierung verzichtet werden, da im Deutschen ohnehin nur Obstruenten den Merkmalswert [–sth] annehmen können.

Regressive Assimilation liegt auch bei der Angleichung von /n/ an die Artikulationsstelle des folgenden Segments vor. In (B-8) sind die relevanten Segmente der ansonsten orthographisch wiedergegebenen Beispiele durch eckige Klammern gekennzeichnet.

(B-8) a)   <Ei[nb]ahn>   b)   <Ei[mb]ahn>
            <a[nb]ieten>   <a[mb]ieten>
            <ei[np]acken>   <ei[mp]acken>
            <a[nk]ommen>   <a[ŋk]ommen>
            <u[ng]ünstig>   <u[ŋg]ünstig>

Die in (B-8) demonstrierte Assimilation wirkt *über die Morphemgrenze hinweg*. Dieser Prozess ist allerdings *optional*, d.h. er kann, muss aber nicht stattfinden.

Anders hingegen verhält es sich *innerhalb von Morphemen*: hier kann zwar der labiale Nasal [m] sowohl vor labialen (<Amboss>) als auch vor alveolaren (<Amt>) und velaren (<Imker>) Plosiven vorkommen, der alveolare Nasal [n] hingegen nur vor dem homorganen Plosiv [t] (<Ente>) und der velare Nasal [ŋ] nur vor dem homorganen [k] (<Ba[ŋ]k>). Das heißt, dass morpheminlautend eine Folge [nk] überhaupt nicht vorkommt. Man kann daher das [ŋ] vor [k] in Wörtern wie <Da[ŋ]k>, <de[ŋ] ken>, <si[ŋ]ken>, usw., als Ergebnis einer regressiven Assimilation aus der Segmentfolge /nk/ betrachten; diese Assimilation innerhalb eines Morphems ist *obligatorisch*.

Nun taucht in lexikalischen Morphemen wie <lang> [laŋ], <eng> [ɛŋ], <Ding> [dɪŋ], ebenfalls der Velarnasal auf, obwohl gar kein velarer Plosiv folgt.[1] Es liegt daher nahe, für diese Wörter eine zugrunde liegende Segmentfolge /ng/ anzunehmen, aus der die Oberflächenform [ŋ] durch Nasalassimilation vor

---

[1] Wesentlich ist hier die phonetische Form, nicht die Schreibung <ng> für [ŋ].

velarem Plosiv und anschließender Tilgung des auslautenden /g/ abzuleiten ist. Auch Fehlleistungen von Aphasikern bieten (externe) Evidenz für diese Ableitung. In Produktionsfehlern wird nämlich der Velarnasal nie durch einen einfachen (labialen oder alveolaren) Nasal ersetzt, obwohl das zu erwarten wäre, wenn [ŋ] ein zugrunde liegendes Einzelsegment ist; vielmehr kommt es zu Ersatzproduktionen mit Segmentfolgen wie [ŋg] bzw. [nd], z.B. [ˈtsandə] für [ˈtsaŋə] <Zange>.

(R-17)   *Progressive Assimilation*

$$X \rightarrow [\alpha M] / [\alpha M]\_\_\_$$

Bei der progressiven Assimilation erfolgt die Angleichung dadurch, dass die artikulatorischen Einstellungen des vorangehenden Segments im assimilierten Segment gewissermaßen fortgesetzt werden.

So kann z.B. die Distribution der kombinatorischen Varianten [ç] und [x] des deutschen Phonems /x/ als progressive Assimilation aufgefasst werden, für die folgende Assimilationsregel gilt:

(R-18)

$$\begin{bmatrix} - \text{son} \\ + \text{hoch} \\ + \text{kont} \\ - \text{sth} \\ - \text{kor} \end{bmatrix} \rightarrow [\alpha \text{ hint}] / \begin{bmatrix} V \\ \alpha \text{ hint} \end{bmatrix} \_\_\_$$

Die Regeleingabe besteht aus den gemeinsamen Merkmalen der Segmente [x] und [ç][1] und bekommt in der Ausgabe das Merkmal [–hint] zugewiesen (wird also [ç]), wenn es nach einem mit [–hint] spezifizierten Vokal steht; nach einem mit [+hint] gekennzeichneten Vokal hingegen erhält die Regelausgabe ebenfalls den Merkmalswert [+hint], wird also [x].

Auch die in den ugs. Formen von (B-6c) nach Schwa-Tilgung auftretenden (silbischen) Nasale resultieren aus progressiven Assimilationsprozessen (z.B. [haːbm̩]). Die vor dem Nasal stehenden *stimmhaften* Plosive können nun ihrerseits getilgt werden. Dadurch wird der Nasal unsilbisch und es entstehen einsilbige Formen wie [haːm] <haben>, [leːm] <leben>, [leːŋ] <legen>. Die vor dem assimilierten Nasal stehenden *stimmlosen* Obstruenten hingegen werden niemals getilgt, die entsprechenden Wörter bleiben auch ugs. und bei höherem Sprechtempo zweisilbig (vgl. B-6b).

Assimilation findet nicht nur zwischen unmittelbar benachbarten Segmenten statt (*Kontaktassimilation*), sondern auch bei Segmenten, die in der Lautkette durch ein oder mehrere weitere Segmente voneinander getrennt sind (*Fernassimilation*). So entstehen die in (B-9) unter (b) angeführten Wörter durch Zu-

[1] Das in der Merkmalmatrix in Abb. 4-8 nicht enthaltene (allophonische) Segment [ç] unterscheidet sich von [x] lediglich durch das Merkmal [–hint].

Phonologie

sammensetzung aus einem lexikalischen Morphem (a) mit dem Suffix <-lich>, wobei sich der Vokal des Lexems verändert (c).

(B-9) (a)   (b)   (c)

(a)		(b)	(c)
<gut>		<gütlich>	[u:] → [y:]
<Ruhm>		<rühmlich>	[u:] → [y:]
<dumm>		<dümmlich>	[ʊ] → [ʏ]
<Kunst>	+ <-lich>	<künstlich>	[ʊ] → [ʏ]
<froh>		<fröhlich>	[o:] → [ø:]
<Tod>		<tödlich>	[o:] → [ø:]
<Gott>		<göttlich>	[ɔ] → [œ]
<Kost>		<köstlich>	[ɔ] → [œ]

Der hier dargestellte Prozess ist unter dem Begriff *i-Umlaut* bekannt und beruht darauf, dass sich die hinteren Vokale der lexikalischen Morpheme an den hohen, vorderen Vokal des Suffixes <-lich> insofern angleichen, als sie ebenfalls nach vorn verlagert werden, d.h. das Merkmal [–hint] erhalten; es handelt sich hier also um eine partielle regressive Fernassimilation, die in Regel (R-19) formalisiert ist (wobei „X_1" ein oder mehrere Segmente repräsentiert).

(R-19)

$$\begin{bmatrix} V \\ -\text{tief} \end{bmatrix} \rightarrow [-\text{hint}] / \_\_\_ X_1 \begin{bmatrix} V \\ -\text{hint} \\ +\text{hoch} \end{bmatrix}$$

Die Regeleingabe von (R-19) erfasst alle nicht-tiefen Vokale, die das Merkmal [–hint] bekommen, wenn ihnen – nach einem oder mehreren dazwischen stehenden Segmenten („X_1") – ein hoher Vokal mit dem Merkmal [–hint] folgt. Damit werden die runden Velarvokale der lexikalischen Morpheme in den zusammengesetzten Formen zu runden Palatalvokalen. Ganz ähnlich entstehen aus <Tag, alt, karg> die Formen <täglich, ältlich, kärglich>, wo durch Fernassimilation das [a(:)] mit den Merkmalen [+hint, +tief] an den Suffixvokal ([–hint, –tief]) angeglichen wird, indem es zu [ɛ(:)] wird, welches ebenfalls [–hint, –tief] ist.

4.4.4.2 *Dissimilation.* Als Dissimilation bezeichnet man jenen Prozess, der ein Segment durch Veränderung eines oder mehrerer Merkmale gegenüber seiner lautlichen Umgebung differenziert, d.h. es „unähnlich" macht. Damit ist die Dissimilation das Gegenteil der Assimilation, was im allgemeinen Regelformat auch durch das Vorzeichen der Alpha-Variablen ausgedrückt wird.

(R-20)   X → [–αM] / [αM]

Nach (R-20) bekommt die Regeleingabe („X") jenen Merkmalswert [–αM], der dem entsprechenden Merkmalswert [αM] des Umgebungssegments entgegengesetzt ist. Da Alpha die Werte '+' und '–' annehmen kann, ergibt sich der Merkmalswert für die Regelausgabe nach den üblichen arithmetischen Vorschriften (minus x minus = plus; minus x plus = minus).

So ist etwa die Lautung [-ks] statt [-çs] bzw. [-xs] in den Wörtern <Lachs>, <sechs>, <Fuchs> als Dissimilation der beiden morphemauslautenden Obstruenten zu erklären. Wie die Schreibung <-chs> nahe legt, handelte es sich ursprünglich um zwei Frikative, d.h. um Segmente mit dem Merkmal [+kont], von denen das erste zu einem Plosiv ([–kont]) dissimiliert wurde. Im Gegensatz zu dieser Kontaktdissimilation entstand das Wort <Knoblauch> aus dem früh-mhd. <klobelouch> durch Ferndissimilation der beiden ursprünglich vorhandenen Laterale: Die Merkmalswerte [+kont, +lat, –nas] des ersten Laterals wurden in die entgegengesetzten Werte geändert, was – unter Beibehaltung der übrigen Merkmale – zum Dissimilationsprodukt /n/ führte.

Die Wahl historischer Beispiele zur Illustration der Dissimilation deutet schon darauf hin, dass dieser Prozess im heutigen Deutsch praktisch kaum anzutreffen ist.

4.4.5   Typen phonologischer Regeln

Unter dem Begriff „phonologische Regel" versteht man im weitesten Sinn jede Regel, mit der eine (gesprochene) phonetische Form aus einer zugrunde liegenden phonologischen Repräsentation abgeleitet wird. Nun sind aber diese Regeln so verschiedenartig in ihren Bedingungen und Auswirkungen, dass sie üblicherweise nach bestimmten Kriterien kategorisiert werden.

So wurde bereits in den beiden vorangehenden Abschnitten eine Kategorisierung dieser Regeln und der mit ihnen formalisierten Prozesse vorgenommen, indem das Kriterium des Wirkungsbereichs als Grundlage für die Einteilung in *silbenstruktur-* und *segmentverändernde Prozesse* herangezogen wurde.

Nach dem Kriterium der kontextuellen Bedingtheit werden *kontextfreie* und *kontextsensitive Regeln* unterschieden (s.o. R-4 mit Erläuterungen). Bei den kontextsensitiven Regeln kann man wieder verschiedene Bedingungen für das Eintreten eines phonologischen Prozesses feststellen. Das sind u.a. der lautliche Kontext (z.B. Assimilationsprozesse), die Position im Wort/Morphem bzw. in der Silbe (z.B. Auslautverhärtung) oder auch das Sprechtempo bzw. der Sprechstil (z.B. optionale Nasalassimilationen über die Morphemgrenze hinweg).

Nach dem Kriterium der Anwendung einer Regel wird unterschieden zwischen *obligatorischen Prozessen*, die immer stattfinden (z.B. morpheminterne Nasalassimilation vor Velaren), und *optionalen Prozessen* (z.B. Nasalassimilationen über Morphemgrenzen hinweg), welche stattfinden können, aber nicht müssen (s.o. B-8 mit Erläuterungen).

Am Beispiel der Auslautverhärtung haben wir gesehen, dass ein phonologischer Prozess sogar in die Morphologie einer Sprache hineinwirken kann. Durch diesen Prozess entstehen nämlich unterschiedliche phonetische Oberflächenformen, d.h. Allomorphe eines Morphems. Man nennt solche Regeln, mit denen systematische phonologische Veränderungen von Morphemen erzeugt werden, daher auch *morpho-phonologische* (oder einfacher: *morphonologische*) *Regeln* (z.B. die Regel zur Auslautverhärtung, R-7).

Schließlich werden noch jene Regeln, die „nur" die phonetischen Details der lautlichen Realisierung („Aussprache") einer sprachlichen Form erzeugen, als *phonetische Regeln* bezeichnet. Zu diesen phonetischen Regeln gehört beispielsweise die Aspirationsregel des Deutschen, nach der stimmlose Verschlusslaute im Wortanlaut (obligatorisch) bzw. im Wortauslaut (optional) aspiriert werden.

(R-21)
$$\begin{bmatrix} +\text{kons} \\ -\text{son} \\ -\text{kont} \\ -\text{sth} \end{bmatrix} \rightarrow [+\text{asp}] \; / \; \#$$

Die Regeleingabe enthält alle distinktiven Merkmale, durch die sich stimmlose Plosive von den übrigen Lauten bzw. Lautklassen des Deutschen unterscheiden. Diese stimmlosen Plosive erhalten das Merkmal [+asp] ('aspiriert'), wenn sie in der Umgebung (d.h. vor oder nach) einer Wortgrenze stehen.

Mit dieser Aspirationsregel lässt sich auch zeigen, dass die sukzessive Anwendung mehrerer Regeln bei der Ableitung der phonetischen Oberflächenform aus der zugrunde liegenden phonologischen Repräsentation *nicht beliebig* ist, sondern einer bestimmten *Regelordnung* unterliegt.

(B-10)

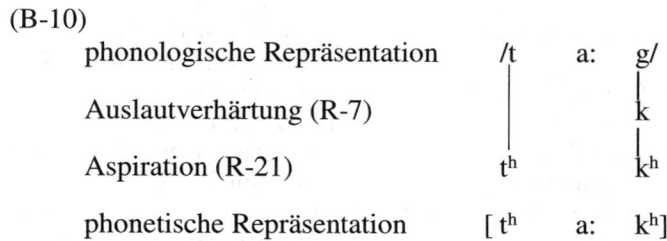

Zur Ableitung der phonetischen Form [tʰaːkʰ] <Tag> aus /tag/ muss *zuerst* die Auslautverhärtungsregel angewendet werden, weil diese erst die Bedingungen für die Anwendung der Aspirationsregel auf den auslautenden Verschlusslaut schafft. Die umgekehrte Reihenfolge dieser beiden Regeln würde nur zur Aspiration des Anlautplosivs führen, jene des Auslautplosivs aber ausschließen.

4.5 Phonologische Störungen

In diesem letzten Abschnitt wollen wir versuchen, die bisherigen Ausführungen insbesondere zur Merkmal- und Prozessphonologie auf das Konzept der phonologischen Störungen anzuwenden. Dabei geht es aber nicht um eine detaillierte Darstellung aller mit phonologischen Störungen verbundenen Aspekte (etwa in Diagnose und Therapie), sondern vielmehr darum, einen knappen Überblick über die verschiedenen Arten solcher Störungen zu geben und deren prinzipielle Ähnlichkeit zu den in nicht gestörter Lautsprache wirkenden Bedingungen und Abläufen aufzuzeigen.

Unter phonologischen Störungen verstehen wir lautliche Abweichungen auf der Wortebene, wie sie sowohl bei Entwicklungsstörungen im kindlichen Spracherwerb als auch bei lautsprachlichen Fehlleistungen von Aphasikern vorkommen. Wir schließen damit jene fehlerhaften Produktionen aus, die auch bei Sprachgesunden als (gelegentliche) Versprecher auftreten und sich sowohl quantitativ als auch qualitativ von pathologischen Abweichungen unterschieden. Weiters sind phonologische Störungen als linguistisch-kognitive Einschränkungen abzugrenzen von Artikulationsstörungen, die beim Kind auf einer verzögerten Entwicklung der sprechmotorischen Fähigkeiten, beim Aphasiker auf Problemen in der Ausführung (Dysarthrie) bzw. Planung (Sprechapraxie) artikulatorischer Abläufe beruhen. Mit anderen Worten, phonologische Störungen betreffen nicht Abweichungen der Aussprache (Phonetik), sondern Fehlleistungen in der *Auswahl* und *Anordnung* der Elemente (Phonologie) einer lautsprachlichen Äußerung.

Grundlage für die Klassifizierung phonologischer Störungen sowohl bei Entwicklungsverzögerungen als auch bei aphasischen Fehlleistungen sind die Realisationsabweichungen von der lautlichen Form des „Zielwortes". Eine erste Gliederung ergibt sich aus den beiden Arten der Beziehungen zwischen sprachlichen (hier: lautlichen) Einheiten, nämlich paradigmatisch und syntagmatisch. Störungen in der Auswahl der Elemente (z.B. [ˈfodəl] <Vogel>[1], [ˈlakok] <Jakob>) können als *paradigmatische Fehlleistungen*, Störungen in der Anordnung (Sequenzierung) der Segmente (z.B. [ˈafpəl] <Apfel>, [poˈtsɛnt] <Prozent>) als *syntagmatische Fehlleistungen* bezeichnet werden.

Phonologische Störungen

- **Elision**
  Segmentausfall
- **Addition**
  Segmenthinzufügung
- **Metathese**
  Segmentumstellung
- **Substitution**
  Segmentersetzung
  – Harmonisierung
  – Substitution i.e.S.

[1] Hier und im Folgenden werden abweichende Realisationen in phonetischer Umschrift und das Zielwort orthographisch wiedergegeben.

Phonologie

Eine differenziertere Kategorisierung phonologischer Störungen betrachtet abweichende Realisierungen als Ergebnis von Prozessen, durch die sie sich von der lautlichen Form des Zielwortes unterscheiden. Zu diesen Prozessen gehören
- Auslassung (Elision)
- Hinzufügung (Addition)
- Umstellung (Metathese)
- Ersetzung (Substitution).

Wir werden im Folgenden diese Prozesse, die sowohl einzeln als auch kombiniert auftreten können, anhand von Beispielen erläutern und auf einige weitere Unterteilungen hinweisen.

4.5.1 Elision

Von der Elision (Tilgung) können sowohl einzelne Segmente als auch ganze Silben betroffen sein.

Durch Silbentilgung kommt es zur *Vereinfachung mehrsilbiger Wörter*.

(B-11)   ['na:nə], ['ba:nə]   –   <Banane>
         ['la:də]   –   <Schokolade>
         ['hontʃn̩papf]   –   <Orangensaft>
         [bak]   –   <Tabak>
         ['to:bər]   –   <Oktober>
         [gɔk]   –   <Ausguck>

Meist werden unbetonte Silben elidiert (vgl. aber: [gɔk] <Ausguck> für das Männchen im Mastkorb eines Spielschiffes), wobei auch Segmente der ausgefallenen Silbe in der betonten Silbe auftreten können (vgl. [ˈba:nə]).

Elision von Einzelsegmenten tritt überwiegend als *Tilgung finaler Konsonanten* oder als *Reduktion von Konsonantenclustern* auf (B-12). Fälle wie [bo] <Brot>, [ˈapə]] <Apfel> zeigen sowohl Clusterreduktion als auch finale Konsonantentilgung.

(B-12)   [da]   –   <Dach>
         [bo]   –   <Brot>
         ['apə]   –   <Apfel>
         [bat]   –   <Blatt>
         [tɔk]   –   <Stock>
         ['lamə]   –   <Lampe>
         [mot]   –   <Mond>

Als Folge derartiger Elisionen ergibt sich eine gegenüber dem Zielwort einfachere Silbenstruktur, wobei besonders die Tilgung finaler Konsonanten zur natürlicheren Silbenstruktur CV, also zu einer offenen Silbe, führt.

4.5.2 Addition

Auch die Addition von Segmenten (Epenthese) kann zu einer natürlicheren Silbenstruktur führen. So ist etwa die *Hinzufügung eines Konsonanten* vor einem vokalisch anlautenden Zielwort (B-13a) ebenso als Tendenz zur optimalen CV-Silbenstruktur zu erklären, wie die *Hinzufügung eines Vokals* im Auslaut (B-13b) oder zwischen zwei Konsonanten (B-13c).

(B-13)				
	a)	['papfəl]	–	<Apfel>
	b)	['çertə]	–	<Herz>
	c)	['tse:bəra]	–	<Zebra>
		['mıləç]	–	<Milch>
	d)	[klotə'ri:]	–	<Lotterie>
		['krotkepən]	–	<Rotkäppchen>
		['papra]	–	<Papa>
		['glaʊmn̩]	–	<Gaumen>

Andererseits ergeben sich durch Konsonantenaddition komplexere Silben, wie in (B-13d). In den hier angeführten Beispielen entstehen Konsonantencluster der Form „Plosiv+Liquid", die auch in „normaler" Sprache häufig vorkommen; man kann daraus schließen, dass lautstatistische (phonotaktische) Gesetzmäßigkeiten bei phonologischen Fehlleistungen (zumindest von Aphasikern) eine wesentliche Rolle spielen.

Das kombinierte Auftreten der oben genannten Prozesse ist an den abweichenden Realisierungen ['krotkepən] bzw. ['çertə] zu demonstrieren: Neben der erwähnten Konsonant- bzw. Vokaladdition kommt es gleichzeitig zur Elision von [ç] (für <Rotkäppchen>) bzw. [s] (für <Herz> [-ts]).

Schließlich ist zu den Additionen noch die besonders bei kindlichen Sprachentwicklungsstörungen auftretende Reduplikation (Silbenwiederholung) zu zählen, wie sie beispielsweise bei ['dada] <da> und ['baba] <Ball> (mit gleichzeitiger finaler Konsonantentilgung) vorliegt.

4.5.3 Metathese

Die Umstellung von Segmenten (Metathese) zeigt besonders deutlich die vom Zielwort abweichende Sequenzierung von Segmenten. Einige aphasische Beispiele (B-14a) haben wir bereits bei der Diskussion des Affrikatenproblems angeführt.

Phonologie

(B-14) a) ['afpəl]   – <Apfel>
         [nɛst]   – <Netz>
         ['bʏrtsə]   – <Bürste>
         [aʊ'gʊts]   – <August>
       b) [papf]   – <Saft>
         ['kapfɛɐl]   – <Kasperl>
       c) [blat]   – <bald>
         [frɔst]   – <Forst>
         ['grʊkə]   – <Gurke>

Ganz ähnlich kommt es in den kindersprachlichen Formen (B-14b) zu einer Umkehrung der im Zielwort vorliegenden Abfolge von Artikulationsartmerkmalen; einmal wird die Sequenz [+kont] [–kont] ([-ft] in <Saft>) zu [–kont][+kont] ([-pf]), das andere Mal wird die Folge „Frikativ+Plosiv" ([-sp-] in <Kasperl>) zu [-pf-] umgestellt. (Zu der in beiden Fällen gleichzeitigen Angleichung des Artikulationsortes s.u.).

Auch Realisationsabweichungen, in denen die Position von Vokal und Liquiden wechselt (B-14c), sind nicht selten, wobei wiederum besonders gebräuchliche Konsonantencluster der Form „Plosiv+ Liquid" entstehen (vgl. B-13d).

4.5.4 Substitution

Als Substitution sind jene Realisationsabweichungen zu bezeichnen, in denen – unter Beibehaltung der Silbenzahl des Zielwortes – für ein bestimmtes Segment im Zielwort ein anderes, in einem oder mehreren Merkmalen abweichendes Segment realisiert wird.

(B-15) a) [bɛk]   – <Bett>
         ['ha:bə]   – <Hase>
       b) ['flafə]   – <Flasche>
         ['lakok]   – <Jakob>

Der Begriff „Substitution" sagt also zunächst nur aus, d a s s ein Ersatzlaut auftritt. Eine eingehendere phonetische Analyse zeigt aber oft, dass die artikulatorischen Merkmale dieses Ersatzlautes mit den Umgebungslauten im Zielwort (bzw. in der abweichenden Realisation) teilweise oder ganz übereinstimmen, man könnte auch sagen „harmonieren" (vgl. B-15b). Daher werden die an ihre lautliche Umgebung angepassten (d.h. assimilierten) Ersatzlaute als Ergebnis von Assimilationsprozessen (oder Harmonisierungsprozessen) bezeichnet, während die anderen – nicht durch derartige Harmonisierungen erklärbaren – Ersatzlaute als Substitution (im engeren Sinn) gelten.

4.5.4.1 *Substitution (im engeren Sinn).* Zunächst ist festzuhalten, dass auch die nicht auf assimilatorische Prozesse zurückzuführenden Substitutionen keineswegs zufällig sind, sondern einer gewissen phonetisch-phonologischen Systematik zu folgen scheinen. Vokalsubstitutionen (B-16a) kommen seltener vor als Konsonantensubstitutionen. Innerhalb der Konsonantensubstitutionen unterscheiden sich Ziel- und Ersatzlaut in den meisten Fällen nur durch *einen* artikulatorischen Parameter, also z.B. nur hinsichtlich der Artikulationsart (B-16b), hinsichtlich des Artikulationsortes (B-16c) oder hinsichtlich der Stimmtonbeteiligung, wie im Anlaut von (B-16d).

(B-16) a) ['ʃenɐ]   – <schöner>
        ['sisəl]   – <Schlüssel>
        [ti:r]   – <Tür>
     b) ['xindər]   – <Kinder>
        ['ve:zən]   – <Besen>
        [dak]   – <Dach>
     c) ['dabəl]   – <Gabel>
        [fɪs]   – <Fisch>
     d) ['fasəpupən]   – <Wasserpumpe>

Eine genauere Charakterisierung des Ersetzungsprozesses geben jene Bezeichnungen, die den relevanten Unterschied zwischen Ziel- und Ersatzlaut ausdrücken. Dazu gehören etwa die *Alveolarisierung* als Vorverlagerung von hinteren Konsonanten (B-17a), der entgegengesetzte Prozess der *Velarisierung* (B-17b) und die *Labialisierung* (B-17c), die alle den Artikulationsort des Ersatzlautes angeben.

(B-17) a) ['fo:dəl]   – <Vogel>
        ['tatse]   – <Katze>
     b) ['glu:mə]   – <Blume>
        [kra:ŋ]   – <Kran>
     c) ['ku:bəl]   – <Kugel>
        [vak]   – <Sack>

Auf die Artikulationsart verweisen die Bezeichnungen *Plosivierung*, bei der Frikative des Zielwortes durch Verschlusslaute ersetzt werden (z.B. [dip] <Sieb>) und *Frikativierung*, d.h. der Ersatzlaut ist ein Frikativ ([tɔf] <Topf>). Ob allerdings Ersetzungen von Affrikaten durch Plosive bzw. Frikative, wie in (B-18a) als Plosivierung bzw. Frikativierung gedeutet werden oder lediglich als Tilgung eines Bestandteils der Affrikate, ist wiederum von der phonematischen Wertung der Affrikate abhängig; bei monophonematischer Wertung wird man von Substitution (also von Frikativierung/Plosivierung) sprechen, bei biphonematischer von Tilgung. Entsprechend gilt die Realisationsabweichung [ˡlœpfəl]

Phonologie

Substitution
- **Substitution i.e.S.**
  Artikulationsort
  - **Alveolarisierung**
  - **Velarisierung**
  - **Labialisierung**

  Artikulationsart
  - **Plosivierung**
  - **Frikativierung**
  - **Affrizierung**

- **Harmonisierung**
  - **Perseveration**
    progressive Totalassimilation
  - **Antizipation**
    regressive Totalassimilation

nur bei biphonematischer Wertung als Addition von [-p-], während bei monophonematischer Wertung eine Substitution von [-pf-] für [-f-] vorliegt, die dann auch als *Affrizierung* (B-18b) bezeichnet wird.

(B-18) a) ['afəl]   –   \<Apfel\>
        ['saŋə]   –   \<Zange\>
        ['katə]   –   \<Katze\>

        b) ['lœpfəl] –   \<Löffel\>
        [bʊts]   –   \<Busch\>

4.5.4.2 *Assimilation (Harmonisierung)*. Die weitaus größte Zahl der Substitutionen (im weiteren Sinn) lassen sich als Assimilation des Ersatzlautes an die lautliche Umgebung erklären, wie die Realisationsabweichungen in (B-19) zeigen.

(B-19)   ['pepi]   –   \<Teppich\>
            ['pampʊf]   –   \<Krampus\>
            ['pubəl]   –   \<Pudel\>
            ['kʊŋə]   –   \<Zunge\>
            [gi'garə]   –   \<Zigarre\>
            ['flafə]   –   \<Flasche\>
            [nɪnt]   –   \<nimmt\>
            [pi:f]   –   \<tief\>
            [plʊmpf]   –   \<plumps\>
            ['ba:bəl]   –   \<Gabel\>

Natürlich kommen in solchen Konsonantenassimilationen auch die im vorhergehenden Abschnitt erwähnten Prozesse vor, wie z.B. Plosivierung (vgl. die Anlautsubstitution in [pɪp] \<Schiff\>), Velarisierung (vgl. den Auslaut in ['lakok] \<Jakob\>), Labialisierung (vgl. die Inlautsubstitution [-f-] für \<Flasche\>). Im Gegensatz zu den Substitutionen im engeren Sinn beruhen jedoch die hier entstehenden Ersatzlaute auf Prozessen, die alle verschiedenen Arten der Assimilation widerspiegeln: Kontaktassimilation (z.B. [nɪnt]), Fernassimilation (z.B. ['flafə]), totale Assimilation (z.B. [gi'garə]), partielle Assimilation (z.B. [pi:f]), progressive Assimilation (z.B. ['pubəl]) sowie regressive Assimilation (z.B. ['kʊŋə]).

Eine totale progressive Assimilation, d.h. die Wiederholung eines vorangehenden Lautes wie in ['teleto:n] \<Telefon\>, wird auch *Perseveration* genannt, eine totale regressive Assimilation, also die Vorwegnahme eines nachfolgenden Lautes wie in [lol-'dat] \<Soldat\> wird auch als *Antizipation* bezeichnet.

Die *prävokalische Stimmgebung* kann ebenfalls als assimilatorischer Prozess angesehen werden, da hier der Stimmton des nachfolgenden Vokals im vorhergehenden Konsonanten gewissermaßen vorweggenommen wird und diesen stimmhaft macht, z.B. [ˈdaʃə] <Tasche>, [gam] <Kamm>.

Harmonisierungen treten zwar bei Konsonanten weitaus häufiger auf als bei Vokalen, doch finden sich gelegentlich auch Vokalassimilationen wie in [ˈokolo] <Nikolaus> (mit gleichzeitiger Tilgung des Anlaut- und Auslautkonsonanten).

Wie bereits erwähnt, treten die verschiedenen Prozesse in den Realisationsabweichungen nicht nur einzeln, sondern auch kombiniert auf. Wir waren in der bisherigen Darstellung bemüht, nur solche Beispiele zu verwenden, die lediglich den jeweils erörterten Prozess belegen. Nur gelegentlich wurden auch solche abweichenden Realisationen herangezogen, die *multiple* (d.h. mehrere gleichzeitig wirksame) Prozesse aufweisen, wie etwa [ˈpepi] <Teppich> mit (regressiver, totaler) Fernassimilation und finaler Konsonantentilgung, oder [ˈkrotkepən] <Rotkäppchen> mit gleichzeitiger [k]-Addition und [ç]-Tilgung. Wir wollen daher abschließend noch an zwei Beispielen für multiple Prozesse, nämlich [papf] <Saft> und [ˈfopər] <Koffer>, die Komplexität lautlicher Fehlproduktion demonstrieren. In beiden Fällen handelt es sich einerseits um Metathesen (Kontaktmetathese von Frikativ und Plosiv in <Saft>; Fernmetathese von Plosiv und Frikativ in <Koffer>), sowie andererseits um Assimilation des Artikulationsortes, und zwar partiell regressiv in <Saft> ([-ft] über *[-tf] zu [-pf]) bzw. partiell progressiv in <Koffer> ([-k-] zu [-p-]). Schließlich kommt in [papf] noch eine Plosivierung des anlautenden Frikativs als regressive und – je nachdem, ob man bei [-pf] das 'p' oder das 'f' als prozessauslösendes Segment annimmt – totale bzw. partielle Assimilation.

Freilich darf man nicht annehmen, dass diese Prozesse in der hier geschilderten Art oder Reihenfolge im Gehirn eines Kindes oder eines Aphasikers tatsächlich so ablaufen, d.h. es ist fraglich, ob und inwieweit solche phonologischen Prozesse eine *psychische Realität* darstellen. Als *deskriptive Typologie* aber sind sie immerhin geeignet, die als phonologische Störungen bezeichneten lautlichen Realisierungsabweichungen auf einfache und umfassende Art zu beschreiben.

Literaturhinweise Kapitel 4

Ebenso handlich wie leicht lesbar ist die „Einführung in die Phonologie" mit einer Skizze des phonologischen Systems des Deutschen von Ramers/Vater (1995). Das Gleiche gilt für die Einführung von Ramers (2001), die auch Modelle der nicht-segmentalen Phonologie behandelt. Beide Werke enthalten zahlreiche Übungsaufgaben, ersteres teilweise mit Lösungsangaben. Etwas umfangreicher ist die Darstellung von Aufgaben und methodischen Verfahrensweisen der Phonologie in Ternes (2012), wo das Phonemsystem des Deutschen ausführlich diskutiert wird. Grundzüge der Phonologie sind auch in der „Einführung in die Phonetik des Deutschen" von Kohler (1995) enthalten, die sich, ähnlich wie Philipp (1974), durch eine Fülle an Belegmaterial auszeichnet.

Sowohl vom Umfang als auch vom Inhalt her anspruchsvoller ist die „Phonologie" von Maas (2006), die als „Einführung in die funktionale Phonetik des Deutschen" (Untertitel) nicht nur die phonologischen Grundlagen anhand des deutschen Lautsystems vermitteln, sondern darüber hinaus den „Zugang zur neueren phonologischen Diskussion" (Umschlagtext) eröffnen möchte.

Eine ebenso übersichtliche wie einprägsame Darstellung der neueren phonologischen Theorien (und selbstverständlich auch der phonologischen Grundbegriffe) bietet die Einführung von Hall (2011), die zahlreiche Verweise auf weiterführende Literatur und eine Reihe von Übungsaufgaben (zum Teil mit Lösungsangaben) enthält.

Als englischsprachige Einführungen sind – neben der älteren, einprägsamen Darstellung von Hyman (1975) – die entsprechenden Kapitel in Clark/Yallop/Fletcher (2006) für die phonologischen Grundlagen und Wiese (1996) für die Phonologie des Deutschen zu erwähnen.

Phonologische Störungen, deren Klassifikation sowie deren Diagnose und Therapie werden in Steiner (1992), Hacker (2002), Jahn (2007), Fox (2011) und Weinrich/Zehner (2011) abgehandelt. Einen älteren Überblick über die Anwendbarkeit verschiedener phonologischer Modelle im sprachtherapeutischen Bereich geben die englischsprachigen Werke von Grunwell (1987) und Edwards/Shriberg (1983).

Übungsaufgaben Kapitel 4 [nach Abschnitt 4.2]

Ü-31 a) Was ist ein Phonem? Was ist ein Allophon?

b) Wodurch unterscheiden sich freie und kombinatorische Varianten?

Ü-32 a) Was versteht man unter komplementärer Distribution?

b) Welche Rolle spielt die phonetische Ähnlichkeit zweier Phone in der Phonembestimmung?

Ü-33 Ein Sprecher äußert drei Mal das Wort <Kind> (mit anlautendem [k̟]) und zwei mal das Wort <Kunst> (mit anlautendem [k]).

a) Wie viele anlautende Phone als konkrete Realisierungen liegen dann vor?

b) Wie viele (und welche) Phone als Lauttypen liegen vor?

c) Sind diese Allophone freie oder gebundene Varianten eines (deutschen) Phonems? Notieren Sie dieses Phonem.

Ü-34 a) Warum kann man die Wörter <Licht> und <lacht> phonologisch als /lɪxt/ und /laxt/ notieren, obwohl sie phonetisch [lɪçt] und [laxt] lauten?

b) Wäre auch eine phonologische Notation /lɪçt/ und /laçt/ denkbar?

Ü-35 Welche anlautenden Konsonantenphoneme und welche Vokalphoneme des Deutschen lassen sich mit den folgenden Wörtern nachweisen (bilden Sie die entsprechenden Minimalpaare): [mast] <Mast>, [lɪst] <List>, [mɪst] <Mist>, [rast] <Rast>, [lʊst] <Lust>, [ʀaːst] <(er) rast>, [mɪst] <(er) misst>, [liːst] <(er) liest>, [last] <Last>.

Ü-36 a) Suchen Sie geeignete Minimalpaare zum Nachweis der folgenden deutschen Konsonantenphoneme: /ʃ/, /h/, /j/, /z/, /n/, /ŋ/, /d/, /f/.

b) Suchen Sie geeignete Minimalpaare zum Nachweis der folgenden deutschen Vokalphoneme: /yː/, /ʏ/, /ɛ/, /ɛː/, /oː/, /ɔ/, /ə/.

Ü-37 a) Was sind Affrikaten?

b) Spricht der spiegelbildliche Aufbau deutscher Morpheme für oder gegen eine monophonematische Wertung der Affrikata [pf]?

Ü-38 a) Was sind Diphthonge?

b) Warum sprechen Minimalpaare wie [laʊt]/[lant] <laut>/<Land>, [vaɪt]/[valt] <weit>/<Wald>, [ˈhɔɪtə]/[ˈhɔrtə] <heute>/<(ich) horte> für eine biphonematische Wertung der Diphthonge?

Übungsaufgaben [nach Abschnitt 4.5]

Ü-39 a) Mit welchen beiden Merkmalen lassen sich die vier Oberklassen Vokale, Sonoranten, Obstruenten und Laryngale differenzieren?

b) Mit welchem Merkmal werden Plosive von Frikativen unterschieden?

Ü-40 Stellen Sie (anhand der Abb. 4-8) fest, welche Laute bzw. Lautklassen in folgenden Merkmalbündeln erfasst sind (C steht für [+kons]):

a) $\begin{bmatrix} C \\ -\text{hint} \\ +\text{hoch} \\ -\text{sth} \end{bmatrix}$
b) $\begin{bmatrix} C \\ +\text{ant} \\ -\text{cor} \\ -\text{sth} \end{bmatrix}$
c) $\begin{bmatrix} C \\ +\text{son} \\ +\text{ant} \\ +\text{nas} \end{bmatrix}$
d) $\begin{bmatrix} C \\ +\text{ant} \\ +\text{cor} \\ +\text{sth} \end{bmatrix}$

Ü-41 Stellen Sie (anhand der Abb. 4-9) fest, welche Vokale bzw. Vokalklassen in folgenden Merkmalbündeln erfasst sind (V steht für [–kons,+son]):

a) $\begin{bmatrix} V \\ -\text{hint} \\ -\text{hoch} \\ -\text{tief} \end{bmatrix}$
b) $\begin{bmatrix} V \\ +\text{hint} \\ -\text{hoch} \\ +\text{tief} \end{bmatrix}$
c) $\begin{bmatrix} V \\ -\text{hint} \\ +\text{hoch} \\ -\text{rund} \end{bmatrix}$
d) $\begin{bmatrix} V \\ -\text{hoch} \\ -\text{tief} \\ +\text{rund} \end{bmatrix}$

Ü-42 a) Vergleichen Sie die Merkmalmatrizen in Abb. 4-7, 4-8 und 4-9 und stellen Sie fest, welche Merkmale für die Spezifizierung von Vokal- *und* Konsonantenphonemen verwendet werden.

b) Warum werden für die Merkmalmatrix der deutschen Vokale die Merkmale [±nas] und [±sth] nicht verwendet?

Ü-43   a) Was ist ein phonologischer Prozess?

b) Wie sieht die allgemeinste Form einer phonologischen Regel aus?

Ü-44   a) Welcher Teil der Regel A → B / C ____ D ist die Strukturbeschreibung, welcher die Strukturveränderung?

b) Was bedeuten die geschwungenen bzw. die runden Klammern in der Kontextbeschreibung?

Ü-45   Wie heißen die in den folgenden Regeln formalisierten Prozesse? Verbalisieren Sie die dargestellten Regeln und versuchen Sie, jeweils ein Beispiel aus dem Deutschen zu finden.

a) [+ obstr] → [–sth] / ____ [–sth]   b) A → [αM$_i$] / [αM$_i$] ____
c) Ø → [t] / [n] ____(+)[s]   d) [ə] → Ø / (+)____#

Ü-46   Wie heißt der Prozess, der in <Ei[n]bahn> zu <Ei[m]bahn> vorliegt und mit welcher der folgenden (allgemeinen) Regeln wird er erfasst?

a) X → [αM] / [αM] ____   b) X → [αM]   c) X → [αM] / ____ [αM]

Ü-47   Nennen Sie die Prozesse, die in den folgenden ugs. Formen vorliegen und formulieren Sie die entsprechenden Regeln (in Segmentschreibweise und/oder Merkmalschreibweise).

a) ugs. [ˈlapm̩] aus [ˈlapən] <Lappen>   b) ugs. [haːp] aus [ˈhaːbə] <(ich) habe>

Ü-48   Vergleichen Sie die folgenden Fehlproduktionen mit den Zielwörtern und geben Sie an, aus welchen Prozessen diese phonologischen Störungen resultieren:

	Fehlprod.	Zielwort		Fehlprod.	Zielwort
a)	[ˈnanə]	<Banane>	b)	[ˈlamə]	<Lampe>
c)	[ˈtseːbəra]	<Zebra>	d)	[ˈgrʊkə]	<Gurke>
e)	[ˈpapfəl]	<Apfel>	f)	[ˈbʏrtsə]	<Bürste>
g)	[blat]	<bald>	h)	[bat]	<Blatt>

Ü-49   Vergleichen Sie die folgenden Fehlproduktionen mit den Zielwörtern und versuchen Sie, die vorliegenden Substitutionen möglichst genau zu beschreiben und eventuell zu benennen:

	Fehlprod.	Zielwort		Fehlprod.	Zielwort
a)	[ˈflafə]	<Flasche>	b)	[ˈkuːbəl]	<Kugel>
c)	[tiːr]	<Tür>	d)	[piːf]	<tief>
e)	[dak]	<Dach>	f)	[ˈkʊŋə]	<Zunge>
g)	[ˈafəl]	<Apfel>	h)	[ˈlœpfəl]	<Löffel>

Zusatzfrage: Unter welcher Annahme würde man in den Beispielen g) und h) eher von Tilgung bzw. Insertion sprechen als von Substitution?

Ü-50   a) Versuchen Sie, einem phonetischen Laien (der *Sie* nach Durcharbeiten dieses Buches ja nicht mehr sind) den Unterschied zwischen Phonetik und Phonologie zu erklären.

b) Überlegen Sie sich einige stichhaltige Argumente dafür, dass Kenntnisse der Phonetik und Phonologie für Sie und Ihre Arbeit unverzichtbar sind.

5 LITERATURVERZEICHNIS

Ball, M. (²1993) Phonetics for Speech Pathology. London: Whurr
Ball, M./Rahilly, J. (1999) Phonetics. The Science of Speech. London: Arnold
Baumgartner, S./Füssenich, I. (Hg.) (⁵2002) Sprachtherapie mit Kindern. Grundlagen und Verfahren. München, Basel: Reinhardt
Berg, T. (1992) Umrisse einer psycholinguistischen Theorie der Silbe. In: Eisenberg, P./Ramers, K.H./Vater, H. (Hg.) (1992), 45-99
Böhme, G. (³1997) Sprach-, Sprech- und Stimmstörungen; Band 1: Klinik. Stuttgart: Fischer
Clark, J./Yallop, C. (²1995) An introduction to phonetics and phonology. Oxford: Blackwell
Clark, J./Yallop, C./Fletcher, J. (³2006) An introduction to phonetics and phonology. Oxford: Blackwell
Clasen, B./Geršic, S. (1975) Anatomie und Physiologie der Sprech- und Hörorgane. Hamburg: Buske
Crystal, D. (1993) Die Cambridge Enzyklopädie der Sprache. Frankfurt/Main: Campus
Eco, U. (1977) Zeichen. Einführung in einen Begriff und seine Geschichte. Frankfurt: Suhrkamp
Edwards, M.L./Shriberg, L.D. (1983) Phonology: Applications in Communicative Disorders. San Diego, California: College-Hill Press
Eisenberg, P./Ramers, K.H./Vater, H. (Hg.) (1992) Silbenphonologie des Deutschen. Tübingen: Narr
Fox, A. (⁶2011) Kindliche Aussprachestörungen. Idstein: Schulz-Kirchner
Friedrich, G./Bigenzahn, W. (1995) Phoniatrie. Bern: Huber
Friedrich, G./Bigenzahn, W./Zorowka, P. (⁵2013) Phoniatrie und Pädaudiologie. Bern: Huber
Günther, C. (1999) Prosodie und Sprachproduktion. Tübingen: Niemeyer
Glück, H. (Hg.) (⁴2010) Metzler Lexikon Sprache. Stuttgart: Metzler
Grunwell, P. (²1987) Clinical Phonology. London: Croom Helm
Habermann, G. (²1986) Stimme und Sprache. Stuttgart: Thieme
Hacker, D. (2002) Phonologie. In: Baumgartner, S./Füssenich, I. (Hg.) (2002), 13-62
Hall, T.A. (²2011) Phonologie. Eine Einführung. Berlin: de Gruyter
Heike, G. (1969) Sprachliche Kommunikation und linguistische Analyse. Heidelberg: Winter
Heike, G. (1992) Zur Phonetik der Silbe. In: Eisenberg, P./Ramers, K.H./Vater, H. (Hg.) (1992), 1-44
Höll, H.-J. (1994) Computergestützte Analyse phonologischer Systeme. Tübingen: Niemeyer
Himstedt, K. (1992) Die Lautbildungsmöglichkeiten des Menschen. Hamburg: Buske
Hyman, L.M. (1975) Phonology. Theory and Analysis. New York (u.a.): Holt, Rinehart and Winston
IPA (1999) Handbook of the International Phonetic Association: a guide to the use of the International Phonetic Alphabet. Cambridge (Mass.): Cambridge University Press
Jahn, T. (²2007) Phonologische Störungen bei Kindern. Stuttgart: Thieme
Kloeke, W. van Lessen (1982) Deutsche Phonologie und Morphologie. Merkmale und Markiertheit. Tübingen: Niemeyer
Klose, M./Kritzer, Ch./Pretzsch, S. (2009) Aussprachestörungen bei Kindern. Sprachentwicklung – Diagnostik – Therapie. Idstein: Schulz-Kirchner
Kohler, K. (²1995) Einführung in die Phonetik des Deutschen. Berlin: Schmidt
Laver, J. (1994) Principles of phonetics. Cambridge: University Press
Linke, A./Nussbaumer, M./Portmann, P. (⁵2004) Studienbuch Linguistik. Tübingen: Niemeyer
Maas, U. (²2006) Phonologie. Einführung in die funktionale Phonetik des Deutschen. Göttingen: Vandenhoeck & Ruprecht
Nawka, T./Wirth, G. (⁵2008) Stimmstörungen. Köln: Deutscher Ärzte Verlag
Pelz, H. (²1996) Linguistik: eine Einführung. Hamburg: Hoffmann und Campe
Pétursson, M./Neppert, J. (²1996) Elementarbuch der Phonetik. Hamburg: Buske
Philipp, M. (1974) Phonologie des Deutschen. Stuttgart: Kohlhammer
Pompino-Marschall, B. (1990) Die Silbenprosodie. Ein elementarer Aspekt der Wahrnehmung von Sprachrhythmus und Sprechmelodie. Tübingen: Niemeyer
Pompino-Marschall, B. (1995) Einführung in die Phonetik. Berlin: de Gruyter

Pompino-Marschall, B. (³2009) Einführung in die Phonetik. Berlin: de Gruyter

Pörings, R./Schmitz, U. (²2003) Sprache und Sprachwissenschaft. Eine kognitiv orientierte Einführung. Tübingen: Narr

Ramers, K.-H. (³2001) Einführung in die Phonologie. München: Fink

Ramers, K.-H./Vater, H. (⁴1995) Einführung in die Phonologie. Hürth: Gabel

Schubiger, M. (²1977) Einführung in die Phonetik. Berlin: de Gruyter

Seikel, A./King, D./Drumright, D. (1997) Anatomy and Physiology for Speech and Language. San Diego, London: Singular Publ. Group

Silbernagl, S./Despopoulos, A. (³1988) Taschenatlas der Physiologie. Stuttgart: Thieme

Stark, J. (1974). Aphasiological evidence for the abstract analysis of the German velar nasal [ŋ]. In: Wiener Linguistische Gazette 7, 21-37

Steiner, J. (1992) Die phonologische Dimension gestörter Sprache. München: Fink

Ternes, E. (³2012) Einführung in die Phonologie. Darmstadt: Wissenschaftl. Buchgesellschaft

Trask, R.L. (1996) A Dictionary of Phonetics and Phonology. London: Routledge

Vennemann, Th. (1986) Neuere Entwicklungen in der Phonologie. Berlin: Mouton de Gruyter

Vennemann, Th. (1988) Preference Laws for Syllable Structure and the Explanation of Sound Change. Berlin: Mouton de Gruyter

Vieregge, W. (1989) Phonetische Trankription. Theorie und Praxis der Symbolphonetik. Stuttgart: Steiner

Vieregge, W. (1996) Patho-Symbolphonetik. Auditive Deskription pathologischer Sprache. Stuttgart: Steiner

Wängler, H.-H. (1972) Physiologische Phonetik. Marburg: Elwert

Wängler, H.-H (⁴1983) Grundriß einer Phonetik des Deutschen. Marburg: Elwert

Weinrich, M./Zehner, H. (⁴2011) Phonetische und phonologische Störungen bei Kindern. Berlin, Heidelberg: Springer

Werner, O. (1972) Phonemik des Deutschen. Stuttgart: Metzler

Wiese, R. (1996) The Phonology of German. Oxford: Clarendon

Wirth, G. (⁵2000) Sprachstörungen, Sprechstörungen, Kindliche Hörstörungen. Köln: Deutscher Ärzte Verlag

6 ABBILDUNGSVERZEICHNIS

(zugleich QUELLENVERZEICHNIS. – Abb. mit Quellenangabe sind entweder mehr oder minder stark modifizierte (gekennzeichnet mit: „Nach N.N.") oder direkte Übernahmen von der angegebenen Quelle. – Kurzzitate verweisen auf die im Literaturverzeichnis angeführten Werke.)

1-1	Kommunikationsmodell
1-2	Phonetische Kommunikationskette
2-1	Luftwege und Atmung – *Nach: Clark/Yallop, 1995:171 (links); Silbernagl/Despopoulos, ^{3}1988:81 (rechts)*
2-2	Atemvolumen und Muskelaktivität
2-3	Frontalansicht des Kehlkopfs und der Kehlkopfknorpel – *Nach: Seikel/King/Drumright, 1997:166*
2-4	Frontalschnitt durch den Kehlkopf – *Nach: Friedrich/Bigenzahn, 1995:33*
2-5	Innere Kehlkopfmuskeln – *Nach: Seikel/King/Drumright, 1997:192f.*
2-6	Stimmlippenstellungen
2-7	Phasen einer Stimmlippenschwingung – *Nach: Habermann, 1986:48*
2-8	Phonationstypen
2-9	Oesophagusstimme – *Nach: Friedrich/Bigenzahn, 1995:74f.*
2-10	Ansatzrohr – *Nach: Laver, 1994:120*
2-11	Kehlkopflage beim Schimpansen u. beim (erwachsenen) Menschen – *Bild der Wissenschaft, Bd. 5-1987:41*
2-12	Artikulationsstellen im Ansatzrohr – *Pompino-Marschall, 1995:44*
2-13	Atypische Artikulationen – *Ball, 1993:52*
2-14	Plosivartikulationen – *Ball/Rahilly, 1999:58*
2-15	Velumstellung bei bilabialen Plosiv und Nasal – *Nach: Ball/Rahilly, 1999:46+58*
2-16	Velare Plosiv- und Frikativartikulation – *Nach: Pompino-Marschall, 1995:177+188*
2-17	Alveolarer Plosiv mit Sekundärartikulationen – *Nach: Ball/Rahilly, 1999:128*
2-18	Elliptischer Vokalraum im Sagittalschnitt – *Laver, 1994:272*
2-19	Primäre Kardinalvokale – *Nach: Kohler, 1995:70*
2-20	Sekundäre Kardinalvokale – *Nach: Laver, 1994:274*
2-21	Vokalartikulation oral und nasaliert – *Nach: Ball/Rahilly, 1999:46*
2-22	Diphthonge des Deutschen – *Pompino-Marschall, 1995:218*
3-1	Fußtypen
3-2	Phonologisches Wort
3-3	Phonologische Phrase und Intonationsphrase
3-4	Phonologische Äußerung
3-5	Aufbau einer Silbe
3-6	Silbentypen
3-7	Interne Struktur der Silben im Wort <Kraftwerk>
3-8	Deklination der Stimmtonfrequenz
3-9	Zusammenwirken von Satzakzent und Intonation – *Nach: Kohler, 1995:122*
4-1	Fortschreitende Abstraktion vom konkreten Laut zur distinktiven Einheit
4-2	Deutsche Konsonantenphoneme
4-3	Deutsche Vokalphoneme
4-4	Deutsches Konsonantensystem
4-5	Deutsches Vokalsystem
4-6	Artikulatorische Eigenschaften von Phonemrealisationen
4-7	Matrix der Oberklassenmerkmale
4-8	Merkmalmatrix der deutschen Konsonanten
4-9	Merkmalmatrix der deutschen Vokale

7 SACHREGISTER

Abduktion 22 f.
Abglitt 58
Ach-Laut 50
Addition 103, 123 f., 128 f., 141
addental 35, 40
Adduktion 22 f.
Affrikate 37, 45, 61, 89, 92 f., 97, 99 f., 105, 116, 125, 127, 131, 141
Akzent 13, 58, 63 f., 73 f., 95 f.
Allomorph 106 f.
Allophon 84 f., 130
Alpha-Variable 113, 117, 120
alveolar 34 f., 44 f., 83, 86, 91, 100 f., 106, 113, 116, 118 f., 127 f., 135, 140
Alveolen 16, 61
ambisyllabisch 67
Anapäst 64
Anglitt 58
Anlaut 10, 27 f., 36, 40, 46, 48, 51, 53, 67, 69, 71, 83 f., 92, 98, 108, 110 f., 118, 122 f., 125, 127 f.
Ansatzrohr 28, 31 f., 43 f., 46, 48, 51, 54, 101, 135
antagonistisch 23
anterior 100 f., 113
Anticus 23, 26
Antizipation 128
Aphasie 79
apikal 32, 43, 46, 100
Approximant 36 f., 47 f., 50 f., 70, 91, 140
Artikulation 13
Artikulationsart (-modus) 31, 35, 43 f., 51, 61, 99, 101, 126 f.
Artikulationsorgan 31 f., 36, 38, 44, 47, 88, 98
Artikulationsort (-stelle) 31, 34 f., 38, 41 f., 48 f., 53, 61 f., 85, 90, 92, 94, 99 f., 118, 126 f., 135
Arytenoid 20 f.
Aspiration 28, 45, 85, 122 f.
Assimilation 114, 116 f., 126, 128 f., 141
Atemstörung 19
Atmung 18 f., 23 f., 26, 28, 30, 33, 39, 43, 60 f., 115, 135
atypische Artikulation 40 f., 43 f., 47, 62, 135
Auslaut 27, 67, 88, 92 f., 106, 108, 110 f., 117, 119, 121, 125, 128 f., 141

Auslautverhärtung 93 f., 108, 111, 113, 121 f., 141
Bernoulli-Effekt 25
Betonung (s.a. Akzent) 73 f.
bidental 41
bilabial 43, 45 f., 51, 91, 98, 100, 116, 135, 140
biphonematisch 92 f., 97, 105, 128, 131, 141
Click 19
Cricoid 20 f., 35
CV-Silbe 69, 125
Daktylus 64
Deklination 76, 135
dental 34 f., 39 f., 43 f., 49, 51, 62, 91 f., 100 f.
dentolabial 41, 62
Diakritika 42, 52, 90
Diaphragma 16 f.
Diphthong 58, 69, 94, 97 f., 105, 131, 135
Dissimilation 116, 120 f., 141
distinktive Merkmale 99, 106
Distribution 82, 86, 96 f., 119, 130
Domäne 13, 64 f., 110
Doppelartikulation 51
dorsal 32, 43, 46, 90
Dorsum 32, 61
dynamischer Akzent 74
Dysarthrie 39, 79, 123
Dysglossie 39, 41
Dyslalie 39 f.
Dysphonie 29
Dysprosodie 79
Ebene 7 f., 11, 14, 40, 63, 65, 74 f., 90, 107, 123
egressiv 16 f., 28, 117, 141
Ejektiv 18 f.
Elision 112, 114, 123 f., 141
Epenthese 112, 114 f., 125, 141
Epiglottis 20 f., 35
Exspiration 16 f., 24, 28 f.
externe Evidenz 93
Fernassimilation 117, 119 f., 128 f.
flach/gerillt 49, 83, 140
Flüsterstellung 24, 29
Fokusakzent 74 f.
freie Variante 86 f.
Frequenz 25 f., 29 f., 52, 60, 63, 73 f., 76, 135
Frikativ 28, 36 f., 41, 44 f., 47 f., 54, 61 f., 70 f., 83, 85, 89, 91 f., 99 f., 117, 121, 126 f.,

131, 140 f.
funktionelle Phonetik 11, 133
Fuß 64 f., 135
Gaumen 31 f., 46, 51, 125
Gaumenmuskeln 33
Gaumensegel 22 f., 39 f., 46, 52, 56 f., 61
gerundet 53 f., 56, 62, 94, 102 f.
geschlagener Laut 47 f.
geschlossen 21, 29, 33, 36, 39, 44, 57 f., 67 f., 70, 80, 95 f., 104
gespannt 29, 57, 72, 104
glottal 19 f., 22 f., 27 f., 34, 43 f., 52, 91, 102, 140
Glottis 21 f., 27 f., 34 f., 43, 60 f., 99 f., 102
Glottisverschluss 92
Graphem 27, 46, 86
Grenzsymbol 110, 113
Halbvokal 50, 69 f., 93
Harmonisierung 123, 126, 128 f., 141
Hauchstellung 23 f., 27, 29
Heiserkeit 30
heterosyllabisch 67
hinten 16, 20 f., 32 f., 43, 81, 91, 94, 100 f., 104, 117
hoch 10 f., 33, 53, 55 f., 76, 85, 94 f., 100, 102 f., 119 f., 131, 141
Hochzungenvokal 57, 100, 140 f.
Höratmung 17 f.
homorgan 45, 47 f., 50, 92, 118
homophon 73, 111 f.
Hyoid 20 f., 32, 35
Iambus 64
Ich-Laut 50
Implosiv 18 f.
Initiation 15 f., 19, 26, 30, 59, 78
ingressiv 18 f.
Inlaut 27, 88, 93 f., 118, 128
Insertion 87, 112, 114
Inspiration 16 f.
Intensität 26 f., 29 f., 63, 74
interdental 35, 40 f.
Interkostalmuskeln 16
intermittierend 36 f., 47
interrogatives Tonmuster 77
Intonation 9, 13
Intonationsphrase 65, 135
IPA 10, 27, 41 f., 46 f., 49 f., 52 f., 55 f., 59, 72 f., 75, 83, 90, 94, 100
Jitter 26, 30, 60

Kardinalvokal 53 f., 94, 135
Kehldeckel 20 f., 31, 33 f.
Kehlkopf (s.a. Larynx) 15 f., 19 f., 30, 32 f., 38 f., 50 f., 60 f., 135
Kehlkopfmuskeln 22 f., 135
Kiefer 22, 31 f., 35, 37, 39, 41
Kiefermuskeln 32
Knarrstimme 28 f., 52
Koartikulation 13, 117
kombinatorische Varianten 85 f., 90, 92, 96, 117, 119, 130, 141
Kommutation 83 f., 93, 95, 98
komplementäre Distribution 85 f., 96, 130
Konsonant 10, 20, 28, 32, 37, 39 f., 42 f., 50 f., 59, 61, 66 f., 72, 83 f., 87 f., 90 f., 97, 99 f., 105 f., 108 f., 110 f., 115, 124 f., 131, 135, 141
Konsonantencluster 125 f.
kontextfreie Regel 110, 121
kontextsensitive Regel 110, 121
kontinuierlich 56, 69, 82, 101
Kontinuum 32, 38
Kontrast 52, 67, 71 f., 75, 77, 82, 89,95 f.
Kontur 65, 76 f., 80
koronal 32, 100 f., 113
labial 34 f., 39, 43, 51, 91 f., 98, 101 f., 113, 117 f., 127 f., 141
Labialisierung 51, 127 f., 141
labiodental 41, 43 f., 47, 49, 51, 62, 91, 100
laminal 32, 43, 46
Langvokal 72, 91, 96
laryngal 20, 26, 28, 30 f., 34 f., 38, 52, 100, 102, 131, 140
Larynx 16 f., 20, 32, 34, 61
Laryngalisierung 52
Lateral(-approximant) 36
Lateralfrikativ 37, 48
Lateralis 22 f.
Lexikon 14, 107, 115, 133
linguolabial 41
Lippen 15, 20 f., 37 f., 47, 51, 53 f., 56 f., 61 f., 76, 84, 102, 117, 135
Lippenrundung 32, 37, 51, 54, 56, 62, 117
Liquid 37, 61, 67, 69 f., 99 f., 125 f.
Luftstrommechanismus 19, 22, 60
Lunge 15 f.
Merkmalmatrix 100, 102 f., 105, 119, 131, 135
Merkmal 26 f., 39, 41, 52, 66, 88, 98 f., 108, 110, 113, 115 f., 126, 131, 133, 135, 141
Metathese 112, 115 f., 123 f., 129,141

Minimalpaar 83 f., 88 f., 92 f., 98 f., 131
Mittelzungenvokal 57, 95, 140 f.
Mogilalie 39 f.
monophonematisch 71, 92, 97, 105, 127 f., 141
Monophthong 94 f., 97
Morphem 7, 27, 46, 69, 71, 83, 85 f., 92 f., 106 f., 115, 118, 120 f., 131
Mundraum 15, 19, 31 f., 35 f., 38, 40, 44, 101
Murmelstimme 29, 60
Nasal 33, 36 f., 44 f., 51, 56 f., 61, 67, 70, 74, 89, 91 f., 99, 112 f., 116 f., 121 f., 133, 135, 140
nasale Plosion
Nasalierung 56 f.
Nasenraum 31, 33, 36 f., 45, 46, 47, 57, 101
Notation (phonolog. Regeln) 8, 10, 73 f., 86, 97, 108 f., 111, 130, 141
Nukleus 67
Oberklassenmerkmale 99 f., 102 f., 135
Obstruent 37, 70, 93, 100 f., 110 f., 115, 118 f., 121, 131, 140
Öffnungsgrad 53, 55 f., 94
Oesophagusstimme 19, 29 f., 79, 135
offen 16, 20 f., 24, 38 f., 47, 53, 56 f., 67 f., 70, 72, 80, 83, 86, 89, 94 f., 104, 124, 140
Okklusiv 44
Opposition 72, 82, 84 f., 92, 95 f., 98, 104
oral 37, 45 f., 56 f., 135
Ortsmerkmale 99 f., 102, 113
palatal 34 f., 39, 43 f., 46 f., 50 f., 62, 85, 90 f., 100 f., 104, 117, 120 f., 140 f.
Palatalisierung 51 f.
Palatum 34, 61
paradigmatisch 82, 123
Paralalie 39 f.
paralinguistisch 18 f., 29, 38, 42, 63, 75
Passavant'scher Wulst 33
Pause 33
Perkussiv 41
Perseveration 128, 141
pharyngal 34 f., 45, 50, 52, 54
Pharyngalisierung 52
Pharynx 32 f., 52, 61
Phon 13, 82 f., 87, 93
Phonation 20 f., 26 f., 38, 59, 78, 101
Phonationsatmung 17 f., 39, 60
Phonem 7 f., 83 f., 90 f., 95, 98 f., 102, 130, 141
Phoneminventar 45
phonologische Äußerung 65 f.
phonologische Phrase 65, 135

phonologischer Prozess 112, 114, 122, 132
phonologisches Wort 65
Phonotaktik 80
Plosion 36, 45
Plosiv 36 f., 44 f., 465 f., 50, 52, 71, 87, 92 f., 98, 113, 117 f., 121, 126, 129, 135, 140
Posticus 20, 22 f.
postvelar 46, 81, 117, 141
prävelar 81, 117
primärer Kehlkopfklang 25
progredientes Tonmuster 77
progressiv 129, 141
Prominenz 58, 64
Prosodie 63, 80, 133
Prozess 12, 31, 94, 107 f., 112 f., 118, 120 f., 127 f., 132
pulmonal 16 f., 28, 140
Qualität 9, 73, 94 f., 104
Quantität 64, 72 f., 95 f., 104
Rachen 24, 31 f., 61
radikal 32
redundant 73, 95, 102
Regeleingabe 109 f., 114, 118 f.
Regelausgabe 109 f., 113, 119, 121
Regeln 71, 81, 83, 85, 107 f., 113, 117, 121 f., 132
Regelordnung 122
regressiv 129, 141
Reibelaut 23, 27, 36, 99
Reim 67, 84, 89
Repräsentation 107 f., 122
retroflex 43, 46 f., 49 f.
Rhinophonie 39 f.
Rhythmus 18, 66, 79, 133
Ringknorpel 20, 22 f., 31
Ruheatmung 17 f., 24, 28, 33
Sagittalschnitt 31, 53 f., 59, 135
Satzakzent 64, 73, 74 f., 78, 135
Schildknorpel 20, 22 f., 31
Schilling'scher Ventilton 27
Schnalzlaut 19
Schwa 56, 114 f., 119
Segment 13, 43, 45, 47, 51, 53, 63, 66 f., 82 f., 93, 95, 98 f., 104 f., 108 f., 123 f., 130, 132
Sekundärartikulation 38, 42, 51, 62, 135
Shimmer 26, 30, 60
Sibilant 49
Silbe 13, 45, 63 f., 71, 73 f., 80, 95 f., 104, 110, 112, 121, 124, 133, 135

Silbenbaugesetz 69, 71
Silbenkopf 67
Silbenkern 53, 58, 66 f., 69 f., 74
Silbenkoda 67 f.
Silbenpräferenz 71
Silbenschale 67, 80
Silbenstruktur 65, 68 f., 71, 82, 106, 112, 114, 116, 124 f.
silbisch(er Konsonant) 50, 68, 114, 119
Sonorant 37, 67, 85, 99 f., 102, 114, 131
Sonoritätshierarchie 69
Spannung 26 f., 56 f.
Sprachlaut 7, 13, 20
Sprechorgan 15, 39, 59 f.
Sprechstimmlage 27, 76
Stellknorpel 20, 24
stimmhaft 27 f., 40, 43 f., 47 f., 62, 70 f., 76, 89, 91, 93 f., 99, 101, 106, 108, 110 f., 118 f., 129, 140
Stimmlippen 20 f., 38, 76, 135
stimmlos 27 f., 43 f., 49 f., 60 f., 70 f., 81, 83, 85, 90, 92, 94, 98, 106, 108, 111 f., 117 f., 122, 140
Stimmqualität 26, 28 f., 38 f., 52, 63
Stimmton 20, 24 f., 28, 44 f., 49, 53, 60, 76, 98 f., 101, 103, 127 f., 135
subglottal 24 ff., 76
supraglottal 24, 28, 31, 37 f.
suprasegmental 26, 63 f., 66, 73, 78 f., 95, 99, 104
Suprasegmentalia 42, 63 f.
Substanzphonetik 12
Substitution 123 f., 126 f., 132, 141
Syllabierung 71
Symbolphonetik 59, 134
syntagmatisch 82
Taschenfaltenstimme 29 f.
tautosyllabisch 67
terminal 77
terminales Tonmuster 77, 80
Thyroid 20 f.
tief 17, 23 f., 29 f., 31, 33, 49 f., 53 f., 73, 81, 94 f., 100 f., 103 f., 120, 128, 131 f.
Tiefzungenvokal 53, 100 f., 140 f.
Tilgung 112, 114 f., 119, 124 f., 127, 129, 132, 141
Tonhöhe 25, 63 f., 73, 75 f.
Trachea 16 f.
Transkription 8, 10, 44, 46, 51, 55, 58 f., 73, 82 f., 90, 97

Transposition 112, 115
Transversus 22 f., 33
Trochäus 64
Umlaut 120
ungerundet 53 f., 56, 94, 103 f.
ungespannt 57, 72, 104
Uvula 32 f., 47, 61
uvular 34 f., 43, 46 f., 50, 86, 91, 100 f., 140
Varianten 46 f., 81, 85 f., 90 f., 96, 104, 117, 119, 130, 141
velar 19, 34 f., 44 f., 50, 55 f., 62, 81, 85, 90 f., 94, 100 f., 104, 113, 117 f., 122, 133, 135, 140 f.
Velarisierung 51 f., 127 f.
Velum 32 f., 44 f., 61, 101, 135, 140
Verschlusslaut 27, 36, 44 f., 67, 92, 99, 106, 113, 122
Vibrant 36 f., 43, 47 f., 69, 86 f., 91
Vokal 27 f., 32, 36 f., 39, 42, 45 f., 49 f., 61 f., 66 f., 69 f., 72 f., 81, 84 f., 88 f., 111, 114, 117 f., 125 f., 131, 135, 140 f.
Vokaleinsatz 27, 53, 92 f.
Vokalquantität 72, 95
Vokalraum 53 f., 135
Vokaltrapez 53, 103
Wortakzent 73 f., 80
Zahndamm 31, 34 f., 140
Zäpfchen 31 f., 43, 47 f., 61, 86 f.
Zeichen 7, 9 f., 42, 44, 46, 56, 61 f., 63, 71, 73 f., 77, 88, 90, 97, 120, 133
zentral 36 f., 40, 45, 48 f., 53 f., 58, 89, 94, 99, 104, 140
Zentralvokal 56, 95, 140
Zungenbein 20, 22
Zungenblatt 31 f., 35, 43, 49
Zungenhöhe 53, 55 f., 62, 100
Zungenlage 37, 94
Zungenrücken 31 f., 43, 46, 48, 51, 61, 100, 102
Zungenspitze 31 f., 36, 41, 43, 46 f., 61, 86 f., 100
Zungenwurzel 31
Zwerchfell 16 f., 60, 140
Zwischenrippenmuskeln 16, 18

8 LÖSUNGEN ZU DEN ÜBUNGSAUFGABEN

Lösungen zu Kapitel 1, Ü1 bis Ü4

Ü-1　**a)** s. Abschn. 1.1
　　b) Komparativ, Bezeichnung des Handlungsträgers (nomen agentis), Plural
Ü-2　**a)** z.B. <Wand, Rand, Land, Sand, Hanf, Hans, Hund>
　　b) jeweils 13; ja: [t], [d], [ʃ], [ɪ]
Ü-3　**a)** z.B. <tot, Lot, Not, Rat, Reet, Ried ([-t]!), ruht>; **b)** s. Abschn. 1.3
Ü-4　**a)** s. Abb. 1-2; **b)** kein gemeinsames Zeichensystem

Lösungen zu Kapitel 2, Ü5 bis Ü26

Ü-5　**a)+b)** s. S. 15
Ü-6　Verengung der Bauchhöhle - Druck auf Zwerchfell - Verkleinerung des Brustraumvolumens
Ü-7　**a)** pulmonal-egressiv; **b)** s. Abschn. 2.1.2
Ü-8　**a)+b)** s. Abschn. 2.2.1
Ü-9　**a)+b)** s. Abschn. 2.2.2
Ü-10　**a)** vgl. Abb. 2-6a (stimmlos), 2-6d (stimmhaft); **b)** vgl. Abb. 2-8a, 2-8e
Ü-11　Abb. 2-6: **(a)** c; **(b)** a; **(c)** d; **(d)** e; **(e)** d; **(f)** c; **(g)** e; **(h)** d
Ü-12　gehauchter vs. harter (fester) Stimmeinsatz
Ü-13　f, h, b, e, a, g, d, c
Ü-14　1d, 2c, 3e, 4g, 5i, 6h, 7b, 8f, 9a
Ü-15　**a)** Velum gehoben (Plosiv) vs. gesenkt (Nasal) bei totalem Oralverschluss
　　b) seitlich zwischen Zungenrändern und Zahndamm bei zentralem (mit der Zunge gebildeten) Verschluss
Ü-16　**a)** Lateral(approximant) und Vibrant; **b)** Obstruenten
Ü-17　**a)** s. Abschn. 2.4.1; **b)** s. Abschn. 2.4.2
Ü-18　**a)** stl. plosiv, **b)** sth. plosiv, **c)** stl. frikativ, **d)** sth. frikativ, **e)** nasal, **f)** bilabial, **g)** alveolar, **h)** velar, **i)** sth. alveolar, **j)** stl. glottal
Ü-19　**a)** unger. palatal, **b)** ger. velar, **c)** ger. palatal, **d)** geschl. Mittelzungenvokal, **e)** Tiefzungenvokal, **f)** geschl. Hochzungenvokal, **g)** offen Mittelzungenvokal, **h)** unger. palatal, **i)** velar, **j)** (unger.) Zentralvokal
Ü-20　**a)** palatal, **b)** velar, **c)** nasal(iert)
Ü-21　**a)** [f], **b)** [ʃ], **c)** [k], **d)** [p], **e)** [ç], **f)** [t], **g)** [s]
Ü-22　**a)** [v], **b)** [b], **c)** [z], **d)** [j], **e)** [ʒ], **f)** [g], **g)** [d]
Ü-23　**a)** [ø], **b)** [œ], **c)** [ʏ], **d)** [y]
Ü-24　**a)** [o], **b)** [œ], **c)** [ʊ], **d)** [ɔ]
Ü-25　**a)** Labiale, uvularer Vibrant, Laryngale; **b)** Engebildung mit flacher ([θ]) vs. gerillter Zunge mit längerer Zungenrille bei [ʃ] als bei [s]
Ü-26　**a)** s. Abschn. 2.3.4.6 **b)** s. Abschn. 2.4.1.7

Lösungen zu Kapitel 3, Ü27 bis Ü30

- **Ü-27** **a)** n(ackt)-g(eschlossen), **b)** b(edeckt)-g, **c)** b-o(ffen, **d)** b-g, **e)** b-g
- **Ü-28** **a)+b)** s. Abschn. 3.3
- **Ü-29** **a)+b)** s. Abschn. 3.4
- **Ü-30** **a)** vgl. Abb. 3-9 (1); **b)** s. Abschn. 3.5

Lösungen zu Kapitel 4, Ü31 bis Ü50

- **Ü-31** **a)+b)** und
- **Ü-32** **a)+b)** s. Abschn. 4.1.2 – 4.1.3
- **Ü-33** **a)** fünf, **b)** prä- und postvelares [k], **c)** gebundene Varianten von /k/
- **Ü-34** **a)** weil [ç] und [x] kombinatorische Varianten eines Phonems /x/ sind
  b) ja, vgl. Abschn. 4.2 (Seite 90)
- **Ü-35** /m/, /l/, /r/, /i:/, /ɪ/, /a:/, /a/, /ʊ/
- **Ü-36** (in orthographischer Notation) **a)** z.B. <Schund/Hund>, <jagen/sagen/nagen>, <Rinne/Ringe>, <dort/fort>; **b)** <Düne/dünne>, <Welle/wähle>, <(ich) wohne/Wonne>, <Wanne/wann>
- **Ü-37** **a)** s. Abschn. 4.2.1; **b)** für monophonematische Wertung, da auslautend nie */-fp/
- **Ü-38** **a)** s. Abschn. 4.2.2; **b)** weil zweite Komponente allein gegen einen Konsonanten kommutierbar ist
- **Ü-39** **a)** s. Abb. 4-7; **b)** [±kont]
- **Ü-40** **a)** [ʃ], **b)** [p, f], **c)** [m, n] **d)** [d, z, l, r, n]
- **Ü-41** **a)** palatale Mittelzungenvokale [e:, ɛ, ɛ:, ø:, œ]; **b)** Tiefzungenvokale [a:, a]
  c) unger. palatale Hochzungenvokale [i:, ɪ]; **d)** ger. Mittelzungenvokale [ø:, œ, o:, ɔ]
- **Ü-42** **a)** [+kons], [±son], [±hoch], [±hint]; **b)** alle Vokale sind [+sth], [–nas]
- **Ü-43** **a)** s. Abschn. 4.4; **b)** s. R-3
- **Ü-44** **a)** SB: A, C___D; SV: B; **b)** alternativer (geschwungen) bzw. optionaler (rund) Kontext
- **Ü-45** **a)** regressive Assimilation, z.B. <geha[p]t> (aus <ha[b]en>)
  b) progressive Assimilation, z. B. [bu:x] <Buch> → [by:çɐ] <Bücher> (tektaler Frikativ erhält das Merkmal [–hint] nach einem palatalen, d.h. [–hint], Vokal
  c) Epenthese, z.B. [gans] → ugs. [gants] <Gans>; **d)** Tilgung, z.B. <(ich) kaufe> → ugs. [kaʊf]
- **Ü-46** (partielle, regressive, Kontakt-)Assimilation, erfasst durch c)
- **Ü-47** **a)** [ə]-Tilgung und progressive Assimilation; vgl. B-6 und R-17 (Segmentschreibweise: /n/ → [m]/[p]___); **b)** [ə]-Tilgung und Auslautverhärtung; vgl. R-12 und R-7
- **Ü-48** Elision: a, b, h; Addition: c, e; Metathese: d, f, g
- **Ü-49** **a)** Labialisierung, Perseveration; **b)** Labialisierung, evtl. Dissimilation zu anlautendem [k-]?; **c)** Vokalsubstitution i.e.S. (Entrundung); **d)** Labialisierung, Harmonisierung mit auslautendem [-f]; **e)** Plosivierung **f)** Plosivierung, Harmonisierung mit Velarnasal; **g)** Substitution i.e.S., Frikativierung; **h)** Substitution i.e.S., Affrizierung. Zusatzfrage: bei biphonematischer Wertung von Affrikaten würde lediglich ein Element [p] getilgt (in <Apfel>) bzw. inseriert (in <Löffel>)
- **Ü-50** *Lösungsvorschlag*: Versuchen Sie es nicht länger als eine halbe Stunde, dann **a)** empfehlen Sie nötigenfalls die Lektüre dieses Buches, und/oder **b)** arbeiten Sie selbst das Buch noch einmal durch.

THE INTERNATIONAL PHONETIC ALPHABET (revised to 2005)

© 2005 IPA

CONSONANTS (PULMONIC)

	Bilabial	Labiodental	Dental	Alveolar	Postalveolar	Retroflex	Palatal	Velar	Uvular	Pharyngeal	Glottal
Plosive	p b			t d		ʈ ɖ	c ɟ	k ɡ	q ɢ		ʔ
Nasal	m	ɱ		n		ɳ	ɲ	ŋ	ɴ		
Trill	ʙ			r					ʀ		
Tap or Flap		ⱱ		ɾ		ɽ					
Fricative	ɸ β	f v	θ ð	s z	ʃ ʒ	ʂ ʐ	ç ʝ	x ɣ	χ ʁ	ħ ʕ	h ɦ
Lateral fricative				ɬ ɮ							
Approximant		ʋ		ɹ		ɻ	j	ɰ			
Lateral approximant				l		ɭ	ʎ	ʟ			

Where symbols appear in pairs, the one to the right represents a voiced consonant. Shaded areas denote articulations judged impossible.

CONSONANTS (NON-PULMONIC)

Clicks		Voiced implosives		Ejectives	
ʘ	Bilabial	ɓ	Bilabial	ʼ	Examples:
ǀ	Dental	ɗ	Dental/alveolar	pʼ	Bilabial
ǃ	(Post)alveolar	ʄ	Palatal	tʼ	Dental/alveolar
ǂ	Palatoalveolar	ɠ	Velar	kʼ	Velar
ǁ	Alveolar lateral	ʛ	Uvular	sʼ	Alveolar fricative

OTHER SYMBOLS

ʍ Voiceless labial-velar fricative
w Voiced labial-velar approximant
ɥ Voiced labial-palatal approximant
ʜ Voiceless epiglottal fricative
ʢ Voiced epiglottal fricative
ʡ Epiglottal plosive

ɕ ʑ Alveolo-palatal fricatives
ɺ Voiced alveolar lateral flap
ɧ Simultaneous ʃ and x

Affricates and double articulations can be represented by two symbols joined by a tie bar if necessary. k͡p t͡s

VOWELS

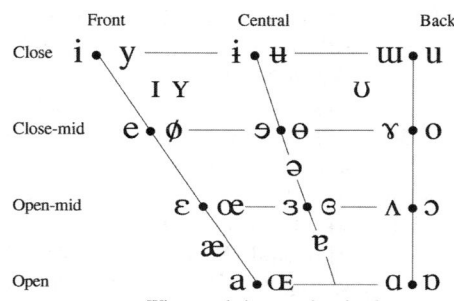

Where symbols appear in pairs, the one to the right represents a rounded vowel.

SUPRASEGMENTALS

ˈ Primary stress
ˌ Secondary stress   ˌfoʊnəˈtɪʃən
ː Long   eː
ˑ Half-long   eˑ
˘ Extra-short   ĕ
| Minor (foot) group
‖ Major (intonation) group
. Syllable break   ɹi.ækt
‿ Linking (absence of a break)

DIACRITICS

Diacritics may be placed above a symbol with a descender, e.g. ŋ̊

̥	Voiceless	n̥ d̥	̈	Breathy voiced	b̤ a̤	̪	Dental	t̪ d̪
̬	Voiced	s̬ t̬	̰	Creaky voiced	b̰ a̰	̺	Apical	t̺ d̺
ʰ	Aspirated	tʰ dʰ	̼	Linguolabial	t̼ d̼	̻	Laminal	t̻ d̻
̹	More rounded	ɔ̹	ʷ	Labialized	tʷ dʷ	̃	Nasalized	ẽ
̜	Less rounded	ɔ̜	ʲ	Palatalized	tʲ dʲ	ⁿ	Nasal release	dⁿ
̟	Advanced	u̟	ˠ	Velarized	tˠ dˠ	ˡ	Lateral release	dˡ
̠	Retracted	e̠	ˤ	Pharyngealized	tˤ dˤ	̚	No audible release	d̚
̈	Centralized	ë	̴	Velarized or pharyngealized ɫ				
̽	Mid-centralized	ẽ	̝	Raised	e̝ (ɹ̝ = voiced alveolar fricative)			
̩	Syllabic	n̩	̞	Lowered	e̞ (β̞ = voiced bilabial approximant)			
̯	Non-syllabic	e̯	̘	Advanced Tongue Root	e̘			
˞	Rhoticity	ɚ ɑ˞	̙	Retracted Tongue Root	e̙			

TONES AND WORD ACCENTS

LEVEL			CONTOUR		
e̋ or ˥	Extra high		ě or ˩˥	Rising	
é ˦	High		ê ˥˩	Falling	
ē ˧	Mid		e᷄ ˦˥	High rising	
è ˨	Low		e᷅ ˩˨	Low rising	
ȅ ˩	Extra low		e᷈	Rising-falling	
↓	Downstep		↗	Global rise	
↑	Upstep		↘	Global fall	